DE LA

# SITUATION DES OUVRIERS

## EN ANGLETERRE

F. AUREAU ET C^{ie}. — Imprimerie de LAGNY

# DE LA SITUATION

DES

# OUVRIERS

# EN ANGLETERRE

MÉMOIRE PRÉSENTÉ

A LA COMMISSION D'ENQUÊTE SUR LES CONDITIONS DU TRAVAIL

PAR

M. LE COMTE DE PARIS

DEUXIÈME ÉDITION

PARIS

MICHEL LÉVY FRÈRES, ÉDITEURS

3, RUE AUBER, 3, PLACE DE L'OPÉRA

LIBRAIRIE NOUVELLE

BOULEVARD DES ITALIENS, 15, AU COIN DE LA RUE DE GRAMMONT

1873

DE LA

# SITUATION DES OUVRIERS

## EN ANGLETERRE

---

Messieurs,

Pour répondre au désir de votre président, je viens vous offrir quelques renseignements que des recherches particulières m'ont permis de recueillir sur la situation des ouvriers en Angleterre, sur les efforts faits par eux, par certains patrons et par le gouvernement, pour améliorer cette situation, et sur les résultats qui ont déjà récompensé ces efforts.

J'apporte ces renseignements sans aucun parti pris, politique ou économique. Il m'a semblé que, dans l'œuvre importante et délicate que vous avez entreprise, les opinions individuelles ne pouvaient avoir aucun prix à vos yeux, et que vous deviez demander à ceux que vous appelez devant vous beaucoup de faits, rien que des faits. C'est à vous, c'est au public, lorsque vous l'associerez à vos séances et à vos travaux, à tirer de l'ensemble de ces faits les conclusions les plus pratiques.

Je me renfermerai absolument dans le sujet qui m'a été indiqué : je ne parlerai que de l'Angleterre. Un peu plus d'un an s'est écoulé depuis que vous m'avez rouvert les portes de la France. En un an, je ne saurais avoir appris à connaître les différences qui peuvent rendre inapplicable parmi nos ouvriers ce qui réussit en Angleterre. Mais c'est en vue de la comparaison que votre expérience vous permettra de faire, et devant laquelle je ne reculerai pas lorsque je connaîtrai mieux la France, que je vous soumets ce mémoire. En cherchant ce qui s'est fait de bien et de mal en Angleterre, je n'ai jamais oublié que c'est la situation de l'ouvrier français qui est l'objet de votre sollicitude.

J'ai divisé ce travail en trois parties.

Dans la première, j'ai réuni quelques renseignements sur le taux des salaires en Angleterre : c'est le fond de toutes les questions qui amènent des luttes si funestes dans l'industrie, et le point de départ nécessaire de toute cette étude.

La seconde partie comprend l'énumération des différents moyens employés par l'initiative individuelle pour améliorer la situation de l'ouvrier : unions fondées pour soutenir les grèves et élever les salaires ; institutions qui, sans changer les rapports entre le capital et le travail, contribuent, sous le nom de sociétés de consommation et de secours mutuels, à cette amélioration; tentatives faites pour donner aux ouvriers une part de capital, sous le nom de sociétés de construction, sociétés coopératives de production, banques populaires, et sociétés de participation industrielle.

Enfin, dans la troisième partie, je montrerai le rôle des représentants de la société au milieu de ces questions et la mesure dans laquelle le pouvoir législatif a cru devoir intervenir pour la protection des ouvriers.

PREMIÈRE PARTIE

---

# DES SALAIRES

# DES SALAIRES

Ce chapitre se partage naturellement entre l'étude de la valeur absolue des salaires et celle de leur valeur relative.

La première partie se subdivisera elle-même en deux et contiendra :

*A.* — Un aperçu du chiffre des salaires, de leur augmentation depuis une cinquantaine d'années, et les renseignements les plus récents sur leur taux actuel.

*B.* — Quelques observations sur la forme et l'assiette des salaires, suivies d'un tableau de la moyenne des salaires en 1867, qui n'est que le résumé d'une savante publication, due à une grande autorité en pareille matière, M. L. Levi.

La seconde partie traitera de la valeur relative du salaire et se partagera aussi en deux :

*A.* — Valeur véritable du salaire pour le patron : il est évident que la comparaison entre le chiffre des salaires, d'une part, et, d'autre part, le travail produit, ainsi que le coût total d'une entreprise, est l'un des éléments les plus importants de cette étude. Les principaux documents sur ce point m'ont été fournis par une publication de M. Brassey, membre de la Chambre des communes, fils du célèbre entrepreneur de chemins de fer.

*B.* — Valeur véritable du salaire pour l'ouvrier : elle ne peut être appréciée que par la comparaison avec le prix des objets nécessaires à sa vie, et, en vue de cette comparaison, cette section sera consacrée à l'examen du budget de l'artisan.

## VALEUR ABSOLUE DES SALAIRES.

### *A.* — DU CHIFFRE DES SALAIRES.

Un écrivain anglais, peu favorable au passé, M. Thornton, estime qu'au commencement du siècle dernier la plupart des salaires, particulièrement dans l'agriculture, le bâtiment et le tissage, étaient plus élevés qu'aujourd'hui.

D'après un sagace observateur, Daniel Defoë, le journalier gagnait de 8 fr. 75 c. à 12 fr. 50 c., les tuiliers, de 20 à 25 fr., et presque tous les artisans, 25 fr. par semaine. La valeur de l'argent étant alors plus considérable qu'aujourd'hui, aucun d'eux n'aurait eu à redouter la misère, sans l'extrême imprévoyance qui les faisait vivre au jour le jour.

Les chiffres que je vais donner ne sont naturellement que des moyennes, mais ces moyennes sont assez constantes, même pour le travail à la tâche. En effet, dans la plupart des industries où ce système de travail est adopté, le pouvoir moteur, les machines d'extraction, les feux, dont le travail est lié à celui de l'ouvrier, ne permettent pas à celui-ci d'allonger ou d'abréger sa journée, et, sa durée étant fixe, il s'établit une moyenne presque invariable dans la quantité de travail qu'elle produit.

Les mineurs avaient toujours fait une triste exception à l'aisance relative des autres ouvriers. Jusqu'à la fin du siècle dernier, c'étaient de véritables serfs, qui, en Écosse, par exemple, ne pouvaient quitter la mine à laquelle ils étaient attachés.

Au commencement de ce siècle, le développement des manufactures et le renchérissement du prix de la vie portent un coup funeste à la position de l'artisan.

De 1815 à 1820, un quart seulement des ouvriers du Lancashire gagne 25 fr. par semaine; les autres, 7 fr. au plus; à Preston, ils ne gagnent que 6 fr., à Glasgow, que 5 fr.

En 1832, à Manchester, les tisseurs ne gagnent que 21 fr.; les fileurs, de 25 à 30 fr.

En 1835, la moyenne dans les filatures de Stockport est de 20 fr. 70 c.

En 1842, elle est de 20 fr. 20 c. dans la filature de M. Bright, à Rochdale.

En 1845, les mineurs gagnent de 21 fr. à 22 fr. 50 c. dans le Stafford; de 25 à 30 fr. dans le Yorkshire.

Voici quelques détails sur le taux et la forme des salaires depuis une trentaine d'années dans certaines grandes industries; ils proviennent en grande partie de l'enquête de la Commission royale sur les *Trades Unions;* les plus récents m'ont été fournis par quelques patrons et quelques ouvriers, parmi lesquels je pourrai citer, d'une part, MM. Briggs, et, d'autre part, M. G. Potter.

**Le Bâtiment.**— Les peintres, les briquetiers sont seuls à la tâche; les autres ouvriers sont ordinairement à la journée. Dès la fin du XVIIIe siècle, après des grèves importantes, les ouvriers du bâtiment ont obtenu que la journée ne fût que de dix heures : avantage précieux dans un temps où les mineurs et les fileurs étaient souvent astreints à des journées de seize heures.

En 1847 et 1859, les salaires se sont élevés de 6 fr. 25 c. à 7 fr. 50 c. par jour pour la plupart des ouvriers du bâtiment de Londres, et le samedi a été réduit à cinq heures, sans diminution de paye. En 1859, la journée restant fixée à dix heures, les salaires sont comptés à l'heure, qui vaut 0,72 c. en 1861, 0,77 c. en 1865, et 0,83 c. en 1868. En 1872, les ouvriers ont obtenu, par le compromis qui a terminé la dernière grève, la réduction des heures de travail à cinquante et une par semaine, et l'élévation du prix de l'heure à 0,88 c. environ. Depuis 1851, la semaine de travail a été ainsi réduite de neuf heures, et son prix a augmenté de 7 fr. 81 c.

De 1852 à 1858, les charpentiers de Glasgow ont vu leurs salaires monter de 27 fr. 50 c. à 32 fr. 50 par semaine, et les heures de travail réduites de soixante à cinquante-sept; pour les peintres de la même ville, le prix de l'heure s'est élevé de 0,36 à 0,52 c.; le prix de la semaine, pour les plâtriers de Londres, de 32 fr. 50 c. à 37 fr. 50 c., et, pour les charpentiers, de 25 à 40 fr.

Mais cette industrie, la première par le nombre des ouvriers qu'elle emploie, est loin de leur offrir des occupations et par conséquent une rémunération constante. Elle est irrégulière dans ses allures : le froid et le mauvais temps lui imposent bien des mois de chômage; les peintres ne peuvent travailler que l'été. De là une réduction considérable dans le salaire annuel. M. Potter, qui a appartenu lui-même à cette classe d'ouvriers, m'assure qu'il faut évaluer à une moyenne de dix semaines au moins le chômage annuel des bons ouvriers, ce qui réduit leur salaire moyen à 36 fr. par semaine. Cette irrégularité, ces interruptions subites se font surtout sentir dans une branche importante de cette industrie, la construction des chemins de fer. Les entreprises de ce genre, depuis leur grand développement, ont déjà traversé deux crises particulièrement violentes, en 1848 d'abord, et ensuite en 1867, après les catastrophes financières du Black-Friday. Un seul fait donnera la mesure de ces fluctuations, causées par un développement excessif dès que les affaires paraissent bien aller : le capital engagé pour 1866 dans la construction des chemins de fer fut de 4,387,266,150 fr.; en 1868, il tomba à 830,183,900 fr. Un pareil temps d'arrêt dans la construction déprécie immédiatement la valeur de la main-d'œuvre. En 1847 et en 1866, lorsque les entrepreneurs voulaient à tout prix achever une ligne dans un temps donné, on vit des ouvriers, attirés par la haute paye, travailler jour et nuit aux terrassements ou aux maçonneries, et entasser ainsi, par un effort physique vraiment extraordinaire, jusqu'à quarante-sept journées dans l'espace de vingt-huit jours. Pendant la guerre de Crimée, la même loi de l'offre et de la demande fit monter jusqu'à 7 fr. 50 c. par jour le salaire des terrassiers. Dernièrement, le développement des houillères exerça une influence analogue sur le travail des terrassiers employés aux chemins de fer voisins, et fit monter le prix de leur journée de 3 fr. 50 c. à 4 fr. 75 c.

| | *1843* | *1846* | *1849* | *1851* | *1855* | *1857* | *1860* | *1863* | *1866* | *1869* |
|---|---|---|---|---|---|---|---|---|---|---|
| Maçons. . . | 26f 25 | 41f 25 | 30f » | 26f 25 | 31f 87 | 30f » | 28f 12 | 30f » | 33f 75 | 33f 75 |
| Maçons de briques. . | 26 25 | 37 50 | 30 » | 26 25 | 31 87 | 28 12 | 28 12 | 30 » | 33 75 | 31 87 |
| Charpentiers et forgerons. . . . | 26 25 | 37 50 | 28 12 | 26 25 | 30 » | 28 12 | 28 12 | 30 » | 31 87 | 30 |
| Terrassiers à la pique. . | 20 62 | 30 » | 22 50 | 18 75 | 23 75 | 22 50 | 21 25 | 23 75 | 25 » | 22 50 |
| Terrassiers à la brouette. | 18 75 | 28 12 | 20 62 | 17 50 | 21 25 | 21 25 | 20 » | 21 25 | 22 50 | 21 25 |
| Moyenne. | 23 62 | 34 87 | 26 25 | 23 » | 27 75 | 26 » | 25 12 | 27 » | 29 87 | 27 87 |

C'est à ces époques fiévreuses que succèdent les crises financières, qui amènent avec elles le chômage pour les uns, les salaires réduits pour les autres. Le tableau ci-dessus des salaires des ouvriers constructeurs de chemins de fer donnera une idée exacte de ces variations, qui n'excluent pas sur une longue période d'années un accroissement progressif et irrévocable.

Quoique le travail à la tâche ne soit pas généralement adopté dans le bâtiment, et malgré quelques exemples fâcheux d'excès de travail au moment de la fièvre des chemins de fer, ce système de rémunération, si supérieur au travail à la journée, a été adopté souvent dans les constructions de chemins de fer et particulièrement pour les travaux de terrassement, où le contrôle est facile.

**Métallurgie.**— Les artisans se divisent en trois classes, toutes payées à la tâche : les puddleurs, les lamineurs et les marteleurs. Au-dessous d'eux sont les journaliers et les assistants. Dans le Stafford, les salaires sont, depuis 1847, réglés par l'échelle mobile de M. Thorneycroft : le prix de toutes les espèces de fer, fixé tous les trois mois pour toutes les forges, détermine le taux des salaires : les puddleurs recevant *un* et les autres artisans *deux* vingtièmes du prix des fers qu'ils ont travaillés. Depuis quelque temps, on ajoute à ce salaire mobile 1 fr. 25 c. par tonne. Les assistants sont à la charge des artisans.

L'échelle mobile a été adoptée, il y a quelques années, dans le Nord, et ce printemps dans le Yorkshire. Elle a l'avantage de rendre fort rares les disputes sur les salaires. Mais, d'une part, elle en fixe le taux d'une manière souvent inégale, assurant, par exemple, aux marteleurs un bénéfice exagéré quand un nouveau perfectionnement est introduit dans leur instrument, tandis que le puddleur, qui a préparé le fer, n'en retire aucun avantage. D'autre part, les variations de l'échelle ne correspondent pas à celles des bénéfices de l'entreprise, qui devraient en être la base rationnelle, l'élévation du prix de la houille faisant parfois doubler celui du fer, sans que les industriels en retirent aucun profit.

L'échelle mobile n'est pas adoptée dans le pays de Galles, où subsistent encore quelques coutumes barbares, comme celle d'employer les femmes aux travaux les plus rudes, moyennant la somme dérisoire de 1 fr. 25 c. par jour.

Le taux des salaires des ouvriers du fer est maintenu, par la concurrence américaine et l'émigration, au-dessus d'un certain minimum, d'une manière plus certaine que dans aucune autre industrie. M. Smith, agent de lord Dudley, a déclaré qu'il aimait mieux travailler à perte que de payer ses puddleurs moins de 10 fr. par tonne; car, au-dessous de ce prix, il ne pourrait conserver ses bons artisans. En 1863, les puddleurs ont gagné le chiffre exceptionnel de 13 fr. par tonne. La moyenne du salaire des artisans, à peu près la même dans tous les districts, est évaluée à 34 fr. par semaine; mais, par suite des chômages forcés, elle donne un chiffre annuel de 1,250 à 1,500 fr.

Pour confirmer cette règle par l'exception, nous citerons les gains assurés à quelques ouvriers par des instruments perfectionnés. Ainsi un laminoir, chez MM. Fox et Head, fit monter le salaire d'un artisan à 15,000 fr. dans un an; et on a vu dans les Mersey-Iron-Works, à Liverpool, des marteleurs qui recevaient par semaine 375 fr., sur lesquels ils donnaient 25 fr. à leur apprenti, et qui gagnaient ainsi de 20 à 22,000 fr. par an.

De tels exemples ne prouvent rien ; il faut seulement remarquer que, par malheur, les ouvriers ainsi favorisés sont rarement les plus économes.

Au mois d'août 1872, les ouvriers des forges du district de Cleveland recevaient les salaires suivants : les puddleurs à la tâche, environ 12 fr. 50 c. à 15 fr. par jour en moyenne; les gardiens des hauts fourneaux, 10 fr. 62 c. à 11 fr. 25 c.; les chargeurs, 6 fr. 25 à 6 fr. 87 c. ; les écumeurs de fonte, 6 fr. 25 c. ; les simples manœuvres, 5 fr. à 5 fr. 62 c. par jour. Ces quatre dernières catégories travaillent à la journée. C'est grâce au prix excessif du fer que ces salaires ont atteint un chiffre aussi considérable; mais ils s'étaient élevés graduellement, depuis trois ans déjà, sous l'influence de l'augmentation de la production du fer, dont l'exportation avait doublé de 1864 à 1871; et dans cette année 1871, les puddleurs obtenaient déjà de 6 fr. 56 c. à 8 fr. 75 c. par charge de 7 1/2 tonnes de fer, soit environ de 50 fr. à 68 fr. 75 c. par semaine.

Les salaires des forges du pays de Galles sont fort au-dessous de ces chiffres, mais ils se sont élevés dans une proportion analogue, comme l'indique le tableau suivant :

| | 1842 | | 1851 | | 1869 | |
|---|---|---|---|---|---|---|
| | Tant par TONNE. | Par SEMAINE. | Tant par TONNE. | Par SEMAINE. | Tant par TONNE. | Par SEMAINE. |
| HAUTS FOURNEAUX : | | | | | | |
| Fondeurs (tâche). . . . . . . . . | 0f41 | 21f25 à 22f50 | 0f31 | 31f25 à 36f25 | 0f16 | 31f25 à 37f50 |
| Chargeurs. . . . . . . . . . . . | | 21 25 à 22 50 | » | 31 25 à 36 25 | » | 31 25 à 37 50 |
| Cendriers (tâche). . . . . . . . . | 0 36 | 18 75 à 20 » | 0 25 | 26 25 à 30 » | 0 12 | 25 » à 28 12 |
| Journaliers . . . . . . . . . . . | » | 13 12 | » | 13 12 | » | 14 87 à 15 90 |
| FORGES : | | | | | | |
| Puddleurs (tâche selon prix du fer) | » | 26 25 à 27 50 | » | 27 50 à 31 25 | » | 35 » à 40 » |
| Journaliers.. . . . . . . . . . . | » | 13 12 | » | 13 12 | » | 13 12 à 16 25 |
| Filles. . . . . . . . . . . . . . | » | » | » | 5 93 | » | 6 87 à 7 12 |
| LAMINOIRS : | | | | | | |
| Premiers chauffeurs (tâche). . . . | 2 77 | 30 » à 32 50 | 1 35 | 31 25 à 33 75 | 1 05 | 32 50 à 35 62 |
| Deuxièmes chauffeurs (tâche). . . | » | » | 0 67 | 43 75 à 45 25 | 0 52 | 43 75 à 50 » |
| Lamineurs (tâche). . . . . . . . | 2 80 | » | 1 10 | » | 0 80 | » |
| Journaliers . . . . . . . . . . . | » | 13 12 | » | 13 20 | » | 13 75 à 15 62 |
| Filles. . . . . . . . . . . . . . | » | 5 93 | » | 5 93 | » | 6 87 à 10 » |
| Charpentiers. . . . . . . . . . . | » | 15 62 | » | 16 25 à 17 50 | » | 16 25 à 20 62 |
| Fabricants de moules . . . . . . | » | 16 25 à 17 50 | » | 16 25 | » | 16 87 à 23 75 |
| Ajusteurs . . . . . . . . . . . . | » | 15 » à 17 50 | » | 15 » à 17 50 | » | 16 25 à 23 75 |
| Forgerons. . . . . . . . . . . . | » | 15 » à 19 37 | » | » | » | 17 50 à 28 12 |
| Maçons. . . . . . . . . . . . . | » | 15 » à 18 75 | » | 18 75 | » | 17 50 à 25 » |

On remarquera que le chiffre du salaire quotidien des ouvriers payés à tant la tonne s'est accru ainsi, tandis que la proportion du salaire à la tonne diminuait cependant rapidement, grâce aux perfectionnements qui ont facilité leur travail.

**Houillères et autres Mines.** — Le travail y est exclusivement à la tâche : souvent l'exploitation d'une portion de veine est donnée aux enchères à une équipe qui en prend l'entreprise. La liste des grèves prouvera plus loin que le taux des salaires a toujours été vivement disputé. En général, ils sont calculés sur la quantité de houille extraite par chaque ouvrier, assisté d'un ou deux garçons ; car il faut des veines fort égales pour pouvoir les donner à l'entreprise. La berline, chargée dans la galerie, est pesée à la sortie et portée au compte de l'ouvrier qui l'a remplie ; si elle est au-dessous du poids voulu, ou contient des pierres, on fait une retenue partielle ou complète : cette retenue a été l'origine de bien des disputes. Dans la houillère de Whitwood, l'une des mieux dirigées de l'Angleterre, les salaires du mois d'août 1872 ont été les suivants. Je donne en regard la plupart de ceux d'un autre district, celui de Cleveland, où se trouvent réunies les mines de fer et de charbon :

OUVRIERS DE SURFACE.

| | Whitwood par jour. | Cleveland par jour. |
|---|---|---|
| Ajusteurs de machines. . . . | 6f 66 | 6f 25 à 6f 55 |
| Forgerons, chefs. . . . . . . | 7 | 6 87 à 8 12 |

| | Whitwood par jour. | Cleveland par jour. |
|---|---|---|
| | — | — |
| Forgerons, ouvriers. | 5 03 | 5 03 |
| Charpentiers, chefs. | 6 25 | 6 25 |
| — ouvriers. | 5 83 | 5 02 à 6 04 |
| Scieurs, chefs. | 7 29 | » |
| — aides. | 5 » | » |
| Machinistes. | 6 87 | 6 04 à 6 66 |
| Conducteurs de machines. | 7 60 | » |
| Fondeurs, chefs. | 9 06 | » |
| — aides. | 6 87 | » |
| Poseurs de rails. | 5 » à 5f 62 | 4 58 à 5 » |
| Excavateurs. | 5 62 | 5 62 |
| Journaliers. | 4 37 | 4 16 à 5 » |
| Charretiers. | 4 37 | 4 58 |
| Chargeurs de charbon, 1o | 4 58 | 4 79 |
| — 2o banksmen. | 5 83 | 5 62 |
| Maçons, chefs. | 7 19 | 6 25 à 6 16 |
| — ouvriers. | 6 66 | 6 25 à 6 50 |
| — journaliers. | 4 79 à 5 » | » |

OUVRIERS DU FOND.

| | | |
|---|---|---|
| Mineurs de fer (à la tâche). | » | 8 75 à 12 81 |
| — de charbon (tâche). | 10 » | 8 12 à 10 41 |
| — des puits. | 8 12 | 6 97 à 7 50 |
| Surveillants (premiers). | 8 12 à 8 75 | 8 54 à 9 37 |
| — (deuxièmes). | 7 50 | 6 25 à 7 08 |
| Conducteurs de chevaux. | 4 75 à 5 » | 4 03 à 4 75 |
| Garçons. | 3 12 à 3 75 | 2 81 à 3 22 |

Ce tableau donnera une idée exacte de l'ensemble des salaires dans les grandes mines de l'Angleterre. Avant la dernière augmentation, en 1869 et 1870, quelques mineurs de Whitwood ont gagné jusqu'à 2,500 fr. et la moyenne des bons ouvriers a été de 1,800 à 2,000 fr. par an. Il est vrai qu'à Whitwood, comme je le dirai tout à l'heure, il n'y a ni grèves ni chômages. L'augmentation qu'ils ont reçue avant le mois d'août dernier, et qui est d'environ 15 pour 100 de leurs anciens salaires, porte leurs gains annuels à 2,000, 2,300 et 2,900 fr. Elle ne s'est pas arrêtée là, et les chiffres du mois d'août ont été eux-mêmes dépassés depuis. Dans le tableau que je viens de donner, la journée, prise comme base du taux des salaires, est en général de dix heures pour les journaliers, de neuf pour les artisans et de huit pour les mineurs.

Un système, ancien et excellent, adopté dans le Nord, consiste à engager les mineurs à l'année, en leur garantissant, qu'ils travaillent ou non, un minimum de 20 à 23 fr. par semaine. Ce contrat annuel, qui leur permet de gagner bien plus dès que les affaires prospèrent, assure à la fois le patron contre les grèves imprévues, et l'ouvrier contre les chômages qui dévorent ses économies.

Voici les chiffres les plus récents des salaires des mineurs, tels qu'ils sont donnés dans les comptes rendus de la dernière session de l'Association des mineurs tenue à Walsall, au mois d'octobre 1872 :

A Salop, les houillers travaillent neuf heures pour 5 fr. par jour.

Dans le West-Cumberland, les houillers travaillent en général huit heures, gagnent en moyenne 8 fr. 75 c. par jour, et espèrent une augmentation de 30 pour 100.

A Saint-Helens, les salaires ont, dans certains cas, augmenté de 65 pour 100 ; la journée de huit heures est universellement adoptée.

A New-Tredegar, où les puits de la houillère ne sont exploités que de sept heures du matin à cinq heures du soir, les ouvriers gagnent 44 fr. par semaine.

A Maesteg, les heures de travail sont de sept à quatre, et le gain journalier est d'environ 6 fr. 25 c.

A Rhymney, les houillers gagnent de 4 fr. 58 c. à 6 fr. 25 c. par jour, les meilleurs jusqu'à 7 fr. 50 c.

A Worsley, près Manchester, les houillers ne gagnent que de 2 fr. 50 c. à 3 fr. 75 c. par jour.

A Caerphilly, les salaires sont à la journée et ont augmenté de 35 pour 100; les houillers gagnent de 6 fr. 87 c. à 7 fr. 50 c. par jour, les banksmen, c'est-à-dire ceux qui reçoivent le charbon à la surface, 33 fr. 75 c. par semaine.

A Blanavon, l'extraction du charbon est payée au taux de 3 fr. 12 c. et de 2 fr. 92 c. par tonne. Un bon ouvrier peut extraire dix tonnes en une semaine : la moyenne des salaires est de 5 fr. 62 c. pour les ouvriers à la journée.

A Burnley, les houillers du Townley Colliery travaillent huit heures, depuis le 1er juillet 1872 : leurs salaires ont augmenté de 30 à 45 pour 100 et sont de 6 fr. 87 c. à 7 fr. 50 c. par jour.

A Mostyn, les houillers ont des salaires moins élevés : de 5 fr. à 5 fr. 62 c. pour les meilleurs ouvriers, de 3 fr. 75 c. à 4 fr. 58 c. pour les autres, avec un travail de douze heures ; les banksmen, de 3 fr. à 3 fr. 75 c.

Dans le Monmouth, les salaires ont monté de 4 fr. 58 c. à 7 fr. 50 c.

A Tamworth, ils ont augmenté de 25 pour 100.

**Construction des navires en fer.** — Dans les chantiers de la Tamise, une équipe de shipwrights reçoit le travail à l'entreprise. Autrefois, quelques ouvriers prenaient à leur charge toutes les chances et payaient leurs assistants à la journée. Un autre système, d'après lequel tous sont associés au même titre, a été introduit en 1825, et, patronné par les *Unions*, a fini par prévaloir. Les ouvriers touchent chaque semaine un à-compte fixe, et partagent le restant à la fin de l'ouvrage. La journée de travail était en 1869 estimée dans les devis à un chiffre de 6 fr. à 7 fr. 50 c.

Sur la Clyde et la Mersey, le travail est à la journée et le salaire peu élevé : ainsi l'ouvrier qui, à Liverpool, en 1854, posait 700 rivets et gagnait 30 fr. par semaine, en posait 1,000 en 1869 et ne gagnait que 35 fr.

Les fluctuations de l'industrie, dont j'ai parlé à propos de la construction des chemins de fer, ont une influence encore plus funeste sur la situation des ouvriers des chantiers de fer. Ainsi les chantiers de la Tamise, qui employaient, en 1860, 11,830 ouvriers, ont, grâce à un développement excessif de cette industrie, porté leur nombre à 20,880 en 1869 ; puis, dans l'espace de quelques mois, tous les travaux se sont arrêtés, et, en 1870, il ne restait plus que 3,190 ouvriers occupés. Voici le tableau des salaires dans les chantiers de Millwall avant cette crise : salaires par semaine de cinquante-huit heures et demie.

| | *1851* | *1861-1865* | *1865-1869* | *1869* |
|---|---|---|---|---|
| Ajusteurs. . . . | 41f 25 à 47f 50 | 41f 25 à 47f 50 | 43f 75 à 50f » | 41f 25 à 47f 50 |
| Raboteurs de fer. | 37 50 à 41 25 | 37 50 à 41 25 | 40 » à 42 50 | 37 50 à 41 25 |
| Perceurs . . . . | 27 50 à 33 75 | 27 50 à 33 75 | 28 75 à 35 » | 27 50 à 33 75 |
| Forgerons. . . . | 37 50 à 52 50 | 37 50 à 52 50 | 37 50 à 52 50 | 37 50 à 52 50 |
| — aides. | 27 50 à 30 » | 27 50 à 30 » | 27 50 à 30 » | 27 50 à 30 » |
| Mouleurs . . . . | 45 » à 47 50 | 45 » à 47 50 | 45 » à 50 » | 45 » à 50 » |
| Modeleurs. . . . | 45 » à 48 75 | 45 » à 48 75 | 48 75 à 52 50 | 45 » à 48 75 |
| Menuisiers. . . . | 45 » à 48 75 | 45 » à 48 75 | 45 » à 52 50 | 45 » à 52 50 |
| Shipwrigths . . . | 52 50 à 60 » | 52 50 à 60 » | 48 75 à 52 50 | 45 » à 48 75 |
| Ouvriers en tôle. | 45 » à 52 50 | 45 » à 52 50 | 45 » à 52 50 | 45 » à 52 50 |
| — aides. | 26 25 à 30 » | 26 25 à 30 » | 26 75 à 30 » | 26 25 à 30 » |
| Poseurs de rivets | 37 50 à 40 » | 37 50 à 40 » | 37 50 à 40 » | 37 50 à 40 » |
| — aides. | 25 » à 30 » | 25 » à 30 » | 25 » à 30 » | 25 » à 30 » |
| Calfats . . . . . | 37 50 à 41 25 | 37 50 à 41 25 | 37 50 à 41 25 | 37 50 à 41 25 |
| Coupeurs . . . . | 35 » à 37 50 | 35 » à 37 50 | 35 » à 37 50 | 35 » à 37 50 |
| Forgerons de fer en T.. . . . . | 47 50 à 50 » | 47 50 à 50 » | 47 50 à 50 » | 47 50 à 50 » |
| Chaudronniers. . | 45 » à 52 50 | 45 » à 52 50 | 45 » à 52 50 | 45 » à 52 50 |
| — aides. | 26 25 à 30 » | 26 25 à 30 » | 26 25 à 30 » | 26 25 à 30 » |
| Peintres. . . . . | 26 25 à 37 50 | 26 25 à 37 50 | 26 25 à 37 50 | 26 25 à 37 50 |

Pendant cette période de dix-huit ans, les logements des familles d'ouvriers, composés de six petites chambres, ont augmenté de 400 à 500 fr. par an.

Les salaires de l'arsenal de Sheerness, à la même époque, prouvent combien les variations de l'industrie nuisent à la situation de l'ouvrier, et combien il préfère un gain moindre, mais régulier, aux incertitudes du travail dans les chantiers particuliers. En effet, l'arsenal royal a pu constamment retenir les meilleurs ouvriers, auxquels il assurait une position fixe et régulière, en ne leur donnant que les salaires suivants, qui n'ont pas varié sensiblement de 1849 à 1859 :

Shipwrights, de 30 fr. à 32 fr. 50 c. ; calfats, de

30 fr. à 32 fr. 50 c.; menuisiers, de 26 fr. 25 c. à 27 fr. 50 c.; forgerons, 52 fr. 50 c.; ouvriers des fourneaux, 37 fr. 50 c.; aides, 30 fr.; marteleurs à vapeur, 32 fr. 50 c.; ouvriers des ancres, 1re classe, 41 fr. 25 c.; 2e classe, 35 fr. 62 c.; chauffeurs, 1re classe, 35 fr. 62 c.; 2e classe, 31 fr. 67 c.; marteleurs à la main, 1re classe, 28 fr. 12 c.; 2e classe, 24 fr. 40 c.

**Fabrication des machines.** — Les machines automates, introduites d'abord chez Nasmyth, ont bouleversé le système des salaires. Les artisans, payés à la journée, vendaient assez cher auparavant le travail de leurs mains exercées. Les automates, dont un seul journalier, moyennant 26 fr. 25 c. par semaine, peut diriger jusqu'à six, ont rendu leur habileté inutile, et ils ont beaucoup souffert jusqu'à ce qu'ils eussent trouvé un autre emploi de leurs forces et de leur intelligence. Leur adresse a conservé toute sa valeur pour le montage des machines à vapeur et surtout des locomotives, opération presque toujours donnée à l'entreprise à une équipe d'ouvriers. Le salaire des ouvriers mécaniciens, qui est, dans la plupart des fabriques, d'environ 32 à 44 fr. par semaine, est réduit par de fréquents chômages à un revenu annuel de 1,175 à 1,750 fr. au plus. En comparant le tableau ci-après des salaires des artisans dans l'une des grandes usines voisines de Liverpool, les Canada-Works, à Birkenhead, avec ceux du Creusot, où aucun ouvrier exercé ne gagne moins de 30 fr. par semaine, où les meilleurs peuvent, dit-on, gagner de 8 fr. 33 c. à 10 fr. 40 c. par

## TABLEAU DU SALAIRE DES ARTISANS

### DANS UNE DES PRINCIPALES USINES DE LIVERPOOL.

| CANADA-WORKS | 1854 | 1855 | 1856 | 1857 | 1858 | 1859 | 1860 | 1861 | 1862 | 1863 | 1864 | 1865 | 1866 | 1867 | 1868 | 1869 |
|---|---|---|---|---|---|---|---|---|---|---|---|---|---|---|---|---|
| Ajusteurs. . . . . . | 36f 25 | 35f 31 | 36f 25 | 33f 12 | 36f 14 | 34f 37 | 34f 37 | 33f 75 | 34f 75 | 35f » | 35f » | 35f 10 | 38f 75 | 40f 62 | 38f 75 | 37f 50 |
| Tourneurs. . . . . . | 36 47 | 37 81 | 39 06 | 41 25 | 39 37 | 38 75 | 40 » | 39 37 | 40 » | 39 37 | 39 37 | 39 27 | 39 37 | 38 75 | 37 50 | 36 66 |
| Chaudronn. de cuivre. | 39 37 | 38 50 | 36 » | 36 25 | 35 » | 37 50 | 38 75 | 36 37 | 35 62 | 35 10 | 39 37 | 39 48 | 40 62 | 40 » | 40 » | 38 43 |
| Aiguiseurs . . . . . | 33 75 | 33 75 | 33 75 | 30 » | 30 » | 27 50 | 32 50 | 31 87 | 33 75 | 34 37 | 34 37 | 40 » | 35 62 | 40 » | 33 12 | 28 75 |
| Forgerons. . . . . . | 38 75 | 38 27 | 40 » | 38 75 | 37 50 | 36 87 | 37 81 | 37 50 | 36 87 | 38 75 | 38 12 | 37 81 | 39 68 | 40 93 | 39 37 | 37 50 |
| Chaudronn. de fer . . | 42 50 | 42 50 | 43 75 | 42 50 | 40 62 | 41 25 | 42 08 | 41 25 | 40 62 | 41 25 | 41 25 | 43 12 | 45 » | 46 25 | 45 » | 45 » |
| Maçons. . . . . . . | 42 50 | 42 50 | 42 50 | 42 50 | 42 50 | 42 50 | 42 50 | 42 50 | 42 50 | 42 50 | 42 50 | 42 50 | 42 50 | 42 50 | 42 50 | 42 50 |
| Selliers. . . . . . . | 32 50 | 33 75 | 32 50 | 32 50 | 33 75 | 32 50 | 33 75 | 33 75 | 33 75 | 33 75 | 33 75 | 31 87 | 30 » | 30 » | 31 25 | 32 50 |
| Ouvriers de forge . . | 45 62 | 46 25 | 45 » | 41 87 | » | » | 41 25 | 45 » | 44 37 | 43 75 | 43 12 | 41 25 | 40 93 | 41 25 | 40 62 | 40 62 |
| Peintres. . . . . . . | 30 » | 28 75 | 30 » | 32 50 | 33 12 | 31 25 | 33 75 | 32 50 | 31 87 | 31 87 | 32 08 | 33 12 | 34 37 | 30 62 | 30 » | 28 75 |
| Mouleurs . . . . . . | 40 » | 39 37 | 41 25 | 41 25 | 40 » | 39 37 | 39 37 | 40 62 | 40 » | 40 62 | 41 25 | 41 25 | 40 93 | 43 12 | 42 71 | 39 37 |
| Modeleurs . . . . . | 35 » | 35 62 | 36 25 | 35 21 | 34 37 | 36 25 | 36 87 | 37 50 | 36 87 | 36 87 | 36 25 | 37 50 | 38 12 | 39 17 | 33 43 | 37 50 |
| Ouvriers de chaudièr. | 39 37 | 38 75 | 38 12 | 40 62 | » | 38 12 | 38 75 | 39 37 | 38 75 | 39 37 | 39 06 | 39 68 | 42 61 | 40 » | 40 » | 40 » |

jour, on verra que les ouvriers anglais, qui n'ont ni maisons ni jardins loués à bon marché, ne sont pas plus avantageusement traités sous le rapport des salaires.

On remarquera qu'aucune augmentation générale ne marque cette période de quatorze ans, et qu'au contraire, elle a vu décroître le chiffre d'un certain nombre de salaires, particulièrement des ouvriers de forge, qui forment l'une des professions les plus importantes de cette industrie : tandis que, pendant la même époque, l'augmentation des salaires, au Creusot, a été de 38 pour 100.

**Les Tailleurs.** — Jusqu'en 1834, ils furent payés à la journée : 7 fr. 50 c. pour douze heures. En 1835, le salaire à la tâche est adopté d'un commun accord par les patrons et par les ouvriers, qui rédigent un tarif fort compliqué. Ce tarif, sous le nom de *Log-book*, a fait la loi entre eux depuis lors.

**Les Verriers** travaillent à la tâche, par groupes de quatre associés, sous le nom de chaises. Deux de ces équipes se relayent de six en six heures constamment, pendant cinq jours et quatre nuits. Ce travail, fort mal rétribué autrefois, a fini par obtenir, grâce à l'*Union*, de meilleures conditions.

**Les Typographes** travaillent à la tâche, sauf les compositeurs d'annonces de journaux. Un tarif établi en 1810, et accepté par presque tous les imprimeurs, règle le prix de chaque espèce d'impression. Il n'a pas été modifié jusqu'en 1866, et, quoique alors les ouvriers aient obtenu certains avantages, leur salaire ne s'est pas accru autant que celui des autres industries.

**Les Fileurs de soie** de Spitalfields travaillent à la tâche : ils ont une concurrence difficile à soutenir, et sont en général mal payés, ne gagnant que de 15 fr. à 22 fr. 50 c. par semaine. La famille entière travaille, est misérablement logée, et ne se soutient qu'avec peine.

**Les Chapeliers** gagnent de 35 fr. à 47 fr. 12 c. par semaine; les femmes, 15 fr.; les garçons et les filles, 7 fr. 50 c.

**Industrie cotonnière.** — Les salaires étaient autrefois payés à la journée, et d'autant plus insuffisants que le travail qu'ils rémunéraient si mal était d'une longueur excessive. Les ouvriers cotonniers ne profitèrent pas plus des inventions d'Arkwright que les mécaniciens de celles de Nasmyth, et n'eurent aucune part aux bénéfices qu'elles procurèrent à l'industrie.

Enfin, le système de la tâche fut adopté, et amena une certaine amélioration dans leur situation; mais la révolution industrielle qui multiplia la production des tissus sortis de leurs mains était accomplie. D'ailleurs, les journées étaient encore d'une longueur immodérée; l'ouvrier qui ne s'y soumettait pas ne pouvait trouver de travail; il fallut que la loi dont je parlerai plus tard, intervenant en faveur des femmes et des enfants, vint réduire en pratique à dix heures le travail des filatures pour tous les ouvriers. Mais cette limite, utile à leur santé, n'augmenta pas leurs profits. Enfin, l'on établit un tarif analogue à l'échelle mobile, qui assura aux ouvriers un accroissement de salaire toutes les fois que le prix de la matière fabriquée s'élevait sur le marché, en fixant pour chaque espèce de fil le taux du salaire à tant pour cent de la vente du yard. Ce tarif était en vigueur avant la grande crise cotonnière et fut repris aussitôt après. En 1864, les fileurs gagnaient ainsi environ 40 fr. 60 c. par semaine. Les journaliers et les tisseurs ne faisaient, au contraire, que 22 fr. 50 c. Cette différence tient, sans doute, à ce que le tissage, plus encore que le filage, peut être confié aux femmes, qui, pour le même ouvrage, reçoivent un salaire bien moindre que celui des hommes. En 1867, les salaires d'une grande fabrique étaient les suivants : Filage, garçons au-dessous de dix-huit ans, par semaine, 8 fr. 32 c.; filles au-dessous de dix-huit ans, 7 fr. 60 c.; hommes, 28 fr. 95 c.; femmes, 11 fr. 66 c. Tissage; garçons, 12 fr. 70 c.; filles, 12 fr. 50 c.; hommes, 25 fr.; femmes, 20 fr. 10 c.

## B. — DE LA FORME DES SALAIRES.

Avant de donner le long tableau qui terminera cette première partie de l'étude des salaires, il faut aborder en quelques mots une question fort importante, à savoir : la manière dont les salaires sont obtenus, et la base sur laquelle est calculée la rémunération du travail. En effet, elles influent directement sur la situation de l'ouvrier : selon la manière dont les salaires sont obtenus, l'ouvrier peut ou ne peut pas améliorer sa situation ; il y trouve, soit un puissant encouragement, soit, au contraire, un motif pour renoncer à tout espoir d'un avenir meilleur. Tel système engendre les luttes, les grèves, et l'hostilité des classes ; tel autre assure l'harmonie indispensable entre les divers éléments de la production, et la solidarité du travail et du capital.

On a pu voir combien le salaire nécessaire à l'ouvrier était affecté par les variations de l'industrie, quelle influence funeste les fluctuations du marché pouvaient exercer sur son gagne-pain journalier. Cette variation du taux des salaires est une conséquence inévitable de la loi impérieuse de l'offre et de la demande ; elle ne peut disparaître complétement. Tenter de l'effacer serait enlever à l'ouvrier, avec les mauvaises chances de sa vie laborieuse, l'espoir d'obtenir une part dans la prospérité nationale aux époques heureuses. Mais ses plus graves inconvénients peuvent être singulièrement atténués. Ainsi l'on a cherché, dans certaines industries, à prévenir ces inconvénients par des contrats à long terme. On en avait l'exemple chez les mineurs du nord de l'Angleterre. Ces contrats, remplaçant les engagements hebdomadaires, assurent à l'ouvrier un minimum de salaires pour un temps déterminé, et ont pour le patron l'avantage d'attacher fortement à son exploitation les hommes qu'il y emploie. On peut considérer la fixation du taux des salaires, pratiquée pour un an dans certaines industries de Wolwerhampton, pour trois mois dans presque toutes les forges, comme un premier pas dans cette voie.

Mais les deux systèmes essentiellement différents qui servent de base à la rémunération du travail sont, il est presque superflu de le dire, le payement à la journée et le payement à la tâche.

De toutes les industries citées plus haut, celle du bâtiment est la seule où le premier système ait prévalu d'une manière générale. Il y trouve des défenseurs, plus passionnés qu'éclairés, parmi les ouvriers, qui poursuivent de leurs vexations, non-seulement ceux d'entre eux qui travaillent à la tâche, mais aussi ceux qui, à la journée, dépassent une moyenne fixée par les moins laborieux d'entre eux. Les rapports de la Commission d'enquête sont pleins de détails incroyables sur les règles que les ouvriers du bâtiment prétendent, en employant les moyens les plus tyranniques, imposer à leurs camarades et à leurs patrons. D'un autre côté, la plupart de ces derniers ne sont pas non plus favorables au travail à la tâche : l'ouvrage est moins bon, disent-ils, et exige plus de surveillance. Mais il est impossible de ne pas remarquer la coïncidence entre ce mode de salaires et l'esprit étroit, jaloux, despotique, qui, sauf quelques exceptions, comme chez les peintres et les charpentiers, distingue en général les ouvriers du bâtiment.

Une partie des mécaniciens et des menuisiers réclame aussi le salaire à la journée, et on ne peut leur adresser la même critique qu'aux précédents, car ils figurent parmi les ouvriers les plus pratiques et les plus modérés, et leurs *Unions* sont des modèles de bonne organisation. Ils reprochent au salaire à la tâche de déprécier la valeur de la main-d'œuvre par une concurrence exagérée. Des circonstances particulières peuvent donner à cet argument une apparence spécieuse ; mais, heureusement, le salaire à la tâche, qui encourage les bons ouvriers, qui les affranchit du nivellement absolu auquel certaines théories prétendent les soumettre, ce salaire sans lequel ils ne pourront jamais prendre part aux bénéfices de l'entreprise, est énergiquement soutenu par des ouvriers plus nombreux et non moins intelligents.

M. Brassey père, qui avait une si grande expérience des travaux auxquels se consacre une portion considérable des ouvriers du bâtiment, se prononçait formellement en faveur du travail à la tâche, tout en reconnaissant qu'il pouvait conduire à des excès dangereux pour la santé lorsqu'il n'était pas appliqué avec discernement. Cet inconvénient disparaît complétement dans les industries où la loi et l'usage limitent en même temps le nombre des heures de travail.

Aussi trouvons-nous le système à la tâche établi sans contestation dans la métallurgie, dans les mines, dans les chantiers de la Tamise et dans bien d'autres industries. On le voit aussi adopté peu à peu, et généralement accepté aussitôt comme un bienfait, dans la grande industrie cotonnière, et l'on peut dire que la supériorité incontestable de ce système, plus conforme aux besoins d'une industrie perfectionnée et d'une classe ouvrière intelligente, éclate tous les jours davantage. Quoique incomplet sous ce rapport, le tableau de M. Levi peut en faire foi.

L'étude des conditions du salaire soulève encore bien d'autres questions. Celle de la durée journalière du travail est, comme il vient d'être indiqué, plus importante peut-être encore pour le salarié à la tâche que pour le salarié à la journée. La limitation des heures de travail est le correctif du seul danger sérieux du travail à la tâche. L'intérêt de la société, du patron, et celui de l'ouvrier s'opposent également aux longues journées. Mais, d'accord sur le principe, on ne l'est plus pour fixer la durée de ces journées et le nombre d'heures de relâche que l'ouvrier peut ajouter au repos physique réclamé par la nature.

Ces heures, précieuses au bon ouvrier, c'est-à-dire à l'immense majorité, pour son instruction et les jouissances de la vie de famille, sont forcément limitées par le prix que le patron, soumis lui-même aux variations du marché, peut payer pour la main-d'œuvre. Mais un grand nombre d'exemples pourraient être cités ici pour prouver que les longues journées ne sont souvent pas plus profitables au patron qu'à l'ouvrier, et que le premier, en demandant au second un effort moins continu, obtient de lui un meilleur travail. Pour éviter une répétition, ces exemples seront donnés dans la première section de la seconde partie de cette étude sur le salaire, où je me propose d'examiner la valeur véritable du salaire pour le patron et de montrer comment, dans une juste limite, la somme de travail produite est en raison directe plutôt du chiffre de la rémunération que du temps employé.

La limite de dix heures, indirectement imposée aux manufactures par la loi sur le travail des femmes et des enfants, et introduite depuis longtemps dans l'industrie du bâtiment, peut être considérée comme celle de la journée normale de l'ouvrier anglais. Celui-ci sait faire payer les prolongations extraordinaires à un prix qui les rend assez rares. Mais il vise plus loin, et le but avoué de presque toutes les *Unions* est de réduire la journée à huit heures. Leurs motifs sont louables ; mais, pour obtenir cette réduction, les ouvriers consentiront-ils à une diminution correspondante de leurs salaires, ou la prospérité de l'industrie leur permettra-t elle d'exiger un accroissement de paye, à l'heure ou à la tâche, compensant pour leur budget annuel la réduction de leur travail ? En un mot, la perte du travail productif chiffrée en argent sera-t-elle supportée par le patron ou par l'ouvrier ? Cette alternative est la cause de la plupart des disputes qui s'élèvent aujourd'hui entre eux lorsqu'ils ne peuvent pas faire supporter cette nouvelle dépense au consommateur, sous forme d'augmentation des prix sur le marché.

Il faut compter comme limite des heures de travail le repos du samedi après midi, et du dimanche, repos imposé par les mœurs encore plus que par les lois, et qui protége l'ouvrier anglais contre les excès de fatigue et les désordres qu'entraîne un travail continu.

Les bienfaits de ce repos forcé sont si évidents, que M. Nadaud les a lui-même hautement et loyalement proclamés.

L'abréviation des heures de travail dans les ateliers où la force mécanique joue un grand rôle soulève une question difficile, qui touche à la fois à la forme du salaire de l'ouvrier et à sa valeur véritable pour le patron. Je l'indiquerai ici de manière à n'avoir pas à y revenir dans la seconde partie. Je veux parler de l'emploi des relais. Il y a pour le fabricant une perte sèche considérable à ne faire travailler que huit heures par jour des machines représentant un capital considérable et qui pourraient aussi bien travailler, sinon vingt-quatre, du moins seize heures. Elles travaillaient autrefois quinze, quatorze ou douze heures; elles ont été réduites à dix : bien des personnes se demandent si l'on ne pourrait pas les ramener à seize heures, en divisant les ouvriers en deux relais qui, du même coup, se trouveraient ne travailler chacun que huit heures; l'économie ainsi obtenue permettrait de ne pas leur imposer la réduction d'un cinquième de leurs salaires, correspondant à celle de leur journée. Une seule objection sérieuse est faite à ce système : c'est que l'ouvrier qui partage sa machine avec un autre, et qui ainsi n'est pas seul responsable de son entretien, et peut, puisqu'il travaille à la tâche, pâtir de l'incurie du camarade qui le remplace, n'aura pas pour cet instrument les mêmes soins qu'il a maintenant pour sa machine. Aussi l'on évite, pour ce motif, dans les chemins de fer, de confier une même locomotive à deux mécaniciens différents. Cette question doit être tranchée dans un sens ou dans l'autre, selon l'abondance plus ou moins grande de la main-d'œuvre, en attendant les solutions plus radicales que l'avenir lui réserve peut-être.

Il y a, en effet, une coutume qui, jusqu'à présent, il est vrai, a donné les résultats les plus fâcheux, mais qui, mieux appliquée, servira peut-être plus tard de base à un changement profond dans les rapports entre un grand nombre de patrons et leurs ouvriers. C'est ici qu'il convient d'en faire mention, car elle affecte directement les salaires. Je veux parler de la location des instruments de travail à l'ouvrier. Dans l'industrie de la bonneterie à Nottingham, les patrons louent les métiers aux ouvriers qu'ils emploient; ou bien, le plus souvent, ces métiers sont loués par des *middlemen* (intermédiaires ou marchandeurs), qui, après avoir pris un ouvrage à l'entreprise, le distribuent aux ouvriers. Les *middlemen* ont fini par établir un monopole qui leur permet d'exercer sur les ouvriers la pression la plus tyrannique. La location des métiers est fixée à un prix si exorbitant, qu'elle n'est plus que la suppression déguisée d'une partie du salaire. Quelle que soit la quantité d'ouvrage donnée à l'ouvrier, il est obligé de payer le même prix. Enfin, ces abus sont devenus si criants, que la Commission, instituée sur les *Truck-shops* en 1871, et dont je parlerai plus loin, a recommandé au Parlement des mesures spéciales pour y mettre un terme. Dans la coutellerie de Sheffield, la plupart des ouvriers louent une place dans une fabrique : le patron, moyennant ce loyer, leur fournit la force motrice, les roues et certains instruments, et chacun, une fois établi à sa place, travaille pour son compte avec un ou deux aides. Malheureusement, on sait que les couteliers de Sheffield se sont toujours distingués par leurs passions, leurs violences et leurs habitudes sanguinaires. Il ne faut pas pour cela condamner le système qui, bien appliqué, doit assurer à l'ouvrier intelligent, et déjà à l'aise, une situation très-différente de celle du manœuvre, payé à la journée. Ne peut-on pas prévoir que le jour viendra où, dans une grande usine, le patron louera chaque appareil à un, deux, ou plusieurs ouvriers associés, et où ceux-ci, se relayant, établiront naturellement le système que j'ai indiqué plus haut, sans en craindre les inconvénients? Et plus tard encore, si ces ouvriers ont su faire des économies, ne pourront-ils pas, dans certains cas, devenir même propriétaires de l'instrument qui leur donne la force, et auquel ils donnent l'intelligence? à côté de ces petits capitalistes, le gros capitaliste aurait pour fonction de leur fournir la force motrice. Dans un pays où les machines jouent un rôle si considérable, où elles ont décuplé, dit-on, les forces matérielles des habitants, où elles ont, sans contredit, sauvé les ouvriers d'un abaissement fatal des salaires, en permettant aux manufacturiers de lutter contre la concurrence des pays où la main-d'œuvre est moins chère, il est naturel que des esprits clairvoyants ne regardent pas ces perspectives nouvelles comme des chimères.

L'apprentissage, reste des institutions d'un autre temps, vient constamment compliquer la vente du travail de l'ouvrier à son patron. Ce système n'existe heureusement que dans peu d'industries, parmi les mécaniciens surtout, et dans le bâtiment, où l'on rencontre tout ce qui rend plus difficiles les rapports entre le capital et le travail. L'ouvrier inexpérimenté, travaillant à prix réduit, paye, par l'excédant de son travail efficace sur le salaire qu'il reçoit, l'instruction qu'il obtient dans l'atelier : sous cette forme générale, l'apprentissage existe dans toutes les industries. Mais à qui le jeune ouvrier payera-t-il cette éducation dont il a besoin? Ici commence la difficulté. Dans la métallurgie, les mines, les filatures, partout où le travail établit sur une base rationnelle les rapports entre patrons et ouvriers, c'est l'artisan qui engage et qui paye l'apprenti. Si celui-ci travaille mal, la charge en est à son maître ; lorsqu'il a profité de ses leçons, son bon travail assure une juste rémunération à l'artisan qui l'a instruit. Aussi jamais de contestations ou de difficultés sur ce point.

Dans plusieurs industries, au contraire, et dans celle du bâtiment surtout, l'apprenti est engagé, par un contrat de cinq ou de sept ans, directement au service du patron, et il est payé par lui. Celui-ci profite donc de tous les progrès du jeune ouvrier et bénéficie, au bout d'un certain temps, de toute la différence entre son salaire et celui des artisans, dont l'apprenti est devenu presque l'égal. Ceux-ci, se trouvant lésés par sa concurrence, veulent empêcher le patron d'employer, à leur détriment, un trop grand nombre de ces ouvriers à bon marché. D'autre part, ceux qui ont passé par ces longues années d'apprentissage considèrent la qualité d'artisan comme une profession fermée, dont ils ont payé l'entrée fort cher, et s'opposent à l'admission, dans leurs ateliers, d'intrus qui n'auraient pas acquitté la même redevance. On ne peut briser cette tradition funeste, à moins d'adopter le travail à la tâche, qui seul permet de laisser à l'artisan le soin d'engager l'apprenti. C'est donc encore au travail à la journée qu'il faut imputer le maintien de l'apprentissage, avec toutes les difficultés qui en résultent. On remarquera que ce système et ces restrictions ont justement trouvé leurs défenseurs dans les sociétés de charpentiers, de maçons et de mécaniciens, qui repoussent le travail à la tâche.

# TABLEAU DES SALAIRES EN ANGLETERRE

## EN 1867.

### Résumé d'un Mémoire de M. Leone Levi :

« Wagès and earnings of the working classes. »

---

## SALARIÉS DU GOUVERNEMENT.

### OUVRIERS DES ARSENAUX

*pensionnés après dix ans.*

Par jour.

| | |
|---|---|
| Shipwrights ordinaires. | 9f 37 à 6f 25 |
| Principaux ouvriers. | 6 87 |
| Simples ouvriers. | 5 62 |
| Calfats. | 6 87 |
| Menuisiers. | 6 64 à 5 42 |
| Forgerons (dix heures). | 6 56 à 4 62 |
| Ouvriers de forge. | 12 50 |
| Tourneurs de métaux : | |
| Seuls au tour. | 7 18 à 5 62 |
| Premiers tourneurs. | 6 87 |
| Deuxièmes tourneurs. | 6 46 |
| Tourneurs à la roue. | 5 42 |
| Chaudronniers. | 4 79 |

### EMPLOYÉS DES POSTES

*pensionnés après dix ans, gratification, 325 fr.*

Par semaine.

| | |
|---|---|
| Facteurs de Londres, 1re classe. | 32f 50 à 37f 75 |
| — — 2e classe. | 25 » à 31 25 |
| — — suburbains, 1re classe. | 28 75 |
| — — — 2e classe. | 25 » |

| | |
|---|---|
| Facteurs de Londres, supplémentaires | 22f 50 |
| — d'Édimbourg | 22 50 à 28 75 |
| — — supplémentaires | 22 50 |
| — de Dublin | 22 50 à 25 » |
| — — supplémentaires | 22 50 |

POLICE.

*Habillés pour 148 fr. par an, logés, etc.*

Par semaine.

| | |
|---|---|
| Angleterre. Policemen | 21f 25 à 27f 50 |
| — Sergents | 30 » à 32 50 |
| Écosse. Constables | 17 50 à 25 » |
| — Sergents | 26 25 à 30 » |

ARMÉE.

*Nourris, habillés, logés, chauffés, retraités, etc.*

Par semaine.

| | |
|---|---|
| Simples soldats. Life guards | 2f 40 |
| — — Horse guards | 2 13 |
| — — Foot guards | 1 35 |
| — — Infanterie | 1 25 |
| Caporaux d'infanterie | 1 62 |
| Sergents — | 2 50 |

MARINE.

*Nourris, logés, etc.*

Par an.

| | |
|---|---|
| Maîtres | 760f 40 à 2,500f » |
| Matelots | 418 23 à 722 40 |

## PERSONNES EMPLOYÉES A DES SERVICES PERSONNELS.

### DOMESTIQUES.

*192,000 hommes, 1,503,000 femmes.*

Salaires annuels, auxquels se joignent 650 fr. pour nourriture, etc.

| | | | |
|---|---|---|---|
| General servant | 200f | à | 350f |
| Fille de cuisine | 250 | à | 500 |
| Blanchisseuse | 300 | à | 500 |
| Laitière | 325 | à | 375 |
| Housemaid | 200 | à | 500 |
| Cuisinière | 300 | à | 1,500 |
| Housekeeper | 750 | à | 1,250 |
| Garçon | 175 | à | 400 |
| Groom | 375 | à | 500 |
| Cocher | 750 | à | 1,250 |
| Valet de pied | 450 | à | 500 |
| Under-butler | 750 | à | 1,875 |
| Butler (argentier) | 1,250 | à | 1,750 |
| Valet de chambre | 1,000 | à | 1,250 |
| Groom of the chamber | 1,250 | à | 1,500 |
| Maître d'hôtel | 1,750 | à | 3,750 |
| Moyenne des femmes, salaires | 325 | | |
| — — nourriture, logement, etc. | 650 | | |

## PERSONNES EMPLOYÉES AUX TRANSPORTS.

### CHEMINS DE FER.

*200,000 employés inférieurs, douze heures par jour.*

| | |
|---|---|
| Porteurs (par semaine) | 21f87 |
| Policemen | 22 50 |
| Collecteurs de billets | 31 25 |
| Gardes | 25 » |
| Journaliers (par jour) | 3 75 |

| | |
|---|---|
| Poseurs de rails.. | 4f 37 |
| Hommes des signaux (par semaine) | 25 » à 32 50 |
| Charpentiers | 33 75 à 37 50 |
| Gaugers (calibreurs).. | 26 25 |
| Conducteurs de locomotives (par jour) | 6 25 à 9 37 |
| Chauffeurs | 3 75 à 4 » |
| Ajusteurs.. | 5 83 à 7 92 |
| Forgerons.. | 6 25 à 7 32 |
| Riveurs.. | 5 83 à 7 92 |
| Chaudronniers | 7 07 à 8 37 |
| Marteleurs | 4 07 à 5 42 |
| Fabricants de wagons de voyageurs | 5 62 à 6 67 |
| — — de marchandises | 5 » à 6 25 |
| Passementiers.. | 6 25 à 7 07 |
| Mouleurs (par semaine) | 42 50 |
| Moyenne des 160,000 employés (par semaine) | 26 25 |
| — des 40,000 ouvriers | 37 50 |

TRANSPORTS PAR CHEVAUX.

| | |
|---|---|
| Charretiers de charbon (par semaine) | 35f |
| Autres charretiers à Londres | 28 75 |
| — — en province | 22 50 |
| Camionneurs, Liverpool | 27 50 |
| — Londres | 31 25 |
| Cochers d'omnibus (sept jours par semaine, journée de quinze heures) | 7 50 |
| Conducteurs, Londres | 5 » |
| Cochers d'omnibus, Liverpool (par semaine) | 28 12 à 34 37 |
| Conducteurs | 18 75 à 25 » |
| Cochers d'omnibus, Glasgow | 31 25 |
| — fiacres | 25 » |
| Moyenne des hommes au-dessus de vingt ans (par semaine) | 27 50 |

TRANSPORTS D'EAU DOUCE.

| | |
|---|---|
| Bateliers de la Tamise (par semaine) | 37f 50 |
| Moyenne des hommes | 31 25 |
| — des apprentis.. | 10 » |
| — des femmes | 7 50 |

MARINS.

Matelots du port de Londres, au mois, en 1866 :

| | |
|---|---|
| Pour la Baltique.. | 87f 50 |
| Pour le Canada.. | 87 50 |
| Pour les États-Unis. | 68 75 |
| Pour les Indes orientales.. | 68 75 |
| Pour la France, la Hollande, l'Espagne. | 68 75 |
| Pour la Méditerranée. | 68 75 |
| Pour l'Amérique du Sud.. | 68 75 |
| Pour la Norwége et Archangel. | 81 25 |
| Pour Maurice. | 68 75 |
| Pour Sierra-Leone.. | 68 75 |
| Pour l'Australie. | 68 75 |
| Pour les mers du Sud. | 68 75 |
| Pour le cabotage.. | 100 » |

Matelots pour la Méditerranée, en 1867 :

| | |
|---|---|
| De Londres. | 87 50 |
| De Liverpool. | 62 50 |
| De Hull. | 75 » |
| De la Tyne. | 81 25 |

Matelots pour l'Amérique du Nord :

| | |
|---|---|
| De Londres. | 93 75 |
| De Liverpool. | 100 » |
| De Hull. | 87 50 |
| De la Tyne.. | 100 » |

Matelots pour les Indes :

| | |
|---|---|
| De Londres. | 87 50 |
| De Liverpool. | 75 » |
| De Hull. | 68 75 |
| De la Tyne. | 75 » |

Matelots pour la Baltique :

| | |
|---|---|
| De Londres. | 100 » |
| De Liverpool. | 87 50 |
| De Hull.. | 87 50 |
| De la Tyne.. | 100 » |
| A Glasgow, moyenne sur les voiliers. | 37 50 à 62f 50 |

| | |
|---|---|
| A Glasgow, moyenne sur les vapeurs. . . . . . | 50f » à 81f 52 |
| — — pour les chauffeurs . . . . | 62 50 à 93 75 |
| Moyenne générale, hommes. . . . . . . . . . . | 87 50 |
| — mousses. . . . . . . . . . . | 20 » |

OUVRIERS DES DOCKS.

| | |
|---|---|
| Chargeurs (au jour) . . . . . . . . . . . . . . . . | 5f » |
| Déchargeurs. . . . . . . . . . . . . . . . . . . . . . | 3 75 à 4 37 |
| Gardiens de magasins. A Manchester (à la semaine). | 37 50 à 43 75 |
| — — Moyenne, hommes. . . . . . . | 31 25 |
| — — femmes ou garçons. | 12 50 |
| — — filles . . . . . . . . | 6 25 |
| Messagers et porteurs. A Liverpool, porteurs de coton (à la semaine). | 17 50 à 26 25 |
| — — — chefs. . . . . . . | 30 » |
| — — — porteurs de graines. . . . | 13 75 à 15 » |
| — — — chefs. . . . . . . | 30 » à 32 50 |
| — — A Londres. . . . . . . . . . . | 22 50 à 25 » |
| — — Moyenne, hommes. . . . . . | 18 75 |
| — — femmes. . . . . . | 12 50 |
| — — garçons. . . . . . | 8 75 |
| — — filles. . . . . . . | 6 25 |

AGRICULTURE.

Par semaine.

| | |
|---|---|
| En 1824, moyenne générale. . . . . . . . . . . . . . | 11f 67 |
| En 1837 — . . . . . . . . . . . . . . | 12 92 |
| En 1860 — . . . . . . . . . . . . . . | 14 47 |
| En 1866 — . . . . . . . . . . . . . . | 16 25 |
| En Écosse, en 1860, Nord, hommes . . . . . . . . . | 15 28 |
| — — femmes. . . . . . . . . | 6 43 |
| — — enfants. . . . . . . . . | 5 » |
| — Centre, hommes . . . . . . . . | 16 46 |
| — — femmes . . . . . . . . | 7 » |
| — — enfants. . . . . . . . | 5 05 |
| — Sud, hommes. . . . . . . . . . | 16 46 |

| | |
|---|---|
| En Écosse, en 1860, Sud, femmes.......... | 7f 45 |
| — — enfants.......... | 6 » |
| En Irlande, 1860, moyenne, hommes......... | 8 91 |
| — — femmes......... | 4 90 |
| — — enfants......... | 3 70 |
| Moyenne en 1866, Angleterre, hommes....... | 18 12 |
| — — femmes....... | 6 25 |
| — — enfants....... | 4 37 |
| — Écosse, hommes.......... | 17 50 |
| — — femmes.......... | 8 12 |
| — — enfants.......... | 5 62 |
| — Irlande, hommes.......... | 12 50 |
| — — femmes.......... | 6 25 |
| — — enfants.......... | 4 37 |
| Petits fermiers, Angleterre.............. | 18 75 |
| — Écosse................ | 18 70 |
| — Irlande................ | 17 50 |

## PERSONNES EMPLOYÉES A LA GARDE OU A LA CHASSE DES ANIMAUX.

### PÊCHEURS.

Moyenne difficile à cause du partage des bénéfices.

| | |
|---|---|
| Hommes faits, par semaine, environ......... | 25f » |
| Garçons.......................... | 7 50 |

## PERSONNES EMPLOYÉES AU SOIN DES CHEVAUX ET A LA GARDE DU GIBIER.

| | |
|---|---|
| Garçons d'écurie à Londres............... | 26f 25 |
| — à la campagne........... | 18 75 à 22f 55 |
| Gardes-chasse..................... | 15 » à 20 » |
| Moyenne : hommes................ | 18 75 |
| — femmes................ | 10 » |
| — garçons................ | 7 50 |
| — filles................ | 6 25 |

## PERSONNES EMPLOYÉES DANS LES INDUSTRIES COMPLEXES.

### IMPRIMEURS TYPOGRAPHES.

Par semaine.

| | | |
|---|---|---|
| A Londres. | Compositeurs | 35f » à 41f 56 |
| — | Lecteurs à la tâche | 50 » à 54 27 |
| — | Machinistes | 50 » à 38 75 |
| — | Journaliers et gardiens | 30 » |
| — | Pressiers | 39 37 à 37 50 |
| — | Garçons | 10 » |
| — | Compositeurs de journaux | 62 50 à 100 » |
| — | Ouvriers à la journée, environ | 40 » à 42 50 |
| A Édimbourg. | Compositeurs (prix fixes) | 32 50 |
| — | Compositeurs à la tâche | 25 » |
| — | Pressiers (prix fixes) | 32 50 |
| — | Apprentis compositeurs | 8 75 à 12 50 |
| — | — machinistes | 11 25 à 18 75 |
| — | Machinistes | 33 75 |
| — | Moyenne des prix fixes, hommes | 37 50 |
| — | — femmes | 12 50 |
| — | — enfants | 10 » |
| — | — filles | 8 75 |

### RELIEURS ET PLIEURS.

Journées de douze heures au moins.

Par semaine.

| | | |
|---|---|---|
| A Londres. | Ouvriers à la tâche | 62f 50 à 75f » |
| — | — à la journée | 43 75 |
| — | Finisseurs | 56 25 |
| — | Femmes | 15 » à 22 50 |
| A Édimbourg. | A la journée, hommes | 25 » à 32 50 |
| — | — filles | 10 » à 12 50 |
| — | A la tâche, hommes | 31 25 à 43 75 |
| — | — filles | 12 25 à 17 50 |
| — | Apprentis, garçons | 3 12 à 12 50 |

| | | |
|---|---|---|
| A Édimbourg. Apprentis, filles. | 3f 12 à | 8f 75 |
| — Moyenne, hommes. | 37 50 | |
| — — femmes. | 17 50 | |
| — — garçons. | 12 50 | |
| — — filles. | 10 » | |

FABRICANTS D'INSTRUMENTS DE MUSIQUE.

| | | |
|---|---|---|
| Ouvriers en pianos. | 31f 25 à | 75f » |
| Moyenne, hommes. | 37 50 | |
| — garçons. | 12 50 | |

LITHOGRAPHES.

| | |
|---|---|
| Moyenne par semaine, hommes. | 37f 50 |
| — — garçons. | 15 » |
| — — femmes. | 10 » |
| — — filles. | 7 50 |

SCULPTEURS EN BOIS, FABRICANTS DE JEUX.

| | |
|---|---|
| Moyenne par semaine, hommes. | 43f 75 |
| — — femmes. | 15 » |
| — — garçons. | 12 50 |
| — — filles. | 7 50 |

OPTICIENS, OUVRIERS EN INSTRUMENTS DE CHIRURGIE, ETC.

| | | |
|---|---|---|
| Minimum par semaine (à la tâche). | 25f » à | 31f 25 |
| Maximum — — | 62 50 à | 87 50 |
| Moyenne, hommes. | 43 75 | |
| — garçons. | 15 » | |

HORLOGERS.

Par semaine.

| | | |
|---|---|---|
| Fabricants de pendules. | 28f 75 à | 52f 50 |
| Moyenne. | 30 25 | |
| Fabricants de montres. | 37 50 à | 106 25 |
| Moyenne. | 43 75 | |
| Femmes. | 12 50 | |

COUTELIERS, ETC.

Payent souvent un aide sur leurs salaires.

A Sheffield, moyenne par semaine :

| | | | |
|---|---|---|---|
| Forgeurs de limes de douze pouces. . . . . . . | 56f25 | à | 77f50 |
| Marteleurs (tâche, en général). . . . . . . . . | 43 75 | à | 56 25 |
| Forgeurs de limes au-dessous de douze pouces. . | 37 50 | à | 56 25 |
| Repasseurs de limes au-dessous de douze pouces. | 50 » | à | 62 50 |
| Coupeurs — . . . | 31 25 | à | 50 » |
| Trempeurs — . . . | 35 » | à | 42 50 |
| Fabricants de scies . . . . . . . . . . . . . . . | 37 50 | à | 75 » |
| Repasseurs — . . . | 62 50 | à | 87 50 |
| Fabricants de manches. . . . . . . . . . . . . . | 31 25 | à | 43 75 |
| Forgeurs de ciseaux. . . . . . . . . . . . . . . | 25 » | à | 31 25 |
| Repasseurs — . . . | 33 75 | à | 43 75 |
| Affileurs — . . . | 27 50 | à | 40 » |
| Polisseurs — . . . | 27 50 | à | 40 62 |
| Monteurs de couteaux à ressorts, ouvrages fins. . | 37 50 | | |
| Forgeurs — . . . | 37 50 | | |
| Couteliers ordinaires . . . . . . . . . . . . . | 31 25 | | |
| Ouvriers en ressorts et en balances. . . . . . . | 31 25 | | |
| Forgeurs de couteaux de table. . . . . . . . . | 35 » | | |
| Marteleurs — . . . . . . . . . . | 30 » | | |
| Repasseurs — . . . . . . . . . . | 37 50 | | |
| Emmancheurs — . . . . . . . . . . | 26 25 | | |
| Fabriques d'aiguilles, hommes . . . . . . . . . . | 15 » | à | 50 » |
| — — femmes. . . . . . . . . . | 10 » | à | 18 75 |
| — — enfants. . . . . . . . . . | 1 87 | à | 6 25 |
| Fabriques de fusils . . . . . . . . . . . . . . . | 37 50 | à | 150 » |
| Moyenne, hommes . . . . . . . . . . . . . . . | 37 50 | | |
| — femmes. . . . . . . . . . . . . . . | 10 » | | |
| — garçons. . . . . . . . . . . . . . . | 12 50 | | |
| — filles. . . . . . . . . . . . . . . . | 7 50 | | |

FABRICANTS DE MACHINES ET D'OUTILS.

Moyenne, douze heures de travail, quelques professions à la tâche :

| | |
|---|---|
| Ajusteurs. . . . . . . . . . . . . . . . . . . . | 37f50 |
| Tourneurs . . . . . . . . . . . . . . . . . . . . | 37 50 |

| | |
|---|---|
| Finisseurs. | 37f 50 |
| Chaudronniers de fer. | 42 50 |
| Modeleurs.. | 41 25 |
| Mouleurs de fer.. | 45 » |
| Ouvriers des machines.. | 22 50 à 27f 50 |
| Mouleurs ordinaires.. | 37 50 |
| Marteleurs. | 17 50 à 22 50 |
| Manœuvres. | 18 75 à 25 » |
| Riveurs.. | 33 75 |
| Moyenne, hommes.. | 31 25 |
| — femmes et garçons. | 12 50 |
| — filles. | 6 25 |

CARROSSIERS.

Par semaine.

| | |
|---|---|
| Édimbourg. Forgerons, 1re classe. | 33f 75 |
| — — 2e classe. | 27 50 |
| — Ouvriers en vis, 1re classe.. | 22 50 |
| — — 2e classe. | 20 » |
| — — 3e classe. | 17 50 |
| — Fabricants de caisses, 1re classe.. | 37 50 |
| — — 2e classe. | 27 50 |
| — Fabricants de trains. | 28 75 |
| — Peintres. | 25 » à 27f 50 |
| — Passementiers, 1re classe. | 31 25 |
| — — 2e classe. | 25 » |
| — — 3e classe. | 22 50 |
| — Fabricants de roues, 1re classe. | 27 50 |
| — — 2e classe.. | 22 50 |
| — Fabricants de ressorts. | 32 50 |
| — Marteleurs. | 22 50 |
| — Manœuvres. | 17 50 |
| Liverpool. Fabricants de trains. | 37 50 |
| — — de caisses.. | 37 50 |
| — Passementiers.. | 40 » |
| Londres, moyenne.. | 31 25 à 50 » |
| Moyenne générale, hommes. | 31 25 |
| — — femmes et filles | 12 50 |
| — — garçons | 10 » |

| | | | |
|---|---|---|---|
| Selliers et bourreliers, moyenne, hommes. . . . | 31f 25 | | |
| — — — femmes.. . . . | 12 50 | | |
| — — — garçons et filles. | 10 » | | |

CONSTRUCTEURS DE NAVIRES.

La plupart à la tâche.

| | | | |
|---|---|---|---|
| Shipwrights. Londres, par jour. . . . . . . . . . . | 8f 12 | à | 8f 75 |
| — Hull.. . . . . . . . . . . . . . . . . | 6 85 | | |
| — Bristol.. . . . . . . . . . . . . . . . | 6 25 | | |
| — Glasgow.. . . . . . . . . . . . . . . | 6 25 | | |
| — Dundee. . . . . . . . . . . . . . . . | 5 62 | | |
| — Belfast.. . . . . . . . . . . . . . . | 6 87 | | |
| — Forgerons de navires. . . . . . . . . | 6 25 | à | 6 87 |
| — Scieurs. . . . . . . . . . . . . . . . | 5 » | à | 5 83 |
| — Charpentiers.. . . . . . . . . . . . . | 6 25 | | |
| — Menuisiers.. . . . . . . . . . . . . . | 5 62 | à | 6 25 |
| — Manœuvres. . . . . . . . . . . . . . | 3 75 | à | 5 » |
| — Ouvriers en tôle, Glasgow (à la semaine). . . . . . . . . . . . . . . | 30 » | à | 36 25 |
| — Forgerons de fer à côte. . . . . . . . | 35 » | à | 37 50 |
| — Riveurs. . . . . . . . . . . . . . . . | 32 50 | | |
| — — aides. . . . . . . . . . . . | 20 » | | |
| — Contre-maîtres, par jour. . . . . . . | 8 75 | | |
| — Voiliers, Hull, par semaine. . . . . . | 30 » | | |
| — Cordiers . . . . . . . . . . . . . . . | 30 » | | |
| — — Bristol, par jour. . . . . . | 6 87 | | |
| — — Glasgow.. . . . . . . . . . | 5 » | | |
| — — Dundee, par semaine.. . . | 26 25 | | |

Moyenne (après déduction du prix des outils) :

| | |
|---|---|
| Hommes.. . . . . . . . . . . . . . . . . . . . . | 35 » |
| Garçons.. . . . . . . . . . . . . . . . . . . . . | 12 50 |

### OUVRIERS DU BATIMENT.

Payés à l'heure, moyenne cinquante-cinq heures par semaine.

| *Heures de travail à Glasgow :* | | *Salaires à l'heure :* | |
|---|---|---|---|
| Charpentiers et briquetiers | 48h | (56 h. 1/2) Londres 1re cl. | 0f 83 |
| Maçons | 42 | — 2e cl. | 0 78 |
| Plombiers | 57 | (55 h. 1/2) Cheshire 1re cl. | 0 74 |
| | | — 2e cl. | 0 60 |
| | | (58 h.) Cumberland | 0 56 |
| | | (58 h. 1/2) Derbyshire | 0 61 à 0f 64 |
| | | (55 h. 1/2) Lancashire | 0 55 à 0 83 |
| | | Norfolk | 0 46 à 0 52 |
| | | Yorkshire | 0 67 à 0 83 |
| | | Pays de Galles | 0 62 à 0 67 |
| | | (51 h.) Édimbourg | 0 62 à 0 78 |
| Moyenne, hommes | | | 0 73 |
| Moyenne par semaine | | | 37 50 à 40 » |
| Garçons | | | 6 25 |

### MENUISIERS ET ÉBÉNISTES.

| | |
|---|---|
| Ouvriers en lits et matelas, à la tâche, par semaine | 37f 50 |
| Couturières | 13 75 |
| Rembourreurs (déduction faite de leur aide) | 40 » |
| Femmes qui trient le crin et les plumes | 7 50 à 12f 50 |
| Ouvriers en meubles (58 h. par semaine) | 40 » à 45 » |
| Ouvriers en meubles de 1re cl. (dans les meilleurs moments) | 62 50 à 75 » |
| Fabricants de chaises (60 h.) | 40 » à 42 50 |
| Ébénistes (57 h.) | 45 » |
| Polisseurs (60 h.) | 37 50 |
| Moyenne, hommes | 37 50 |
| — femmes | 12 50 |
| — garçons | 10 » |
| — filles | 7 50 |

### OUVRIERS EN PRODUITS CHIMIQUES.

| | |
|---|---|
| A Newcastle. Contre-maîtres, par jour | 6f 66 |
| — Veilleurs | 4 17 |

| | |
|---|---|
| A Newcastle. Machinistes | 4f 79 |
| — Ouvriers des chaudières | 4 58 |
| Ouvriers travaillant à l'acide sulfurique | 5 62 |
| — — au sulfate de soude | 5 83 |
| — — à la soude brute | 5 62 |
| — — au carbonate de soude | 5 62 |
| Ouvriers travaillant à la cristallisation de la soude | 4 58 |
| — — au bicarbonate de soude | 4 58 |
| — — au bleaching powder (chlorure de calcium) | 6 46 |
| Garçons | 1 87 à 2f 50 |
| Moyenne, hommes, par semaine | 27 50 |
| Femmes et garçons | 10 » |
| Filles | 7 50 |

OUVRIERS EN TISSUS ET VÊTEMENTS.

Autant que possible à la tâche.

Manufactures de laine (60 à 58 heures par semaine) :

| | |
|---|---|
| A Leeds. Fileurs, hommes | 31f 25 |
| — — femmes | 10 » à 11f 25 |
| — Cardeurs, hommes | 31 25 |
| — — femmes | 10 » à 11 25 |
| — Tisseurs, hommes | 12 50 à 17 50 |
| — — femmes | 10 » à 15 » |
| — Envideurs | 10 » à 15 » |
| — Apprêteurs de drap, hommes | 32 50 |
| — — — garçons | 10 » à 12 50 |
| A Huddersfield. Tireurs de laines | 27 50 à 40 » |
| — — Démêleurs | 20 » à 26 25 |
| — — Teinturiers | 18 75 à 27 50 |
| — — Cardeurs | 15 » à 26 25 |
| — — Drousseurs | 18 75 à 26 25 |
| — — — femmes | 10 62 à 11 25 |
| — — — filles | 7 50 à 11 25 |
| — — Mècheurs, hommes | 27 50 à 35 » |
| — — Ouvriers des condensateurs, | |
| — — — — hommes | 21 25 |
| — — — — femmes | 11 25 à 12 50 |
| — — Fileurs, hommes | 22 50 à 37 50 |

| | | | |
|---|---|---|---|
| A Huddersfield. | Rapiéceurs, filles | . . . . . . . | 7f 50 à 12f |
| — | — Lissiers, hommes | . . . . . . . | 18 75 à 32 |
| — | — — femmes | . . . . . . . | 17 50 |
| — | — — filles | . . . . . . . . | 9 37 à 10 |
| — | — — garçons. | . . . . . . . | 6 87 à 10 |
| — | — Tisseurs, hommes. | . . . . . . | 22 50 à 20 |
| — | — — femmes | . . . . . . . | 12 50 à 25 |
| — | — — filles. | . . . . . . . . . | 20 » |
| — | — Enrouleurs, hommes. | . . . . . | 20 » à 32 |
| — | — — garçons. | . . . . . . | 12 50 |
| — | — Apprêteurs, etc | . . . . . . . . | 22 50 à 30 |
| — | — Étireurs. | . . . . . . . . . . . . | 37 50 à 43 |
| — | — — garçons | . . . . . . . | 12 50 |
| A Bradford et Halifax. | Cardeurs à la machine, hommes. | . . . . . . . | 17 50 |
| — | — Trieurs. | . . . . . . . . . . | 25 » à 35 |
| — | — Laveurs. | . . . . . . . . . . | 20 02 |
| — | — Teinturiers. | . . . . . . . . | 22 50 |
| — | — Conducteurs des machines. | | 50 » |
| — | — Chargeurs. | . . . . . . . . . | 25 » |
| — | — Chauffeurs | . . . . . . . . . | 26 25 |
| — | — Tisseurs, hommes | . . . . . | 22 50 |
| — | — — femmes. | . . . . . . | 15 » |
| — | — Enrouleurs, femmes. | . . . . | 16 25 |
| — | — Étireurs | . . . . . . . . . | 11 87 |
| — | — Contre-maîtres | . . . . . . | 31 25 à 43 |
| A Glasgow | . . . . . . . . . . . . . . . . . | | 15 » à 21 |
| — | Moyenne, hommes. | . . . . . . . . . . | 31 25 |
| — | — garçons. | . . . . . . . . . . | 12 50 |
| — | — femmes. | . . . . . . . . . . | 11 25 |
| — | — filles. | . . . . . . . . . . . | 10 » |

Manufactures de soie à Spitalfields (après déduction des aides) :

| | | |
|---|---|---|
| Tisseurs par semaine | . . . . . . . . . . . . . . | 11 04 à 18 |
| Moyenne (diminue tous les ans), hommes. | . . . | 13 75 |
| — femmes et filles. | . . . . . . . . . . . | 8 75 |
| — garçons. | . . . . . . . . . . . . . . . | 7 50 |

Manufactures de coton :

| | | |
|---|---|---|
| Fileurs, hommes | . . . . . . . . . . . . . . . . . | 21 25 à 50 |

| | |
|---|---|
| Fileurs, femmes | 16f 25 à 26f 25 |
| — enfants | 2 50 à 3 43 |
| — filles | 6 25 à 12 50 |
| Ciphers | 15 62 à 16 52 |
| A Glasgow. Carderies, batteuses | 10 73 |
| — Étireuses | 14 37 |
| — Surveillantes des cadres à étirer | 12 50 |
| — Filage des bobines | 12 50 |
| — Filles | 7 17 |
| — Repasseurs, hommes | 24 67 |
| — Surveillants | 33 75 |
| — Surveillants des broches, hommes | 32 50 |
| — — — femmes | 24 67 |
| — Rapiéceuses | 16 87 |
| — Fileuses | 11 87 |
| — Envidage, surveillants d'enroulement | 13 12 |
| — Lissiers, hommes | 27 50 |
| — — femmes | 17 50 |
| — Apprêteurs, hommes | 41 25 |
| — Mesureurs | 43 75 |
| — Machine à vapeur. Machinistes | 30 » à 50 » |
| — — — Chauffeurs | 25 62 |
| — — — Ouvriers mécaniciens | 32 75 |
| — — Tissage, lissiers, hommes | 26 25 |
| — — Tisseurs, hommes | 15 » à 25 » |
| — — — femmes | 11 25 |
| — Impressions. Dessinateurs de modèles | 43 75 à 50 » |
| — — Préparateurs de couleurs | 50 » à 62 50 |
| — — Blanchisseurs | 56 25 |
| — — Teinturiers | 62 50 |
| — — Imprimeurs à la machine | 50 » à 62 50 |
| — — Préparateurs de teinture | 50 » |
| — — Graveurs | 31 25 à 42 50 |
| — — Chauffeurs | 18 75 |
| — — Menuisiers | 30 » |
| — — Manœuvres | 15 » |
| Moyenne à Glasgow, hommes | 37 50 |
| — — femmes | 15 » |
| — — garçons | 8 12 |
| Moyenne à Belfast, hommes | 37 50 à 50 » |

| | |
|---|---|
| Moyenne à Belfast, fileurs | 31f 25 à 43f 75 |
| — — femmes | 11 25 à 12 50 |
| — à Manchester, fileurs | 37 50 à 50 |
| — — ciphers | 15 62 à 16 25 |
| — — femmes | 10 02 à 11 25 |
| — générale, hommes | 27 50 |
| — — femmes | 12 50 |
| — — garçons | 8 75 |
| — — filles | 7 50 |

Fabriques de toiles et linge :

| | |
|---|---|
| A Leeds. Hommes | 31 25 |
| — Femmes | 8 75 à 10 » |
| — Cardeuses | 8 75 à 10 » |
| — Tisseuses | 12 50 à 18 75 |
| A Belfast. Appréteuses du fil par jour, femmes | 1 46 |
| — — — filles | 0 94 |
| — Fileuses, femmes | 1 71 |
| — — filles | 1 04 |
| — Monteurs de métiers, hommes | 4 37 |
| — — — garçons | 0 94 à 2 03 |
| — Mécaniciens | 3 12 |
| — Surveillants | 6 25 |
| — Envideuses, etc. | 1 25 |
| — Lissiers, appréteurs, hommes | 6 25 |
| — — — femmes | 1 87 |
| — Tisseurs, garçons | 1 25 |
| — — femmes et filles | 2 08 |
| — Surveillants | 5 62 |
| A Dundee. Appréteurs, par semaine, garçons | 5 62 à 10 » |
| — — — femmes | 7 50 à 10 » |
| — Fileuses, femmes | 10 62 à 18 12 |
| — — filles | 3 75 à 7 50 |
| — Tordeuses | 10 62 à 15 » |
| — Enrouleuses, femmes | 10 » à 16 87 |
| — — filles | 5 » à 6 25 |
| — Hacklers, hommes | 26 25 |
| — — garçons | 5 62 à 8 75 |
| — — femmes | 8 12 à 13 12 |
| — Lissiers, hommes | 25 » à 31 25 |

| | |
|---|---|
| A Dundee. Lissiers, garçons. | 5f 62 à 8f 75 |
| — — femmes | 11 25 à 17 50 |
| — Tisseuses | 10 » à 18 75 |
| — Enrouleuses, femmes | 8 75 à 18 75 |
| — — filles | 5 » à 6 25 |
| Blanchissage, hommes, par jour | 3 75 |
| — — femmes | 1 87 |
| — — garçons | 1 37 |
| — — filles | 1 25 |

Manufactures de jute et filasse :

| | |
|---|---|
| Apprêteuses, par semaine | 10 » à 11 25 |
| — — garçons | 8 75 |
| Fileuses, femmes. | 12 50 |
| — filles. | 8 75 |
| Femmes employées à la roue | 13 12 |
| Enrouleuses, femmes | 13 54 à 15 41 |
| — — filles | 10 94 |
| Lissiers. | 10 » à 18 23 |
| Tisseuses. | 15 62 à 16 66 |
| Moyenne à Dundee, hommes | 26 25 |
| — — garçons et tisseuses | 12 50 |
| — — enrouleuses, femmes | 11 25 |
| — — — filles | 7 50 |
| Moyenne générale, hommes | 30 » |
| — — femmes | 12 50 |
| — — garçons | 8 75 |
| — — filles. | 7 50 |

### BONNETERIE ET DENTELLE.

Bonneterie de Nottingham, sur métiers étroits à la main :

| | |
|---|---|
| Hommes, par semaine | 13f 12 |
| Femmes | 13 12 |
| Métiers larges à la main, hommes | 18 75 |
| — — femmes | 5 » |
| Métiers tournants, hommes | 25 » à 40f » |
| — — femmes | 15 » à 25 » |
| — — filles | 8 75 à 15 » |

| | |
|---|---|
| Métiers de lissiers, hommes | 20f » à 43f 75 |
| — — femmes et filles | 10 » |
| Blanchissage, hommes | 25 » à 43 75 |
| — femmes | 10 » à 15 » |

A Leicester, tricots de laine sur métiers étroits :

| | |
|---|---|
| Tricoteurs | 11 25 à 18 75 |
| Métiers larges | 25 » à 37 50 |
| Métiers circulaires, femmes | 15 » à 25 » |
| Couseurs de tricots | 5 62 à 8 75 |
| Ouvriers des machines à coudre | 15 » |
| Surveillants des machines | 12 50 |
| Enrouleurs | 22 50 |

Fabriques de bonneterie de fantaisie :

| | |
|---|---|
| Femmes | 10 » à 20 » |
| Aides des comptoirs | 11 25 |
| Surveillants des machines | 12 50 |
| Surveillants de la fabrique | 27 50 à 62 50 |
| Ouvriers ordinaires | 17 50 à 35 » |
| Ouvriers spéciaux | 25 » à 43 75 |
| Teinturiers, manœuvres | 22 50 |
| Passementiers | 25 » à 41 25 |
| Machines à dentelles, etc., hommes | 41 25 |
| Lissiers, hommes | 31 25 |
| Femmes remplaçant les fils cassés | 7 50 à 10 » |
| — remplissant les bobines | 15 » |
| — apprêteuses | 12 50 |
| — plieuses | 11 25 à 15 » |
| Moyenne, hommes | 31 25 |
| — femmes et garçons | 17 50 |
| — filles | 10 » |

CORDONNIERS A LA TACHE.

| | |
|---|---|
| A Leicester. Finisseurs | 37f 50 |
| — Cloutiers | 27 50 |
| — Coupeurs | 29 37 |
| A Bristol. Couseurs | 25 » |

| | | |
|---|---|---|
| Bristol. Cordonniers d'hommes | 28f 75 | |
| — — de femmes | 27 50 | |
| A Édimbourg. Couseurs | 31 25 | |
| — Bottiers | 26 25 | |
| — Cordonniers d'hommes | 22 50 | |
| — — de femmes | 26 25 | |
| — — à l'entreprise | 21 25 | |
| — Monteurs en formes | 16 25 | |
| A Glasgow. Cordonniers à la tâche, les meilleurs | 43 75 | à 50f » |
| — Couseurs | 22 50 | à 25 » |
| — Cordonniers de femmes | 20 » | |
| — — d'hommes | 20 » | |
| — — à l'entreprise | 22 50 | à 25 » |
| A Stafford. Les meilleurs cordonniers | 32 50 | à 37 50 |
| — Les moins bons | 20 » | |
| — Moyenne dans une fabrique, hommes | 40 » | |
| — — — femmes | 12 50 | à 20 » |
| — — — filles | 7 50 | à 10 » |
| — Moyenne générale, hommes | 28 75 | |
| — — femmes | 15 » | |
| — — garçons | 10 » | |
| — — filles | 8 75 | |

CHAPELIERS.

| | |
|---|---|
| A Londres. Confectionneurs, moyenne | 42f 50 |
| — Ouvriers des machines, emballeurs, etc. | 35 » |
| — — garçons | 11 25 |
| — Femmes, finissant les coiffes | 15 » |
| — — — les casquettes | 11 25 |
| A Bristol. Confectionneurs | 31 25 |
| — Repasseurs de soie | 31 25 |
| — Coupeurs | 37 50 |
| — Couseuses de fonds | 8 75 |
| — Passementières | 8 75 |
| A Glasgow. Confectionneurs | 42 50 |
| — Repasseurs de soie | 45 » |
| — Coupeurs | 50 » |
| — Couseuses de fonds | 12 50 |

Chapellerie à la semaine :

| | |
|---|---|
| Glasgow. Passementières | 15f » |
| Édimbourg. Confectionneurs | 41 25 |
| — Repasseurs de soie | 37 50 |
| — Coupeurs | 37 50 |
| — Cousouses de fonds | 6 25 |
| — Passementières | 13 12 |
| — Moyenne, hommes | 37 50 |
| — — femmes et garçons | 12 50 |
| — — filles | 6 25 |

### COIFFEURS.

| | |
|---|---|
| A la semaine | 25f » à 43f 75 |
| Moyenne, hommes | 1 25 |
| — femmes et garçons | 12 50 |
| — filles | 6 25 |

### TAILLEURS, A LA TACHE.

| | |
|---|---|
| A Londres, d'après le log. à l'heure | 0f 73 |
| A Liverpool, — | 0 52 |
| — Moyenne par semaine, pour toute l'année | 31 25 |
| — Les meilleurs ouvriers | 43 75 |
| — Moyenne générale, hommes | 31 25 |
| — — garçons | 10 » |

### COUTURIÈRES, ETC.

| | |
|---|---|
| Ouvrières ordinaires | 7f 50 à 22f 50 |
| — à la machine | 12 50 à 22 50 |
| Brodeuses | 18 75 à 25 » |
| Couturières pour tout ouvrage | 18 75 à 26 25 |
| Couture ordinaire à la main, l'heure | 0 20 à 0 31 |
| Moyenne, femmes (semaine) | 16 25 |
| — filles | 8 75 |

Fabrication des nattes, chapeaux de paille :

| | |
|---|---|
| En 1860, moyenne d'un bon tresseur, à la semaine | 6 25 à 9 37 |

| | |
|---|---|
| Couseurs | 10f » à 15f » |
| Enfants employés au blanchissage, etc. | 6 25 à 10 » |
| Hommes | 15 » à 18 75 |
| Presseurs | 25 » à 37 50 |
| Moyenne, hommes | 25 » |
| — femmes | 12 50 |
| — filles | 8 75 |
| — garçons | 7 50 |

Gantiers, tâche, à domicile :

| | |
|---|---|
| Meilleurs ouvriers, hommes | 32 50 |
| Moyenne ordinaire | 20 » à 25 » |
| — — femmes | 6 25 à 8 75 |
| Brodeuses, très-variable | 5 » à 25 » |
| Moyenne générale, hommes | 22 50 |
| — femmes | 10 » |

CORDIERS, ETC.

| | |
|---|---|
| Cordiers, à Hull | 30f » |
| — Glasgow | 22 50 |
| — Dundee | 23 75 |
| Voiliers, à Hull | 30 » |
| — Glasgow | 30 » |
| — Dundee | 26 25 |
| — Bristol, par jour | 6 87 |
| Moyenne par semaine, hommes | 27 50 |
| — — femmes | 12 50 |
| — — garçons | 10 » |
| — — filles | 8 75 |

BLANCHISSEUSES.

| | |
|---|---|
| Moyenne par semaine | 12f 50 |

## PERSONNES EMPLOYÉES A LA PRÉPARATION DE L'ALIMENTATION.

MEUNIERS.

| | |
|---|---|
| A Liverpool. Meuniers, par semaine | 30f » à 37f 50 |
| — Manœuvres | 26 25 |

A Dublin. Meuniers. . . . . . . . . . . . . . . . . . 22f 50 à 0f »
Moyenne, hommes.. . . . . . . . . . . . . . . . . . 27 50
— garçons . . . . . . . . . . . . . . . . . 12 50
— femmes et filles.. . . . . . . . . . . . . . 10 »

BOULANGERS, PATISSIERS.

Fort longues journées, payées en partie en logement

Salaire en argent, hommes . . . . . . . . . . . . . 25f »
— femmes et enfants. . . . . . . . . 10 »
Salaires complets, hommes . . . . . . . . . . . . . 35 »
— garçons et filles. . . . . . . . . . 10 »
— femmes. . . . . . . . . . . . . . 12 50

RAFFINEURS DE SUCRE.

A Bristol. Ouvriers des chaudières. . . . . . . . . . 41f 25
— — des réducteurs. . . . . . . . . . 28 75
— — des filtres. . . . . . . . . . . . 21 87
— — des magasins . . . . . . . . . . 23 12
— — des dépôts supérieurs.. . . . . . 21 87
— Mécaniciens. . . . . . . . . . . . . . . 27 50 (?)
— Chauffeurs.. . . . . . . . . . . . . . . 28 75 (?)
A Glasgow. Ouvriers des réducteurs.. . . . . . . . . 37 50 à 50f »
— — des filtres. . . . . . . . . . . . 21 25
— — des magasins.. . . . . . . . . . 22 50
— — des dépôts supérieurs.. . . . . . 20 » à 21 25
— Mécaniciens. . . . . . . . . . . . . . . 35 » à 37 50
— Chauffeurs.. . . . . . . . . . . . . . . 25 » à 27 50
A Londres. Fondeurs à la journée. Hommes . . . . 4 37
— — — Garçons. . . . . 1 41
Ouvriers travaillant dans le noir. Hommes . . . . . 4 68
— — — Garçons. . . . . . 1 87
Ouvriers des réducteurs au vide et séchoirs. Hommes. 4 47
— — — Garçons . 1 56
A Londres. Mécaniciens et plombiers. . . . . . . . . 8f 22
— Charpentiers. . . . . . . . . . . . . . . 7 60
— Maçons. . . . . . . . . . . . . . . . . 8 54

| | |
|---|---|
| A Londres. Chauffeurs, hommes. | 4f 79 |
| — — garçons. | 1 07 |
| — Forgerons. | 5 02 |
| — Frappeurs. | 4 16 |
| — Veilleurs | 5 » |
| — Manœuvres | 4 47 |
| — Garçons. | 1 25 |
| — Tonneliers à la tâche, hommes. | 8 12 |
| — — garçons. | 2 07 |
| — Ouvriers des pains. | 8 33 |
| Moyenne : hommes, à la semaine | 8 75 |
| — garçons — | 8 75 |

BRASSEURS.

| | |
|---|---|
| Ouvriers des celliers et des ferments. | 26f 25 |
| — de la drèche. | 22 50 |
| — des cuves de fermentation. | 21 87 |
| Tonneliers. | 27 50 |
| Manœuvres. | 21 25 |
| A Édimbourg. Ouvriers des ferments. | 21 87 |
| — — des cuves, supérieurs. | 25 » |
| — — — inférieurs. | 22 50 |
| — Tonneliers. | 31 25 |
| — Charpentiers. | 31 25 |
| — Manœuvres. | 21 25 |
| A Burton-upon-Trent. Brasseurs. | 21 25 |
| — — Égraineurs. | 32 50 |
| — — Ouvriers des salles à faire la drèche. | 19 37 |
| — — Préparateurs du houblon | 18 12 |
| Moyenne de la brasserie de Bass, hommes | 28 27 |
| — — — garçons | 13 25 |
| A Liverpool. Manœuvres | 26 25 à 31f 25 |
| Moyenne générale, hommes | 22 50 |
| — femmes | 10 » |
| — garçons | 11 25 |

### FABRIQUES DE TABAC.

A la tâche.

*Tabacs, cigares.*

| | |
|---|---|
| A Liverpool. Journaliers | 37f 50 à 50f » |
| — Femmes | 17 50 à 18 75 |
| — Filles apprenties | 7 50 à 12 50 |
| — Petites filles | 2 50 à 7 50 |
| A Édimbourg. Hommes | 31 25 |
| — Femmes | 12 50 à 17 50 |
| — Garçons | 3 12 à 12 50 |
| — Filles | 5 » à 10 » |
| Moyenne, hommes | 31 25 |
| — femmes | 15 » |
| — garçons | 10 » |
| — filles | 7 50 |

## PERSONNES TRAVAILLANT LES SUBSTANCES ANIMALES.

### OUVRIERS EN SAVONS ET CHANDELLES.

| | |
|---|---|
| Bouilleurs de savon, par jour | 6f 25 |
| Aides | 4 37 |
| Vatmen | 4 18 |
| Chauffeurs | 5 20 |
| Ouvriers des fourneaux | 4 68 |
| Mécaniciens | 5 » |
| Moyenne, hommes | 31 25 |
| — femmes | 10 » |
| — garçons | 8 75 |
| — filles | 7 50 |

### FABRICANTS DE PEIGNES.

Tourneurs d'os et d'ivoire.

| | |
|---|---|
| Moyenne des artisans, hommes | 37f 50 |

| | |
|---|---|
| Moyenne des artisans, femmes. . . . . . . . . . . | 15f » |
| — — garçons. . . . . . . . . . . | 8 75 |
| — — filles. . . . . . . . . . . . | 7 50 |

TANNEURS, ETC.

La plupart à la tâche.

| | |
|---|---|
| Manœuvres ordinaires, à Londres . . . . . . . . . | 26f 25 à 27f 50 |
| — — en province. . . . . . . . . | 16 25 à 17 50 |
| Artisans. . . . . . . . . . . . . . . . . . . . . | 16 25 à 20 » |
| Ouvriers à la tâche, moyenne. . . . . . . . . . . | 28 75 |
| Artisans, à Londres. . . . . . . . . . . . . . . . | 37 50 à 50 » |
| Préparateurs de cuir à Londres . . . . . . . . . . | 62 50 |
| — — en province. . . . . . . . . . . | 37 50 |
| Quelques coupeurs de lanières de peaux . . . . | 100 » |
| Selliers, à Londres, par jour. . . . . . . . . . | 6 25 à 7 50 |
| — en province, par semaine . . . . . . . | 25 » à 30 » |
| Moyenne, hommes. . . . . . . . . . . . . . . . | 31 25 |
| — garçons. . . . . . . . . . . . . . . . | 12 50 |
| — femmes. . . . . . . . . . . . . . . . | 10 » |
| A Édimbourg, tanneurs. . . . . . . . . . . . . | 31 25 |
| — préparateurs. . . . . . . . . . . | 42 5 |
| — ouvriers des séchoirs . . . . . . . | 31 25 |
| — tanneurs, manœuvres. . . . . . . | 18 75 |
| Ouvriers en objets de cuir : | |
| Moyenne, hommes. . . . . . . . . . . . . . . . | 43 75 |
| — femmes et garçons. . . . . . . . . . | 15 » |
| — filles . . . . . . . . . . . . . . . . | 10 » |

OUVRIERS EN BROSSES ET AUTRES OUVRAGES.

| | |
|---|---|
| Moyenne, hommes . . . . . . . . . . . . . . . | 27f 50 |
| — femmes . . . . . . . . . . . . . . . | 12 50 |
| garçons. . . . . . . . . . . . . . . . | 7 50 |
| — filles. . . . . . . . . . . . . . . . | 6 25 |

## PERSONNES TRAVAILLANT LES SUBSTANCES VÉGÉTALES.

### OUVRIERS EN COULEURS, GOMMES ET HUILES.

| | |
|---|---|
| Moyenne, hommes | 31f 25 |
| — garçons | 8 75 |

### OUVRIERS DES SUBSTANCES LIGNEUSES.

| | |
|---|---|
| Tonneliers, en Angleterre | 41f 25 |
| Scieurs | 37 50 à 43f 75 |
| Tonneliers, en Écosse | 30 » |
| Scieurs | 36 25 |
| Moyenne, hommes | 35 » |
| — garçons | 12 50 |

Autres ouvriers en bois :

| | |
|---|---|
| Moyenne, hommes | 37 50 |
| — femmes | 10 » |
| Moyenne, garçons | 8 75 |
| — filles | 6 25 |

Ouvriers en écorces, joncs et pailles :

| | |
|---|---|
| Moyenne, hommes | 37 50 |
| — femmes | 12 50 |
| — garçons | 7 50 |
| — filles | 6 25 |

### PAPETIERS.

Dans les grandes fabriques douze heures de travail.

| | |
|---|---|
| Près de Londres. Machinistes des coupeuses de chiffons | 27f 50 |
| — — Bouilleurs de chiffons | 20 68 |
| — — Peachers | 28 75 |
| — — Blanchisseurs | 31 25 |

| | | |
|---|---|---|
| Près de Londres. | Finisseurs | 32f 50 |
| — — | Chauffeurs | 30 62 |
| — — | Machinistes | 45 » |
| — — | Ouvriers faisant la pâte | 45 93 |
| — — | Artisans | 45 62 |

Moyenne générale d'une papeterie de Londres :

| | | |
|---|---|---|
| Hommes | | 31 87 |
| Garçons | | 15 93 |
| Femmes | | 10 » |
| Filles | | 4 68 |
| En Écosse. | Bouilleurs de chiffons | 19 06 |
| — | Blanchisseur | 21 66 |
| — | Machinistes | 21 66 |
| — | Batteurs | 24 58 |
| — | Ouvriers des machines | 26 66 |
| — | Mesureurs | 21 15 |
| — | Sécheurs | 19 79 |
| — | Coupeurs | 20 62 |
| — | Finisseurs (tâche) | 28 75 |
| — | Chauffeurs | 25 » |
| A Valley-Field. | Moyenne, hommes | 21 45 |
| — — — | garçons | 8 75 |
| — — — | femmes | 10 31 |
| — — — | filles | 5 10 |

Papiers peints :

| | |
|---|---|
| Préparateurs de couleurs | 15 » |
| Vernisseurs | 18 75 |
| Imprimeurs (tâche) | 25 » à 50f » |
| Marbreurs | 25 » à 50 » |
| Moyenne, hommes | 30 » |
| — femmes et garçons | 10 » |
| — filles | 5 » |

## PERSONNES TRAVAILLANT LES MINÉRAUX.

### MINEURS DE MÉTAUX.

Autant que possible à la tâche.

Mineurs du Cornouailles :

| | |
|---|---|
| A l'entreprise, moyenne par mois | 75f » à 87f 50 |
| Femmes, par jour | 0 83 à 1 25 |
| Enfants | 0 41 à 0 62 |
| Ouvriers de surface | 2 50 |

Mineurs du nord de l'Angleterre :

| | |
|---|---|
| Fondeurs par semaine | 25 » |
| Grilleurs | 21 87 |
| Trieurs | 22 50 |
| Mineurs | 20 » à 21 25 |
| Mines de fer, moyenne par jour, mineurs | 4 68 à 5 » |
| Pays de Galles, par mois | 75 » |
| Moyenne après déduction des aides, hommes | 27 50 |
| — — — garçons | 7 50 |

### HOUILLERS.

| | |
|---|---|
| A Newcastle. Mineurs (avec certaines dépenses), par jour de sept heures | 7f 18 |
| — Perceurs de galeries, par jour de huit heures | 6 25 |
| — Constructeurs de supports, par jour de douze heures | 5 94 |
| — Surveillants, par semaine | 43 75 |
| — Sous-surveillants, par jour | 5 » |
| — Gardiens des chevaux, par semaine | 20 » |
| — Ouvriers des voies, par jour | 4 68 |
| — Lampistes, par semaine | 20 » |
| — Peseurs, par jour | 3 75 |
| — Conducteurs de locomotives | 5 » |

| | | |
|---|---|---|
| A Newcastle. Machinistes des machines à vapeur | 4f 37 | |
| — Hommes des freins aux puits | 4 37 | |
| — Garçons, aides pour les chevaux | 3 32 | |
| — Conducteurs des chevaux | 1 87 | |
| — Hommes des trappes | 1 25 | |
| — Ouvriers des conduites d'eau | 3 12 | à 3 75 |
| **South Yorkshire :** | | |
| Moyenne, par semaine | 30 » | à 33 75 |
| — générale (avec chômage), hommes | 27 50 | |
| — — — garçons | 8 75 | |
| **Charbonniers :** | | |
| Porteurs de charbon à Londres, par semaine | 40 » | |
| Moyenne, hommes | 28 75 | |
| — femmes | 10 » | |
| — garçons | 8 75 | |
| — filles | 6 25 | |
| **Ramoneurs :** | | |
| Hommes | 28 75 | |
| Garçons | 7 50 | |
| **Gaziers :** | | |
| A Londres, moyenne dans les gazomètres, par semaine | 31 25 | |
| A Leicester, par jour | 4 08 | |
| A Édimbourg, par semaine | 33 50 | à 32 25 |
| A Leicester, machinistes, par jour | 7 50 | |
| A Édimbourg, machinistes par semaine | 50 » | |
| A Leicester, briquetiers, par jour | 6 87 | |
| A Édimbourg, briquetiers, par semaine | 36 25 | |
| A Leicester, poseurs de gaz, par jour | 5 62 | |
| A Édimbourg, poseurs de gaz, par semaine | 26 25 | à 35 » |
| **Ouvriers des carrières :** | | |
| Moyenne, hommes | 22 50 | |
| — garçons | 7 50 | |

### BRIQUETIERS.

A la tâche.

Brûleurs, mêleurs et mouleurs :

| | |
|---|---|
| En été, par semaine | 62f 50 |
| En hiver — | 26 25 |
| Manœuvres à Leicester, par jour | 3 75 |
| — à Édimbourg, par semaine | 18 75 à 21f 25 |

Moyenne générale pour toute l'année, par semaine :

| | |
|---|---|
| Hommes | 31 75 |
| Femmes et garçons | 10 » |
| Filles | 6 25 |

### POTIERS, TUILIERS, OUVRIERS EN FAIENCES ET PORCELAINES.

Poteries du Stafford, cinquante heures par semaine (la plupart à la tâche) :

| | |
|---|---|
| Glaisiers, par jour | 5f 62 |
| Mêleurs | 8 12 |
| Tourneurs | 5 62 |
| Faiseurs d'anses | 5 » |
| Presseurs | 5 62 |
| Modeleurs | 8 75 |
| Mouleurs | 5 62 |
| Fabricants de vernis | 7 50 |
| Cuiseurs de biscuit | 8 12 |
| Placeurs de biscuit | 5 62 |
| Imprimeurs | 5 62 |
| Cuiseurs de vernis | 5 62 |
| Ouvriers des fours | 6 25 |
| Doreurs | 5 62 |
| Garçons tourneurs | 8 12 |
| — mêleurs | 4 37 |
| — faiseurs d'anses | 0 62 |
| — presseurs | 1 25 |
| — cuiseurs de biscuit | 1 87 |
| — doreurs | 2 25 |

| | |
|---|---|
| Femmes, par semaine | 12f 50 |
| Filles, par semaine | 6 25 |

Porcelaine de Worcester (la plupart à la tâche):

| | |
|---|---|
| Glaisiers, par semaine | 20 » |
| Mêleurs | 62 50 |
| Tourneurs | 37 50 |
| Faiseurs d'anses | 31 25 |
| Presseurs | 37 50 |
| Faiseurs de figures | 45 » |
| Modeleurs | 56 25 |
| Mouleurs | 45 » |
| Fabricants de vernis | 37 50 |
| Cuiseurs de biscuit | 55 » |
| Placeurs de biscuit | 22 50 |
| Cuiseurs de vernis | 27 50 |
| Chauffeurs de fours | 33 75 |
| A Newcastle, les salaires sont inférieurs par semaine de | 12 50 |
| Moyenne à la tâche, hommes | 37 50 |
| — — femmes et garçons | 12 50 |
| — — filles | 6 25 |

VERRIERS.

Généralement quarante-cinq heures par semaine, à la tâche.

Ouvriers en verrerie domestique :

| | |
|---|---|
| A la semaine, 1re classe | 60f » à 61f 25 |
| — 2e — | 52 50 à 55 » |
| — 3e — | 7 50 à 50 62 |
| — 4e — | 27 50 à 42 50 |
| — 5e — | 12 50 à 38 75 |
| — 6e — | 27 07 |
| Tailleurs de verre | 30 » à 40 » |
| Emballeurs, etc. | 31 25 |

Minimum pour les souffleurs de verre :

| | |
|---|---|
| Artisans | 27 50 |
| Aides | 20 62 |

Verres de bouteilles :

| | |
|---|---|
| Certains finisseurs | 150f » à 200f » |
| Souffleurs | 87 50 |
| Pêcheurs de verre | 56 25 |
| Redresseurs | 31 25 à 33 75 |
| Emmagasineurs | 18 75 |

### OUVRIERS EN SEL.

A la tâche, par relais.

| | |
|---|---|
| Moyenne par semaine, bons ouvriers | 35f » |
| — ouvriers ordinaires | 31 25 |
| — garçons | 7 50 |
| Machines à eau : | |
| Moyenne, hommes | 26 25 |
| — garçons | 7 50 |

### OUVRIERS EN OR, ARGENT ET PIERRES PRÉCIEUSES.

Bijoutiers, à Birmingham :

| | |
|---|---|
| Minimum | 31f 25 |
| Moyenne | 37 50 à 62f 50 |
| Émailleurs | 75 » à 100 » |
| Apprentis | 5 » à 13 75 |
| Ouvriers en plaqué, à la tâche | 62 50 à 68 75 |
| — à la journée | 27 50 à 50 » |
| Moyenne, hommes | 43 75 |
| — femmes et garçons | 10 » |
| — filles | 7 50 |

### MANUFACTURES DE MÉTAUX AUTRES QUE LE FER.

Cuivre, étain, plomb, acier, bronze (à la tâche).

| | |
|---|---|
| Moyenne par jour, hommes | 31f 25 |
| — garçons | 12 50 |
| — femmes | 10 » |
| — filles | 6 25 |

Acier Bessemer :

| | |
|---|---|
| Ouvriers des convertisseurs. . . . . . . . . . . | 35f » à 50f » |
| Aides. . . . . . . . . . . . . . . . . . . . . . | 22 50 à 26 25 |
| Fondeurs. . . . . . . . . . . . . . . . . . . . | 45 » à 56 25 |
| Extracteurs. . . . . . . . . . . . . . . . . . | 33 75 à 40 » |
| Ouvriers du coke. . . . . . . . . . . . . . . . | 25 » |
| Forgerons. . . . . . . . . . . . . . . . . . . | 50 » à 62 50 |
| Lamineurs de barres. . . . . . . . . . . . . . | 45 » à 90 » |
| Chauffeurs des fours à barres. . . . . . . . . | 22 50 à 37 50 |
| — — à tôle . . . . . . . . . . . | 25 » à 37 50 |
| Lamineurs de tôle d'acier. . . . . . . . . . . | 50 » à 75 » |

Ouvriers en étain :

| | |
|---|---|
| Birmingham, moyenne. . . . . . . . . . . . . . | 37 50 |

MANUFACTURE DU FER.

A la tâche, travail réel quatre à cinq heures par jour.

| | |
|---|---|
| Puddleurs, par jour. . . . . . . . . . . . . . | 6f 25 à 6f 87 |
| — aides. . . . . . . . . . . . . . . . | 3 12 à 3 65 |
| Slingers. . . . . . . . . . . . . . . . . . . . | 5 62 à 11 25 |
| — aides. . . . . . . . . . . . . . . . | 5 62 à 7 50 |
| Lamineurs. . . . . . . . . . . . . . . . . . . | 8 12 à 13 75 |
| — aides. . . . . . . . . . . . . . . . | 1 45 à 5 » |
| Porteurs de cendres . . . . . . . . . . . . . . | 5 » à 8 12 |
| Machinistes. . . . . . . . . . . . . . . . . . | 5 » à 7 50 |
| Cendriers. . . . . . . . . . . . . . . . . . . | 5 » à 6 25 |
| Forgerons. . . . . . . . . . . . . . . . . . . | 8 12 à 10 » |
| Moyenne de puddleurs en bon fer. . . . . . . . | 43 75 à 50 » |
| — — en fer ordinaire. . . . . | 37 50 à 40 6 |
| Moyenne générale, hommes. . . . . . . . . . . . | 37 50 |
| — — garçons. . . . . . . . . . . | 15 » |
| — — femmes. . . . . . . . . . . | 12 50 |
| — — filles . . . . . . . . . . . | 7 50 |

FABRICATION DES OBJETS EN FER.

| | |
|---|---|
| Meilleurs serruriers, par semaine . . . . . . . . | 31f 25 à 50f » |
| A Willenhall. . . . . . . . . . . . . . . . . . | 22 50 à 37 50 |
| A Wednesfield, fabricants de clefs, etc. . . . . . | 18 75 à 31 25 |

| | |
|---|---|
| A Brewood, fabricants de serrures de sûreté. . . . | 22f 50 à 35f » |
| — fabricants de pots en fer. . . . . . . | 31 25 à 50 » |
| Fabricants de tubes de fer : | |
| Par semaine. . . . . . . . . . . . . . . . . . . . | 37 50 |
| Femmes employées aux soudures. . . . . . . . | 12 50 à 15 » |
| Garçons. . . . . . . . . . . . . . . . . . . . . | 5 62 à 12 50 |
| Iron carters (maximum). . . . . . . . . . . . . | 75 » |
| Forgerons et ferblantiers . . . . . . . . . . . . | 31 25 à 37 50 |

Les principaux éléments de ce tableau ont été tirés par M. Levi de la grande publication officielle, intitulée *Miscellaneous Statistics*. On trouvera dans le volume de 1869, page 277, de ces *Mélanges de Statistique*, un tableau un peu plus récent, mais beaucoup moins complet que celui de M. Levi : c'est pour cela qu'il a semblé inutile de le répéter ici.

Le tableau ci-dessous des salaires, dans certaines industries de Belfast, à une époque plus récente a été extrait des rapports des inspecteurs sur les manufactures, dont je parlerai plus loin. Il ne peut trouver place ici que comme supplément à ceux de M. Levi, et doit être mis à part, la différence de date ne permettant pas de le comparer aux autres.

BELFAST, 1868.

| | | |
|---|---|---|
| *Toiles :* | Fileurs, femmes . . . . . . . . . . . . . | 10f 31 |
| — | Peigneurs . . . . . . . . . . . . . . . | 6 87 |
| — | Enfants, employés à la demi-journée . . . | 2 19 |
| — | Apprêteurs. . . . . . . . . . . . . . . | 7 81 |
| — | Cardeurs. . . . . . . . . . . . . . . . | 8 75 |
| — | Mesureurs . . . . . . . . . . . . . . . | 10 » |
| — | Trieurs, hommes. . . . . . . . . . . . . | 28 12 |
| — | Tisseuses de toile, femmes . . . . . . . . | 11 25 |
| — | Enrouleuses sur les métiers, femmes. . . | 10 » |

| | | |
|---|---|---|
| *Toiles :* | Lissiers, femmes | 17f19 |
| — | Surveillants, hommes | 17 50 |
| — | Doubleurs de toiles, hommes | 31 25 |
| — | Plieuses de mouchoirs, femmes | 10 » |
| — | Unisseurs | 11 25 |
| — | Coupeurs de chemises, hommes | 22 50 |
| — | — — garçons | 7 50 |
| — | — — femmes | 11 25 |
| — | Couseurs à la machine | 8 75 |
| — | — à la main | 6 87 |
| — | Filles au-dessous de seize ans | 5 » |
| — | Fabricantes de boîtes de fantaisie, femmes | 17 50 |
| — | — — — filles | 5 » |
| *Fonderies :* | Fondeurs et mouleurs de fer | 31 25 |
| — | Fabricants de machines | 30 » |
| — | Forgerons | 35 » |
| — | Charpentiers | 31 25 |
| — | Journaliers | 15 » |
| — | Fabricants d'allumettes, hommes | 25 » |
| — | — — garçons et filles | 6 87 |
| — | — — femmes | 10 » |

Dans les filatures de coton anglaises, la moyenne des salaires s'est élevée, entre 1865 et 1868, de 15 fr. 52 c. à 17 fr. 70 c.

Quoique fort longs, les tableaux ci-dessus ne sont cependant pas encore complets : j'espère qu'on les trouvera suffisants. Ils contiennent quelques renseignements sur les ouvriers agricoles. Si je n'ai pas parlé davantage de cette classe, c'est qu'il m'a semblé plus naturel de le faire dans un autre chapitre, à propos des *Unions* qu'elle a récemment formées et qui ont tant ému l'Angleterre. C'est aussi dans un autre chapitre que je parlerai de la question des payements à courte ou longue échéance, des amendes et des retenues, enfin de la plus grande de toutes : le travail des femmes et des enfants dans les ateliers. Ces questions ont été, en effet, l'objet d'une législation spéciale, qui trouvera sa place dans l'exposé de toutes les mesures prises par le Parlement à l'égard des ouvriers.

Je terminerai cette section en donnant les chiffres qui résument tout le travail de M. Levi, et qui, comme je l'ai dit, datent de 1867.

L'auteur compte environ onze millions de travailleurs, dont les salaires feraient une somme totale de 10,450,857,100 fr., soit environ dix milliards et demi. Sur ces onze millions, 1,800,000 ne sont pas producteurs, et sont employés comme soldats, marins, agents de police, serviteurs, et gagnent environ 1,725,000,000 fr. Ces onze millions se divisent, d'autre part, en cinq millions de femmes et six millions d'hommes. Ces six millions peuvent, à leur tour, être classés de deux manières : soit en artisans, comptant trois millions, et en journaliers, comptant aussi trois millions ; soit en ouvriers des villes, comptant trois millions et demi, et en ouvriers de la campagne, comptant deux millions et demi.

Enfin, de tous ces documents, on peut déduire, comme moyenne générale des salaires à la semaine, les chiffres suivants, que je donne en forme de conclusion :

| | Adultes, hommes. | Garçons. | Adultes, femmes. | Filles. |
|---|---|---|---|---|
| Angleterre. . . . | 28f 12 | 8f 12 | 15f 62 | 10f 62 |
| Écosse. . . . . . | 25 62 | 9 57 | 13 12 | 10 21 |
| Irlande . . . . . | 17 91 | 7 81 | 12 18 | 9 17 |
| Moyenne de tout le Royaume-Uni. | 23 75 | 9 06 | 13 75 | 9 80 |

## VALEUR RELATIVE DES SALAIRES.

### A. — POUR LES PATRONS.

Pour se rendre un compte exact des conditions dans lesquelles l'ouvrier vend son travail au patron, il est indispensable de savoir ce que ce travail vaut véritablement pour le patron qui l'achète, et la proportion dans laquelle cet élément contribue au coût total d'une entreprise. Les conclusions de cette étude, entièrement due à M. Brassey, tendent à confirmer cet axiome, que *rien n'est plus cher que la main-d'œuvre à bon marché,* axiome qui s'applique d'une façon éclatante au travail servile, travail soi-disant gratuit, et en réalité le plus dispendieux de tous. M. Brassey père se trouvait placé dans une situation unique pour comparer les éléments divers dont se compose le coût d'une entreprise, et qui, selon les pays, laissent une part plus ou moins large à la main-d'œuvre : il avait à diriger à la fois un grand nombre d'entreprises, absolument analogues, mais faites dans les contrées les plus diverses du globe.

Les principaux éléments qui se réunissent pour établir le coût total d'une entreprise quelconque (et en particulier de la construction d'un chemin de fer) sont : 1° le prix véritable de la main-d'œuvre, c'est-à-dire la somme payée pour l'accomplissement d'une quantité de travail donnée ; 2° le prix des matières ou matériaux employés ; 3° le prix de la quantité de travail produite par les machines employées, représenté par leur consommation de charbon et leur amortissement; 4° l'intérêt, au taux du pays, du capital engagé dans l'entreprise.

Il est impossible d'entrer ici dans tous les détails donnés par M. Brassey. D'après la longue expérience de son père, il déclare que le coût total des constructions de chemin de fer est le même dans tous les pays, l'Amérique seule exceptée peut-être, et que ce prix total a plus varié aussi à diverses époques dans le même pays qu'entre des pays différents au même moment : son élévation graduelle en Angleterre a été très-faible et ne correspond aucunement à l'élévation des salaires.

En effet, les quatre éléments que je viens d'indiquer se compensent à peu près, et, lorsque l'un augmente, l'autre diminue. Les variations du prix véritable de la main-d'œuvre n'ont ainsi aucun rapport avec le chiffre annuel des salaires. Avant d'examiner cette dernière proposition, la plus intéressante à mon point de vue, j'écarterai les trois autres éléments, par une discussion abrégée de leur influence sur le coût total de l'entreprise. L'Angleterre, qui est notre point de comparaison avec les autres pays, doit être considérée comme celui qui est arrivé au plus haut degré de civilisation industrielle; et, en même temps, elle possède, quant au fer et au charbon, de grands avantages, grâce auxquels (que cette civilisation en soit ou non la conséquence naturelle) les trois éléments indiqués plus haut sont l'occasion d'une dépense beaucoup moindre en Angleterre qu'ailleurs. En effet : 1° les fers, les charbons, les matières premières y sont à meilleur marché que partout ailleurs; 2° les machines elles-mêmes, ainsi que le charbon qu'elles consomment, étant aussi à meilleur marché, il en est de même du travail qu'elles produisent; 3° la location du capital est également à meilleur marché que partout ailleurs. De là vient que l'Angleterre peut à la fois combattre tous ses rivaux sur leur propre terrain au point de vue du bon marché, et donner en même temps à la main-d'œuvre une part beaucoup plus large qu'ailleurs dans le prix de l'entreprise. Les ouvriers anglais sont redevables de l'élévation de leurs salaires, non-seulement à la prospérité commerciale de leur pays, à sa richesse minérale, et à la puissance de son crédit, mais aussi à ces machines qui, travaillant à meilleur marché que ne le peut, à l'étranger, la main de l'homme, les protégent contre une concurrence à laquelle, sans cela, l'industrie de la Grande-Bretagne, avec ses hauts salaires, ne pourrait résister. La meilleure preuve que ces hauts salaires n'ont pas, dans de telles conditions, nui au développement de la richesse nationale se trouve dans les chiffres mêmes qui indiquent ce développement. De 1763 à 1870, la population a triplé, tandis que les importations se sont multipliées vingt fois, les exportations, trente fois : celles-ci sont de 156 fr. 95 c. par tête, tandis qu'elles ne sont que de 72 fr. 81 c. en France; dans la même période, la navigation a passé de un million et demi à trente-six millions de tonnes : enfin, fait plus concluant encore, le commerce a doublé dans la courte période de 1855 à 1870, et s'est élevé de six milliards et demi à treize milliards et trois quarts.

Mais la question qui doit nous occuper particulièrement est celle du prix véritable de la main-d'œuvre, c'est-à-dire de la quantité de travail effectif obtenu moyennant une somme donnée. Il y a dans cette question trois éléments : le salaire, le travail produit, le temps nécessaire pour le produire. Les rapports entre ces trois éléments changent selon les temps et surtout les pays. Si nous prenons comme base fixe le travail produit, les éléments variables seront le prix, d'une part, et le temps, de l'autre. On arrivera alors à reconnaître combien le simple chiffre du salaire à la journée peut être trompeur ; car, dans les pays où il est le plus bas, la longueur du temps nécessaire pour produire un travail donné compense la modicité apparente du prix de la main-d'œuvre, à tel point qu'il arrive parfois que c'est dans ces pays que le prix réel du travail est le plus élevé. En comparant, d'autre part, la quantité fixe de travail et le temps dans deux localités ou à deux époques différentes, on arrive à des résultats non moins remarquables ; car on est bien souvent obligé de reconnaître que c'est l'ouvrier qui a la journée de travail la plus courte qui produit le plus, comme c'est souvent celui qui est payé le plus cher qui produit au meilleur marché.

Les chiffres suivants suffiront pour montrer combien le prix du travail produit est peu en rapport avec le prix de la journée d'ouvrier. J'ai donné plus haut (page 12) le tableau du salaire des ouvriers employés dans la construction des chemins de fer de 1843 à 1869. Je reprends ici la dernière ligne de ce tableau, indiquant le prix moyen de la semaine d'ouvrier par année, et je place au-dessous, année par année, le prix du travail accompli.

| | *1843* | *1846* | *1849* | *1851* | *1855* | *1857* | *1860* | *1863* | *1866* | *1869* |
|---|---|---|---|---|---|---|---|---|---|---|
| Moyenne de la semaine d'ouvrier. . | 23f 62 | 34f 87 | 26f 25 | 23f » | 27f 75 | 26f » | 25f 12 | 27f » | 29f 37 | 27f 87 |
| Prix du yard cube du mur de briques . . . | 2 81 | 4 68 | 3 43 | 3 12 | 3 12 | 2 91 | 3 12 | 3 12 | 3 33 | 3 12 |
| Prix du yard cube de terrassements. | 0 46 | 0 78 | 0 52 | 0 41 | 0 57 | 0 54 | 0 52 | 0 57 | 0 60 | 0 57 |

L'expérience de M. Brassey dans les constructions de chemins de fer sur le continent lui a appris que l'ouvrier anglais, mieux nourri et par conséquent plus fort, et en outre plus exercé à ce genre d'ouvrage, travaillait, quoique beaucoup mieux payé que l'ouvrier du pays, à meilleur marché que ce dernier. Il a reconnu aussi que, si les salaires des ouvriers locaux ont été augmentés par ces entreprises, leurs qualités se sont développées en même temps de telle sorte que, quoique mieux payés après quelques années, ils produisaient en somme à meilleur marché qu'au début des travaux.

A la même époque, les journaliers employés à la construction des chemins de fer étaient payés 4 fr. 37 c.

par jour en Angleterre, et 2 fr. 07 c. en Irlande ; cependant, la construction était plus coûteuse en Irlande, parce que l'ouvrier irlandais, mal nourri, ne peut pas physiquement donner la même quantité de travail que l'ouvrier anglais. Ainsi encore, dans l'agriculture, dix laboureurs irlandais ne produisent pas plus que quatre laboureurs anglais.

Dans la construction du chemin de fer de Rouen, les terrassiers anglais, recevant 6 fr. 87 c. par jour, travaillaient plus économiquement pour l'entrepreneur que les terrassiers français qui ne recevaient que 3 fr. 12 c. La ligne de Dieppe, qui fut faite par des ouvriers français, payés à la tâche, et gagnant en moyenne 3 fr. 50 c. par jour, fut aussi coûteuse proportionnellement que celle de Rouen. Sur celle de Caen, les Français, payés 3 fr. par jour, n'étaient pas plus économiques que les Anglais, payés 5 fr. Enfin, au brise-lames d'Aurigny, les Français étaient payés 6 fr. 25 c., les Anglais 7 fr. 50 c., et les uns et les autres produisaient à peu près le même travail. La différence dans la quantité de travail produit a augmenté dans la même proportion que le salaire pour les ouvriers français ainsi employés auprès des Anglais, et nous ne pouvons nous refuser en passant la satisfaction de constater l'hommage que M. Brassey rend à leurs qualités. Il déclare qu'ils étaient plus économes, plus rangés et plus prévoyants que les Anglais, et cite, comme preuve, qu'ils pouvaient attendre leur paye un mois, tandis que les Anglais étaient toujours en instances pour l'anticiper.

Une différence analogue existe entre l'ouvrier de Londres et celui de la campagne. Ainsi, pour construire une station à Basingstoke, on trouva qu'un seul maçon de Londres, payé 6 fr. 87 c. par jour, faisait plus d'ouvrage que deux maçons du pays, payés chacun 4 fr. 37 c. Dans les chemins de fer du Canada, les ouvriers anglais, payés 7 fr. 50 c. par jour, étaient plus économiques que les Canadiens, payés 4 fr. 37 c. Aux Indes, malgré l'extrême avilissement de la main-d'œuvre, les chemins de fer coûtent autant qu'en Europe : l'inspection seule des travaux forme un cinquième du prix total. Il en a été de même en Roumanie, en Italie et à l'île Maurice.

Malgré la grande différence entre les salaires des ouvriers de Millwall et ceux des ouvriers de nos chantiers, les navires anglais sont moins chers à construire que les navires français.

Quoique la main-d'œuvre nécessaire pour fondre une tonne de fonte fût, en 1867, de 20 pour 100 moins chère en France qu'en Angleterre, la production de cette tonne, grâce à tous les éléments indiqués plus haut, coûtait de 25 à 37 fr. 50 c. de plus en France que dans le Cleveland. En France, l'extraction du charbon coûtait, en 1867, de 6 fr. 87 c. à 7 fr. 50 c.; le menu se vendait 10 fr. 62 c. à la houillère, tandis que, dans les mines du Cleveland, il se vendait 6 fr. 25 c. Cette différence tient presque entièrement à la puissance de travail des ouvriers; car quelques-unes de nos houillères sont aussi favorisées par la nature que celles du Cleveland sous le rapport de l'extraction. Dans le pays de

Galles à Aberdare, l'extraction coûte 27 pour 100 de plus que dans le Northumberland, quoique les ouvriers de ce dernier district ne travaillent que sept heures et les Gallois douze. En Belgique, l'extraction coûtait, en 1866, de 6 fr. 87 c. à 8 fr. 75 c., et, en 1867, elle s'éleva jusqu'à 13 fr. 12 c.

De même, dans les filatures de coton, le nombre des ouvriers employés pour un certain nombre de broches compense, dans le prix de fabrication sur le continent, l'infériorité des salaires. La proportion est en Angleterre d'un ouvrier pour 74 broches, en Prusse d'un pour 37, en Russie d'un pour 28 et en France d'un pour 14 seulement. Cette même différence se retrouve si l'on compare les filatures anglaises à diverses époques, et elle correspond à une différence analogue de salaires au profit des ouvriers actuels. Ainsi à Glasgow, en 1823, un ouvrier, travaillant soixante-quatorze heures et demie par semaine, produisait 46 livres de fil et gagnait 33 fr. 22 c.; en 1833, avec des salaires à la tâche réduits de 13 1/3 pour 100 et un travail de soixante-neuf heures, il produisait, grâce à la perfection des machines et à sa plus grande habileté, 52 livres et demie de fil; et gagnait 37 fr. 30 c. En 1869, un ouvrier produit 16 livres d'une autre espèce de fil, avec une mule de 324 broches, et, déduction faite du salaire de ses aides, il gagne 51 fr. 25 c. Trois mois après, les mules sont portées à 684 broches, le nombre de ses aides est accru de 2 ou 3 à 5, son salaire réduit de deux cinquièmes pour la quantité produite, mais il produit 32 livres et gagne net 62 fr. 92 c.

Bien entendu, cet accroissement est dû presque entièrement au perfectionnement des machines, et prouve, comme je le disais plus haut, combien elles contribuent à assurer à l'ouvrier un meilleur salaire.

Les équipages des navires se réduisent aussi en raison directe de l'élévation des salaires, et cela uniquement à cause de la qualité supérieure des marins. Les bâtiments français, chargés de matelots qui sont moins payés que ceux des navires anglais, coûtent 20 pour 100 de plus en équipages. Cette proportion se retrouve dans la comparaison entre les navires anglais et américains : ces derniers, payant leurs matelots encore plus cher, n'en ont qu'un pour 25 tonnes, tandis que les Anglais ne croient pas pouvoir naviguer à moins d'en avoir un pour 15 tonnes.

Si, d'un côté, l'Angleterre est en rapports commerciaux et en concurrence industrielle avec des contrées où le chiffre du salaire est inférieur à celui de ses ouvriers elle est, de l'autre, en relations non moins constantes avec des pays (comme ceux du nouveau monde et la plupart de ses grandes colonies) où le chiffre des salaires est, au contraire, bien plus élevé que chez elle. Cette différence est due à la rareté de la main-d'œuvre, et dans les contrées prospères, comme l'Amérique du Nord et l'Australie, à la concurrence des capitaux qui se disputent les ouvriers pour les entreprises où ils acceptent du travail. Elle est infiniment supérieure à la différence du prix de la vie dans le nouveau monde et dans l'ancien : elle est donc tout à fait à l'avantage des ouvriers, et tient à ce que, dans ces contrées, la loi de l'offre et de la demande agit en ce moment tout en leur faveur.

Dans l'Amérique du Sud, les artisans européens sont rares. Aussi, à la Plata, les ajusteurs de machines gagnent-ils 5,000 fr. par an; les ouvriers de ferme sont payés de 8 fr. 32 c. à 10 fr. 31 c. par jour. A Lima, en 1869, les machinistes et les forgerons recevaient de 13 fr. 12 c. à 22 fr. 50 c. par jour, les plombiers de 15 à 18 fr. 75 c., les journaliers de 4 fr. 69 c. à 7 fr. 15 c. Au Callao, les terrassiers gagnaient 10 fr. par jour. Le prix de la vie ne présente pas dans ces pays une élévation correspondante.

Aux États-Unis, les artisans gagnent de 11 fr. 25 c, à 18 fr. 75 c. par jour : les manouvriers de 3 fr. 12 c. à 9 fr. 37 c. C'est dans l'agriculture qu'existe la plus grande différence de salaires entre l'Angleterre et les États-Unis, parce qu'elle est la première de toutes les industries de la grande république. Après elle, c'est la construction des chemins de fer qui s'est le plus développée dans ces dernières années : depuis la fin de la guerre, en 1865, 12,800 kilomètres de chemins de fer ont été construits. Cette activité rehausse encore, d'une part, les salaires des ouvriers agricoles, et, d'autre part, ceux des ouvriers métallurgistes : les puddleurs de Pittsburg, par exemple, gagnent de 26 fr. 25 c. à 33 fr. 75 c. par tonne de fer, tandis que les puddleurs anglais ne gagnent que de 11 à 12 fr. 50 c. Déduction faite d'un tiers pour l'agio, le prix de la vie d'un ouvrier n'est que d'un cinquième plus cher aux États-Unis qu'en Angleterre. L'artisan y vit donc mieux que partout ailleurs. Il vit même mieux qu'en Australie, où cependant le rapport entre le prix de la vie et son salaire est aussi beaucoup plus favorable pour lui qu'en Angleterre. Mais en Australie il n'a pas les mêmes facilités qu'en Amérique pour acheter la terre, dont le prix dans le Far West agit comme un régulateur fixant le minimum du taux des salaires, et qui lui offre toujours les moyens d'échanger la situation de salarié contre celle de propriétaire.

La vaste république américaine offre donc de tels avantages aux ouvriers anglais, que, si elle n'était séparée de l'Angleterre que par un étroit bras de mer, ils l'envahiraient en foule, et l'équilibre des salaires ne tarderait pas à rétablir un niveau moyen entre les taux actuels des deux pays. C'est la distance, ou pour mieux dire le prix du voyage, qui élève une barrière protectrice, à la faveur de laquelle les salaires américains, et à plus forte raison les salaires australiens, ont pu atteindre des chiffres aussi élevés. Le voyage d'Australie est tellement coûteux, que ces derniers salaires n'exercent aucune influence sérieuse sur l'Angleterre. Il n'en est pas de même de l'Amérique, et, au prix où sont aujourd'hui les passages, il est certain qu'un abaissement dans le taux des salaires anglais amènerait immédiatement une émigration plus considérable encore que celle de l'Allemagne. Cette émigration porterait presque exclusivement sur la classe qui fait la principale force de l'Angleterre, celle des artisans laborieux, intelligents et exercés; car c'est elle seule qui aurait les ressources nécessaires pour résister à un abaissement de salaires en s'expatriant ; elle seule pourrait franchir la seconde barrière, créée par le prix des transports en chemins de fer, qui sépare les ports de New-York et de Boston, déjà encombrés d'émigrants, des riches États du Mississipi et du Pacifique, où, depuis l'ouvrier jusqu'au proscrit, tous ceux qui apportent avec eux la santé et l'intelligence peuvent boire à longs traits l'oubli de leurs souffrances passées.

## VALEUR RELATIVE DES SALAIRES.

### *B.* — POUR LES OUVRIERS.

La valeur relative du salaire pour l'ouvrier dépend avant tout du prix de la vie dans le pays qu'il habite. Sans doute, les besoins matériels de l'homme varient selon les climats ; mais c'est un ordre de comparaison dans lequel on ne saurait entrer sans risquer de s'égarer. Le coolie de l'Inde n'a certes pas les mêmes besoins que l'artisan anglais ; mais, de ce qu'il peut vivre avec le modique salaire qu'il reçoit, on ne saurait cependant conclure qu'il est aussi bien partagé que ce dernier. La comparaison est plus facile entre les artisans des différents pays de l'Europe, qui ont, en somme, des besoins analogues ; car les exemples, donnés plus haut, de la plus grande capacité de travail des ouvriers anglais, mieux payés, et par conséquent mieux nourris, que les ouvriers continentaux au milieu desquels ils étaient employés, prouvent que la frugalité n'est bien souvent qu'une perte de forces productives. Il faut toutefois faire une profonde différence entre la frugalité et la sobriété. L'ivrognerie, dont je vais parler tout à l'heure à propos du budget de l'ouvrier anglais, est pour ceux qu'elle atteint, non-seulement une plaie morale, mais aussi une source de dépenses relativement énormes. Me bornant ici à des renseignements sur l'artisan d'Angleterre, je ne saurais établir, à ce point de vue, une comparaison entre lui et l'ouvrier continental; il suffira à chacun, pour la faire, de posséder des renseignements analogues sur la catégorie qu'il voudra placer dans cette comparaison à côté des ouvriers anglais. Je ferai remarquer seulement que l'usage du café, bien plus répandu chez nous et en Allemagne que chez nos voisins d'outre-Manche, est certainement un préservatif puissant contre l'abus des spiritueux.

De même, pour la comparaison du prix de la vie, je ne donnerai qu'un seul terme, celui qui concerne l'Angleterre; mais il n'est besoin d'entrer dans aucun détail pour pouvoir affirmer que le prix de la vie y est plus élevé que sur le continent et que cette différence en faveur de nos ouvriers ôte beaucoup de son importance à la différence contraire des salaires.

On estime, en général, que le salaire moyen des artisans anglais, qui varie entre 1,250 et 1,750 fr. par an, assure à leur famille une existence, non pas aisée, mais du moins fort éloignée de la misère. Les détails que je donnerai plus loin sur la masse des épargnes de la classe ouvrière prouvent qu'une grande partie des artisans savent s'imposer quelques économies. M. Nadaud, qui a vécu au milieu d'eux, estime qu'à Londres, où la vie, et particulièrement les loyers, sont plus chers, un homme seul, vivant avec économie, peut réduire ses dépenses annuelles à 867 fr. 75 c. Il estime que le budget d'une famille composée des parents et de quatre enfants en bas âge comporte dans cette ville 2,144 fr. de recettes, et 2,048 fr. 80 c. de dépenses, si j'ai bien compris son calcul.

Mais il est nécessaire d'entrer dans plus de détails pour se rendre compte des conditions de la vie de l'ouvrier anglais. L'ouvrage de M. Levi nous offre tous les éléments de cette étude.

La moyenne d'une famille dans les classes ouvrières anglaises est de cinq personnes, à peu de chose près. La moyenne totale de leurs revenus est de 475 fr. par tête, ou 2,125 fr. par famille. Ce chiffre, on le voit, est à peu près le même que le précédent. La dépense de la famille peut se diviser en quatre articles : 1° l'habillement ; 2° les soins médicaux, les plaisirs, l'instruction ; 3° le loyer ; 4° la nourriture. Il est impossible d'apprécier les deux premiers d'une manière exacte et d'en tirer une moyenne générale. Je dirai seulement que, pour l'habillement, le bon marché des étoffes a singulièrement amélioré la situation des ouvriers. Quant au second article, il varie selon chaque famille. Le troisième comprend le loyer, le chauffage et l'éclairage : ces trois dépenses ont notablement augmenté dans ces derniers temps, diminuant ainsi d'autant la valeur relative des salaires : l'accroissement a porté surtout sur le charbon. L'élévation du prix des loyers a été très-inégale; à Londres, elle a été considérable. Ailleurs, les loyers n'ont augmenté dans le budget de l'ouvrier que parce que celui-ci a échangé ses tristes et malsaines demeures contre des habitations meilleures, ce qui est une charge plus lourde pour lui, mais non une réduction de la valeur relative de son salaire. Ailleurs encore, il a obtenu, au contraire, des avantages positifs : les *Building Societies,* d'une part, la généreuse philanthropie de certains grands industriels, de l'autre, lui ont assuré à meilleur marché des logements plus sains et plus commodes qu'autrefois. La majorité des familles d'ouvriers anglais paye moins de 175 fr. de loyer par an; mais les logements qu'on peut avoir à ce prix sont encore loin d'offrir les conditions nécessaires à la santé comme au bien-être de ceux qui les occupent. C'est un obstacle sérieux au développement physique et à l'amélioration morale de la famille.

L'article de la nourriture est le plus important, et celui qui offre le plus de points de comparaison à quiconque veut étudier le budget de l'ouvrier. Un ouvrier de la campagne, adulte, dépense, en moyenne, pour sa nourriture : en Angleterre, 3 fr. 74 c.; dans le pays de Galles, 4 fr. 32 c. ; en Écosse, 4 fr. 08 c. ; en Irlande, 2 fr. 27 c. par semaine; la moyenne pour les deux îles est de 3 fr. 52 c. Mais l'alimentation diffère profondément dans ces diverses parties du Royaume-Uni. D'une part, la nourriture irlandaise contient deux fois plus de carbone et deux fois et demie plus d'azote que la nourriture anglaise. D'autre part, voici la proportion, dans chaque contrée, des individus pour lesquels la viande est un aliment habituel, proportion qui correspond assez exactement à la somme totale de l'aptitude de ces diverses populations aux travaux physiques : en Angleterre, 99 pour 100 ; dans le pays de Galles, 84 pour 100 ; en Écosse, 72 pour 100 ; en Irlande, seulement 59 pour 100. En 1865, chaque Anglais a consommé 3 livres 4 onces de thé et 36 livres de sucre. Le pain et la viande ou le lard forment la base de l'alimentation des familles d'ouvriers ; mais ceux qui obtiennent de hauts salaires et sont astreints à une production de forces considérable, comme les ouvriers du bâtiment, des mines et des forges, vivent très-largement et souvent même d'une manière recherchée. Plus d'un propriétaire de mines m'a dit que toutes les primeurs du pays étaient achetées par ses ouvriers, avant d'avoir paru sur sa table. Les tableaux suivants, relevés par M. Levi sur les comptes de l'hôtel des Invalides de Greenwich, donnent les principales variations du prix des vivres, depuis un grand nombre d'années. On y verra qu'en somme le prix de la vie, après avoir augmenté jusqu'à la fin des guerres du commencement du siècle, a plutôt diminué depuis lors. La principale diminution a été dans le prix du pain ; elle est due, il est presque superflu de le dire, à la grande réforme commerciale par laquelle sir Robert Peel se vantait à juste titre d'avoir épargné à l'Angleterre une révolution. L'élévation du prix du charbon est postérieure à 1865, dernière date de ces tableaux.

# TABLEAU

## DES PRINCIPALES VARIATIONS DU PRIX DES VIVRES DE 1740 A 1865.

| ANNÉES. | VIANDE par quintal. | PAIN par livre angl. | FARINE par quintal. | BEURRE par livre. | FROMAGE par livre. | BIÈRE par tonneau. | CHANDELLES. | CHARBON par sac de près d'une tonne. | SUCRE par quintal y compris les droits. | THÉ par livre y compris les droits. |
|---|---|---|---|---|---|---|---|---|---|---|
| 1740 . . . . | 35f » | 0,10 p. 9 onces. | » | 0f 52 | 0f 33 | 6f 52 | 6f 87 | 36f 25 | » | » |
| 1750 . . . . | 32 12 | 0,10 p. 13 onces. | » | 0 55 | 0 33 | 7 15 | 7 70 | 34 52 | » | » |
| 1760 . . . . | 39 37 | » | » | 0 54 | 0 36 | 7 05 | 8 59 | 40 82 | » | » |
| 1770 . . . . | 35 62 | 0,10 p. 11 onces. | » | 0 67 | 0 38 | 7 29 | 8 66 | 36 40 | » | » |
| 1780 . . . . | 40 62 | » | » | 0 65 | 0 38 | 9 11 | 8 54 | 46 62 | » | » |
| 1790 . . . . | 41 03 | » | 54 60 | 0 67 | 0 41 | 10 73 | 9 68 | 42 93 | » | » |
| 1800 . . . . | 80 41 | » | 120 » | 1 18 | 0 64 | 25 46 | 12 91 | 64 47 | » | » |
| 1810 . . . . | 90 » | » | 110 41 | 1 39 | 0 88 | 22 28 | 13 50 | 75 83 | 93 81 | 5 73 |
| 1815 . . . . | » | » | » | » | » | » | » | » | 115 52 | 7 86 |
| 1820 . . . . | 87 96 | 0,17 p. 1 livre. | 58 85 | 0 97 | 0 73 | 17 32 | 10 28 | 57 18 | 79 27 | 6 89 |
| 1830 . . . . | 54 37 | » | 58 65 | 0 67 | 0 41 | 15 67 | 6 60 | 33 75 | 63 44 | 5 61 |
| 1840 . . . . | 67 50 | » | 54 74 | 1 04 | 0 39 | 17 81 | 8 07 | 24 57 | 92 81 | 5 94 |
| 1850 . . . . | 73 44 | » | 58 69 | 1 17 | 0 88 | 30 52 | 8 43 | 34 90 | 47 07 | 4 32 |
| 1860 . . . . | 90 73 | 0,12 p. 1 livre. | 47 35 | 1 25 | 0 88 | 27 12 | 7 81 | 23 40 | 51 25 | 3 65 |
| 1865 . . . . | 71 83 | 0,15 p. 1 livre. | 47 29 | 1 23 | 0 75 | 30 88 | 7 07 | 23 54 | 51 98 | 3 12 |

## TABLEAU

### DE LA VARIATION DU PRIX DES DENRÉES ENTRE 1840 ET 1855.

| DENRÉES. | DIMINUTION. | AUGMENTATION. |
|---|---|---|
| Viande . . . . . . . . . . . . | » | 6 p. 100. |
| Pain. . . . . . . . . . . . . | 14 p. 100. | » |
| Farine . . . . . . . . . . . . | 27 p. 100. | » |
| Beurre. . . . . . . . . . . . | » | 17 1/2 p. 100. |
| Fromage . . . . . . . . . . . | » | 53 p. 100. |
| Bière. . . . . . . . . . . . . | » | 73 p. 100. |
| Chandelles. . . . . . . . . . | 11 p. 100. | » |
| Charbon. . . . . . . . . . . . | 4 p. 100. | » |
| Sucre. . . . . . . . . . . . . | 43 p. 100. | » |
| Thé. . . . . . . . . . . . . . | 47 p. 100. | » |

On voit que la réduction du prix du sucre et du thé, due surtout à l'application des principes de liberté commerciale, est très-considérable : elle a eu une grande influence sur l'amélioration du régime des classes ouvrières. Malheureusement, la bière, frappée par l'excise, a eu beau monter, sa consommation n'a pas cessé d'augmenter pour cela. L'abus de la boisson, dont je ne parle ici qu'au point de vue financier, est la principale cause de gêne des familles ouvrières. On en jugera par les deux chiffres suivants : l'ouvrier qui gagne de 13 fr. 25 c. à 37 fr. 50 c. par semaine dépense souvent 6 fr. 25 c. pour sa propre boisson ; d'autre part, l'Angleterre a consommé, en 1866, pour deux milliards deux cent vingt-cinq millions de boissons spiritueuses, dont un milliard et quatre cent cinquante millions figurent au budget des classes ouvrières.

Il est important, je crois, de montrer quelle est la quantité d'impôts qui pèse sur le budget de l'artisan : l'Angleterre nous donne, en effet, dans la répartition de ses charges nationales un exemple instructif, exemple d'autant plus remarquable que cette répartition est faite par les mandataires des classes moyennes ; et il ne saurait être présenté d'une manière plus frappante que par de simples chiffres. Grâce à la féconde et patriotique institution de l'*Income Tax*, les grands financiers de l'Angleterre moderne ont déplacé l'assiette de l'impôt, et ont graduellement dégrevé les principaux objets de consommation de l'ouvrier : si celui-ci est sobre, il se trouve à peine taxé.

Voici la part d'impôts supportée en 1865 par les classes ouvrières :

| OBJETS IMPOSÉS. | Total du rendement de l'impôt. | Moyenne payée par tête d'ouvrier. |
|---|---|---|
| Thé | 25,000,000f | 1f15 |
| Sucre | 50,000,000 | 2 30 |
| Céréales et autres produits importés | 18,750,000 | » 77 |
| Esprits et bière | 350,000,000 | 16 25 |
| Tabac | 50,000,000 | 2 30 |
| Licences | 18,750,000 | » 77 |
| Timbre | 12,500,000 | » 63 |
| Taxes locales | 75,000,000 | 3 33 |
| Total | 600,000,000 | 27 50 |

Sur ces 27 fr. 50 c., payés en moyenne par chaque ouvrier, l'impôt sur la boisson forme les trois cinquièmes et, joint à celui du tabac, donne le chiffre de 18 fr. 55 c., ne laissant pour la part de tous les autres impôts que la somme modique de 8 fr. 95 c. par an. Les classes moyennes payent 150 fr. par tête.

J'indiquerai plus loin l'emploi de la partie du budget de l'ouvrier qui est consacrée à améliorer sa situation et à lui constituer une sorte de capital. Il y a une dépense qu'il faut cependant mentionner ici, parce qu'elle est imposée à l'artisan par les besoins de son état; quoiqu'elle soit en même temps pour lui une forme de placement de capital. C'est l'achat des outils, qui doit être renouvelé à de longs intervalles, mais qui, comme première mise de fonds, s'élève depuis 250 fr. jusqu'à 1,250 fr. dans certaines professions.

Qu'on me permette d'ajouter, à la fin de ce chapitre, une remarque qui, ne se rapportant pas directement à l'Angleterre, sujet exclusif de cette étude, n'a pu y trouver place, mais qui jette une lumière si vive sur la question des heures de travail, que je ne dois point la passer entièrement sous silence. Dans un magnifique rapport, adressé par le *Bureau du Travail* au Sénat de l'État du Massachusetts, de cet État si sage, si éclairé et si libéral, rapport qui mérite toute l'attention de la Commission, si celle-ci veut s'éclairer sur les conditions du travail aux États-Unis, se trouvent, au milieu de longues et nombreuses dépositions, les observations suivantes, que je résume en quelques mots : elles indiquent nettement le point de vue auquel se placent les ouvriers, comme les hommes d'État, qui réclament la réduction de la journée de travail à huit heures. Les salaires, dans le système actuel, et sous l'empire de la loi de l'offre et de la demande, suivent à peu près constamment le prix de la vie, de telle sorte que l'ouvrier arrive toujours à ne gagner que ce qu'il lui faut pour vivre, la concurrence faisant qu'on retombe inévitablement à ce minimum au-dessous duquel le travail ne s'offre pas. Les ouvriers croient que le seul moyen de s'assurer certains profits destinés à améliorer sérieusement leur situation se trouve dans le *Short-time*. C'est le seul avantage qu'ils considèrent comme essentiel, parce que c'est le seul accroissement véritable et pratique de leurs salaires. C'est la vraie manière d'arriver, par les loisirs, à l'instruction, à l'intelligence, et de pouvoir amasser quelque chose pour entrer dans la voie de la coopération. Ils ne croient pas que la réduction à huit heures amène une réduction correspondante des salaires, ni une augmentation dans le prix de la vie.

# SECONDE PARTIE

---

## DES DIFFÉRENTS MOYENS

EMPLOYÉS

# PAR L'INITIATIVE PRIVÉE

POUR

## AMÉLIORER LA SITUATION DE L'OUVRIER

# MOYENS D'AMÉLIORATION

## DUS A L'INITIATIVE PRIVÉE

---

Cette seconde partie comprendra, comme je l'ai dit en commençant :

1° Les *Unions*, fondées pour soutenir les grèves et élever les salaires. Cette première section se partagera en quatre paragraphes :

*A*. — De l'organisation des *Trades Unions*.

*B*. — De la date de fondation des principales Unions.

*C*. — Des grèves dans lesquelles elles ont joué un rôle.

*D*. — Des grèves et Unions agricoles.

2° Les institutions qui ont pour but l'amélioration morale des ouvriers, et celles qui contribuent à leur amélioration matérielle, sans changer les rapports entre le capital et le travail. Cette seconde section se partagera en trois paragraphes :

*A*. — Efforts des ouvriers pour combattre l'ivrognerie.

*B*. — Caisses d'épargne et sociétés de secours mutuels.

*C.* — Sociétés de consommation.

3° Les tentatives faites pour donner aux ouvrie une part de capital. Cette troisième section se part gera en quatre paragraphes :

*A.* — Sociétés de construction.
*B.* — Sociétés coopératives de production.
*C.* — Banques populaires.
*D.* — Sociétés de participation industrielle.

## LES UNIONS.

### *A.* — DE L'ORGANISATION DES *TRADES UNIONS.*

Les *Trades Unions* sont des caisses permanentes chômage, alimentées par une entrée assez forte et v riable et par des souscriptions hebdomadaires égal pour tous, qui, selon les sociétés, varient de 10 c. jusqu 1 fr. 25 c., et même parfois 2 fr. 50 c., mais représente en général deux semaines de salaires par an. L typographes seuls graduent la souscription d'après l salaires. En temps de chômage, la même indemnit dont le chiffre dépend des ressources de la société, e donnée à chaque membre.

Le gouvernement de ces associations se compose

1° D'un pouvoir exécutif, formé d'un conseil, d'u secrétaire et d'un trésorier, élus annuellement, c deux derniers étant rééligibles;

2° De l'assemblée générale, qui décide des questions financières et fixe les statuts.

Les grandes Unions, dont les membres sont dispersés, sont de véritables fédérations, et se subdivisent par villes et par comtés, en branches ou en loges : le conseil se compose des délégués de ces loges et sert au besoin d'arbitre entre elles; le secrétaire et le trésorier sont seuls alors nommés par le suffrage direct. L'indépendance des loges varie selon les Unions, les unes conservant l'entière disposition de leurs fonds, les autres devant chaque année en verser le montant à la caisse fédérale. Le défaut de payement de la souscription amène la radiation et la perte de tous les droits acquis : ces radiations sont assez nombreuses pour former, par déduction de charges, un article important du budget.

La plupart des Unions sont en même temps des caisses de secours et copient sur ce point les statuts des sociétés de secours mutuels. Ces *Unions mixtes* assurent à leurs membres une indemnité pour les accidents, les maladies, la perte des outils et l'enterrement. Quelques-unes y joignent une retraite pour les vieillards. Cette double fonction de caisse de chômage et de caisse de secours est le caractère distinctif de toutes les grandes Unions. C'est le point le plus attaqué par les uns, le plus approuvé par les autres. On reproche aux Unions mixtes : d'abord d'entraîner, par l'espoir de secours en cas de maladie, les ouvriers dans des grèves auxquelles, sans cela, ils seraient restés étrangers; et ensuite de n'être pas solvables, et de promettre plus de secours qu'elles n'en pourront donner au bout d'un certain temps. Aussi, comme on le verra plus loin, avait-on proposé d'obliger les Unions à séparer d'une façon absolue la caisse du chômage de celle des secours. La combinaison de ces deux caisses me semble, au contraire, fort utile, et l'Union mixte préférable à l'Union simple ou *trade society*. La solvabilité des Unions mixtes a été longuement discutée. Au point de vue financier, il n'y a de menacées que celles qui promettent une retraite aux vieillards. Les autres trouvent, dans les radiations et la surveillance exercée par les membres les uns sur les autres, les moyens de réduire assez leurs dépenses pour mettre en équibre un budget qu'une société ordinaire de secours mutuels ne pourrait supporter. Mais, pour être juste, il ne faut pas comparer les Unions à ces sociétés. Les Unions, en effet, sont des associations dont tous les membres, liés par des intérêts communs, se proposent avant tout de s'entr'aider en cas de grèves ou de chômages. Les secours qu'elles distribuent ne sont qu'un emploi utile, mais secondaire, des fonds qui leur restent, après avoir fait face aux dépenses des grèves; aussi se réservent-elles toujours d'augmenter ou de diminuer ces secours, selon l'état de leur caisse, sans que les souscripteurs puissent se considérer comme lésés par la diminution.

Il est utile d'encourager cet emploi; car les ouvriers qui ne veulent pas prendre part aux grèves ne s'enrôleront pas pour cela dans les Unions : ils souscrivent aux sociétés de secours mutuels. L'Union ne recrute que des hommes disposés à soutenir des grèves, et par conséquent, si elle est mixte, elle les modère en leur offrant une véritable prime contre ces grèves mêmes. En effet, plus celles-ci sont rares, plus la caisse est pleine et plus les secours sont réguliers et abondants. Tandis que, dans l'Union simple, la prospérité de la caisse, qu'il faut bien employer à quelque chose, est un encouragement à de nouvelles grèves, les Unions mixtes, en s'enrichissant, au lieu de favoriser les grèves, arrivent à les restreindre, et offrent, par la combinaison de leurs deux caisses, la meilleure garantie de leur modération. L'expérience l'a prouvé, et les Unions les plus violentes ont toujours été de petites *trades societies*.

On peut reprocher à la plupart des Unions l'exagération de leurs frais généraux. Les membres du comité reçoivent ordinairement une journée de salaire par séance, et les délégués sont parfois si bien payés en temps de grève, qu'ils peuvent être tentés de prolonger cette vie facile, aux dépens de leurs camarades. Ainsi, un congrès de briquetiers, réuni à Sheffield en 1867, dura plus de quinze jours, chaque membre recevant au moins 15 fr. par jour, et coûta aux ouvriers plus de 75,000 fr. A côté de ces grandes et dispendieuses assemblées, c'est presque toujours le pouvoir exécutif, composé d'hommes pratiques et souvent distingués, qui joue le rôle de modérateur.

Il y a, dit-on, plus de deux mille Unions, grandes ou petites, comprenant un dixième, disent les uns, un quart, disent les autres, des ouvriers anglais. Je me bornerai à citer les plus importantes, et à donner, par quelques chiffres, une idée exacte de leur organisation.

A moins d'indications spéciales, les chiffres de budget se rapportent à l'année 1868.

— Société unie des *Charpentiers*. Union fédérative; taxe d'entrée, 6 fr. 25 c.; cotisation, 1 fr. 25 c. par semaine; plus, 31 c. par trimestre, ou 66 fr. 25 c. par an; divise son budget en trois chapitres :

1° Secours : maladie, 18 fr. 75 c. pendant vingt-six semaines, puis 7 fr. 50 c.; vieillards, 6 fr. 25 par semaine pour ceux qui ont moins de douze ans d'affiliation, 8 fr. 75 c. pour les autres; enterrements, 300 fr.

2° Affaires professionnelles : grèves, 12 fr. 50 c. pendant douze semaines; perte des outils, remboursement complet; émigration, 150 fr. par membre; accidents, indemnité variable; aide donnée aux autres sociétés.

3° Frais généraux : en 1865, le budget des trois chapitres a été respectivement de 40,875; 69,750 et 57,675 fr. total 168,300 fr. Les recettes étant de 262,200 fr., il a été porté à la réserve une somme de 93,900 fr.

Cette société compte 1,500 loges et près de 10,000 membres en 1868.

— L'Union des *Charpentiers écossais* compte 3,154 membres. Recettes, 93,150 fr.; dépenses, 77,435 fr.

— Société unie des *Mécaniciens*. Cette union fédérative comptait, en 1865, 30,000 membres; ses recettes s'élevaient à 2,172,125 fr., ses dépenses à 1,229,300 fr., et sa réserve à 3,500,000 fr. Le chiffre de ses membres et, plus encore, ses vingt années d'expérience, la mettent à la tête de toutes les Unions. En 1865, les secours du premier chapitre du budget n'ont représenté que 19 fr. sur les 65 fr. formant la cotisation annuelle de ses membres; ils se décomposent ainsi : 10 fr. 31 c. pour les malades, 3 fr. 95 c. pour les vieillards, 4 fr. 02 c. pour les enterrements, et 1 fr. 20 c. pour les accidents.

— L'Union des ouvriers *Maçons* ne compte pas moins de 17,762 membres et se soutient depuis trente-trois ans.

— L'Association nationale des *Mineurs* n'a que dix ans d'existence ; mais, fédération composée d'anciennes sociétés, elle compte déjà 54,000 membres. Son président, M. M^c^ Donald, est une puissance dans les districts miniers. Elle laisse une grande indépendance financière à ses branches. Celle du South Yorkshire prélève 12 fr. 50 c. d'entrée et de 93 c. à 1 fr. 25 par semaine. Celle du Lancashire lève une taxe uniforme de 93 c. par semaine, donne aux chômeurs de 11 fr. 25 c. à 12 fr. 50 c. par semaine, et consacre 150 fr. à l'enterrement de chacun de ses membres.

— L'Union prévoyante des *Shipwrights* de Londres a quarante-huit ans d'existence, compte 1,400 membres, et a 310,000 fr. en caisse.

— La Société des *Forgerons maritimes* lève annuellement 60 fr.; son budget de six ans, de 1862 à 1868, se décompose ainsi : malades, 453,725 fr. ; enterrements, 105,325 fr. ; médecins, 126,300 fr. ; ouvriers sans place, 396,456 ; vieillards, 27,775 ; infirmes (à 6 fr. 25 c. par semaine), 34,775 ; grèves, 150,000 fr.; total 1,290,356 fr. Craignant, après une grève, de ne pouvoir équilibrer son budget, elle n'hésita pas à élever ses cotisations de 4 fr. 37 c. à 5 fr. par mois, et à réduire l'allocation, déjà si faible, de 2 fr. 07 c. par jour, accordée aux ouvriers sans travail, jusqu'au chiffre tout à fait insignifiant de 1 fr. 25. On voit que, contrairement à ce qui se fait ailleurs, ce sont les secours qui, dans cette société, jouent le rôle principal.

— La Société des *Verriers* du Royaume-Uni comprend presque tous les ouvriers de cette industrie, divisés en deux catégories, qui payent, l'une 1 fr. 25 c., et l'autre 1 fr. 56 c. par semaine. Cette Union, fondée d'abord uniquement en vue des grèves, se décida bientôt à employer son épargne à secourir ses membres malades, et arrêta le tarif suivant : pour les treize premières semaines, 15 fr. chacune ; pour les vingt-six suivantes, 10 fr. ; pour vingt-six autres encore, 7 fr. 50 c. ; pour les infirmes, 2 fr. 50 c. Mais, ayant trouvé ce tarif trop élevé, elle le réduisit à 11 fr. 25 c., 9 fr. 37 c., 7 fr. 50 c., 5 fr. Elle a pu ainsi mettre 225,000 fr. en réserve. Les membres qui ne payent que 1 fr. 25 n'ont que les deux tiers des indemnités.

— Association nationale des *Typographes*, fondée en 1853, après l'échec de plusieurs autres. Cette société compte 3,300 membres, et est soutenue par des cotisations variant, selon le salaire des membres, de 20 c. à 62 c. par semaine. Elle est gouvernée par un conseil comprenant douze compositeurs de livres et deux de journaux, et par une assemblée générale. Elle accorde 12 fr. 50 c. par semaine aux ouvriers sans travail, et son budget des dix dernières années, 1858-1868, se décompose ainsi : membres sans ouvrage, 245,912 fr. 50 c. ; procès, etc., 68,901 fr. 25 c. ; indemnités de voyage, 17,379 fr. 75 c. ; dépenses du comité, 35,805 fr. 50 c. ; médecins, lits d'hôpital, etc., 14,227 fr. 50 c. ; bibliothèque, 22,285 fr.; secours aux autres professions, 29,625 fr.; employés de l'Union, 61,783 fr. 75 c.; frais divers, 92,671 fr. 15 c. Total des recettes : 626,125 fr.; total des dépenses : 588,590 fr. 40 c.; économie : 37,534 fr. 60 c. On remarquera que les frais généraux sont fort élevés; presque tout le budget est d'ailleurs consacré aux membres sans ouvrage; les autres secours sont secondaires, et rien n'est mis de côté pour assurer l'avenir.

— L'Équitable association des *Fileurs* est une confédération fondée en 1853 dans le Lancashire et composée de 36 branches, dont chacune gère ses fonds d'une manière indépendante. Le comité exécutif est formé de délégués nommés par les branches, à raison de un pour deux cents membres. Le secrétaire est, comme d'ordinaire, nommé par le suffrage direct. La caisse centrale ne prélève que 2 c. et demi par semaine, payés directement par chaque membre, et n'est qu'un fonds d'assurance qui leur donne de 750 à 1,250 fr. en cas d'accident. Mais c'est le pouvoir exécutif qui traite avec les patrons, qui fait les appels extraordinaires de fonds, et qui règle l'allocation en cas de grève, allocation fixée aujourd'hui à 12 fr. 50 c. par semaine pour les artisans, et à 5 fr., 2 fr. 50 c., et 1 fr. 25 c. pour les aides. Cette société comprend environ 8,000 membres, ou les deux tiers des ouvriers du district.

— L'Association protectrice des *Tailleurs* de Londres comprend 1,700 membres, payant, les uns 1 fr. 25 c., les autres 1 fr. 57 c. de cotisation par semaine; elle a changé plusieurs fois le taux de ses secours. En caisse, en 1868 : 225,000 fr.

— Les *Ouvriers de chaudières* sont associés au nombre de 9,000.

— La Société des *Fondeurs de fer,* établie depuis soixante ans, compte 11,500 membres et a plus de 900,000 fr. de recettes.

— Les *Maçons* (*Bricklayers*) de Londres, 6,000 membres.

— Ceux de Sheffield, 5,242.

— Les *Peintres* en bâtiment de Manchester forment une fédération de 58 loges, comprenant 3,960 membres.

— L'Association nationale des *Ouvriers en fer,* dite de *Gateshead.*

— L'Association de la Grande-Bretagne, dite de *Brierley Hill.*

Ces deux sociétés comprennent presque tous les puddleurs.

— L'Association des *Lamineurs,* dite de *Gateshead,* compte 6,000 membres.

— Les Unions de la *Bonneterie* de Nottingham, depuis l'extinction des grèves, ne prélèvent plus que 1 fr. 25 c. par an.

— La Société écossaise des *Forgerons* : 1,532 membres; cotisation, 72 c. par semaine; recettes, 56,550 fr.; dépenses, 64,000 fr.

— L'Union des *Relieurs* de Manchester : fédérative, 44 branches, 830 membres; cotisation, 25 fr. par an; recettes, 19,350 fr.; dépenses, 14,575 fr.

— L'Union des *Relieurs* de Londres, 499 membres; cotisation, 37 fr. 50 c. par an; recettes, 16,875; en caisse, 32,075 fr.; dépenses, 4,900 fr.

— L'Association des *Fabricants de cigares* de Londres : 759 membres ; recettes, 36,100 fr.; en caisse, 49,800 fr.; dépenses, 49,200 fr.

— L'Union des *Ébénistes* de Manchester : 40 branches, 1,870 membres ; recettes, 13,600 fr. ; dépenses, 13,400 fr.

— L'Union des *Fabricants de chaînes* du Nord : 500 membres ; cotisation, 15 fr. par an ; recettes de deux ans, 5,650 fr. ; dépenses, 4,900 fr.

— La Société unie des *Carrossiers* : 126 branches, 5,430 membres ; cotisation, 93 c. par semaine ; recettes, 245,900 fr. ; en caisse, 180,100 fr. ; dépenses, 291,400 fr.

— La Société des *Teinturiers* de Manchester : 750 membres ; cotisation, 130 fr. par an ; recettes par trimestre : 24,000 fr.; dépenses : 1,675 fr.

— La Société des *Tailleurs de verre* : 886 membres ; recettes, 90,700 fr. ; dépenses, 90,450 fr.

— La Société des *Chapeliers* : 1,621 membres ; cotisation, 62 c. ; recettes, 99,100 fr. ; en caisse, 49,500 fr. ; dépenses, 114,500 fr.

— La Société des *Journaliers* de Glasgow : 500 membres ; cotisation, de 15 c. à 42 c. par semaine ; recettes, 4,500 fr. ; dépenses, 2,600 fr.

— La Société des *Ouvriers en dentelles* : 500 membres ; cotisation, 50 fr. par an ; recettes, 18,175 ; dépenses, 6,175 fr.

— La Société des *Bateliers* de la Tamise : 1,600 membres ; cotisation, 31 c. par semaine ; recettes, 16,325 fr. ; dépenses, 12,050 fr.

— La Société des *Fabricants de papier* : 790 membres ; recettes d'un trimestre, 17,800 fr. ; dépenses, 14,200 fr.

— La Société des *Serruriers* : fédérative, 22 branches, 834 membres ; en caisse, 70,000 fr. ; recettes du semestre, 23,000 fr. ; dépenses, 26,725 fr.

— La Société des *Métiers unis* de Warrington : fédérative, 480 membres ; cotisation, 5 fr. 50 c. par an ; pure *trade society*.

— La Société des *Tisseurs* de Preston : 1,615 membres ; cotisation, 20 c. ; recettes, 16,375 (?) ; dépenses : 16,650 fr.

— La Société des *Serruriers*, etc., de Boston, 452 membres ; cotisation : environ 30 fr. par an ; recettes : 2,300 fr. ; dépenses, 2,200 fr.

— La Société des *Ouvriers en fil de fer* de Manchester : 700 membres ; cotisation, 31 c. par semaine.

On pourrait prolonger beaucoup cette énumération : les rapports de la Commission royale en fourniraient les moyens. Je me bornerai, pour terminer, à citer l'une des plus petites, sans contredit, de toutes les Unions : c'est celle des ouvriers de pain d'épice, qui compte 6 membres, a 600 fr. en caisse, a eu 185 fr. de recettes et 450 fr. de dépenses : elle ne paraît pas prospérer.

Cette énumération suffit pour montrer l'organisation, les ressources et la puissance des associations ouvrières. Mais ces associations ne sont pas les seules coalitions permanentes formées pour peser sur le marché du travail. Elles ont trouvé des imitateurs parmi leurs adversaires. Les patrons qui les ont combattues ont formé eux-mêmes des sociétés de résistance, qu'il faut, en toute justice, classer comme de véritables Unions. J'en choisirai trois qui offrent tous les caractères reprochés aux Unions par les ennemis du droit de coalition.

— Une Association de *Maîtres de forges* existe, depuis soixante-dix ans, dans le Stafford, pour régler les salaires et en assurer l'uniformité : aucun de ses membres ne peut payer ses ouvriers au-dessus du tarif qu'elle a fixé.

— L'Association des *Fabricants de fer* du nord de l'Angleterre est composée de maîtres de forges qui assurent contre la grève chacun de leurs fours, moyennant une redevance calculée sur leur rendement; et, lorsque ces fours sont éteints par une grève, elle paye aux maîtres 75 ou 100 fr. par semaine.

— L'Association des *Constructeurs* de la Clyde est encore plus fortement organisée pour les luttes industrielles. Elle se compose de 35 souscripteurs. Chacun fournit tous les ans un état de ses ouvriers, et signe des billets par lesquels il s'engage à payer, au premier avis, à la caisse autant de fois cent francs qu'il emploie d'ouvriers. Une réserve de deux millions et demi est ainsi assurée pour indemniser les membres atteints par une grève. Enfin, c'est la Société qui seule peut décider si tel ou tel chantier doit renvoyer ou reprendre ses ouvriers. Les patrons, obligés de se soumettre à son intervention dans leurs affaires, sont donc dans la même situation que les ouvriers soumis pour les grèves aux décisions de l'Union.

### B. — FORMATION ET DÉVELOPPEMENT DES UNIONS.

La fin du siècle dernier marque l'époque des plus grandes rigueurs contre les coalitions, les associations et toutes les réunions d'ouvriers qui paraissent se rattacher aux grèves. Cependant, il existait des Unions secrètes, et le système de la compression produisait ses effets inévitables : il ne supprimait pas les associations, mais les livrait aux plus violents et les poussait dans les voies extrêmes. Les ravages des Luddites, de 1811 à 1817, furent l'œuvre de ces sociétés, exaspérées par une misère inouïe. Les odieuses Unions, qui soudoyaient récemment les assassins de Sheffield, sont d'anciennes sociétés secrètes que l'air vivifiant de la liberté n'a pu atteindre et purifier.

Les membres de ces Unions secrètes se liaient par des serments à la fois grotesques et criminels. Cependant, malgré l'ostracisme qui les frappait, certaines sociétés savaient rester modérées, parce qu'elles avaient acquis, en dépit des lois, une puissance qu'elles ne voulaient pas compromettre. Ainsi, en 1810, au signal de leurs chefs, 30,000 ouvriers cotonniers se mettaient en grève dans le Lancashire; et, en 1815, le comité des shipwrights de Liverpool était assez fort pour pouvoir, quoique ses membres fussent poursuivis, arrêter d'un seul mot tout le mouvement commercial de la Mersey. Quelques Unions enfin étaient tolérées, comme celles des mouleurs de fer de Stafford et des mineurs du Lancashire;

et d'autres, comme celle des typographes, échappaient à la loi en ne prenant pas une part directe aux grèves. Enfin, en 1824, sur la proposition de J. Hume, le Parlement entra dans la voie conservatrice et libérale où il a marché depuis lors sans hésitation ni précipitation, et abolit le délit de coalition. J'indiquerai brièvement le développement des Unions, depuis cette époque, dans les diverses industries.

**La Coutellerie de Sheffield.** Je commence par ce triste sujet pour n'avoir pas à y revenir. Un certain nombre de petites associations, formées particulièrement parmi les aiguiseurs de limes, ont conservé les traditions des sociétés secrètes. Unions simples, elles se sont laissé gouverner par des scélérats, capables de tous les crimes, qui exerçaient sur elles un pouvoir despotique, et employaient leurs fonds, sans contrôle, pour organiser contre les non-unionistes un sanglant système d'intimidation. Les révélations de ces chefs, achetées au prix de leur impunité, ont excité l'horreur, mais n'ont pu la faire rejaillir sur les grandes associations, dont tout le malheur est de porter le même nom que les sociétés de conspirateurs de Sheffield.

**Les Briquetiers du Lancashire** forment de petites sociétés qui offrent seules quelques exemples analogues. Fondées et gouvernées de même, animées du même esprit de persécution, elles ne reculent, elles aussi, devant aucun moyen pour intimider les ouvriers et les patrons qui leur résistent. Elles prétendent régenter l'industrie, limiter la production et imposer partout leurs plus absurdes caprices. Ce sont encore des sociétés purement industrielles, et qui se refusent à rendre aucun compte de la gestion de leurs fonds. Aussi ne figurent-elles pas dans les statistiques publiées par la commission royale. On pourrait citer par milliers les exemples de leur système de réglementation, aussi odieux que ridicule.

**Industrie du bâtiment.** Les produits étant consommés sur place, et les ouvriers seuls pouvant se déplacer, ils commandent plus facilement que d'autres le marché et abusent de cet avantage, non jusqu'au crime, mais pour faire prévaloir aussi des règlements insupportables, qui entravent l'exécution des contrats dont ils seraient les premiers à profiter. Sur 900,000 ouvriers du bâtiment, un tiers, disent leurs chefs, est enrôlé, par professions, dans différentes Unions de charpentiers, menuisiers, peintres, briquetiers, bricklayers, stonemasons et journaliers. Ces Unions sont presque toujours opposées à l'introduction des machines qui réduiraient le travail manuel, ainsi qu'à l'admission d'un trop grand nombre d'apprentis ou d'hommes n'ayant pas encore fait leur apprentissage; mais elles poursuivent aussi des réformes légitimes, comme la garantie d'une semaine assurée aux ouvriers congédiés, et la réduction des heures de travail. Ce sont les plus petites qui sont les plus despotiques et qui persécutent les ouvriers rebelles à leurs ordres. Les grandes associations, au contraire, tempèrent ces excès et s'affranchissent peu à peu des préjugés qui les ont fait naître. Cependant, dans toute cette industrie, les luttes amènent presque toujours des mesures extrêmes.

De part et d'autre, on publie des *listes noires*, celles des ouvriers comprenant les *moutons noirs*, ou récalcitrants, qu'ils mettent en quarantaine; celles des patrons, les noms des unionistes, qu'ils se communiquent pour leur fermer tous les ateliers.

**Industrie du fer.** En arrivant à cette industrie, où tout le travail est à la tâche, nous passons pour ainsi dire d'un monde dans un autre. Nous y trouvons une classe d'ouvriers animés d'un esprit plus pratique et moins étroit; le *rattening*, qui consiste à dérober ses instruments à l'ouvrier frappé d'interdit, usage trop souvent pratiqué dans le bâtiment, et qui existait aussi autrefois dans l'industrie du fer, est combattu par les Unions, qui réussissent à l'extirper. Comme je l'ai déjà dit, elles ne cherchent pas à limiter le nombre des apprentis. Les Unions actuelles sont presque toutes récentes. Celle des fondeurs de fer, qui a toujours employé son influence dans le sens de la modération, est la seule ancienne. Celles de *Gateshead* et de *Brierley Hill* ne datent que de 1862.

**Industrie de la houille.** Les Unions jouent un rôle particulier dans l'industrie minière, et surtout dans celle de la houille, qui est la plus dangereuse. Elles prennent en main la cause de l'humanité, et s'efforcent d'obtenir la réforme du régime des mines et des cruelles conditions de travail imposées aux mineurs. Elles s'occupent avant tout d'affranchir les femmes et les enfants de ce travail épuisant et malsain. Dès qu'elles ont obtenu sur ce point la protection de l'État, elles réclament son intervention pour assurer l'assainissement des puits. Pendant qu'elles poursuivent cette tâche, les grèves principales qui ont les salaires pour objet éclatent justement dans les districts où ces unions n'exercent pas leur influence. En 1834, dès que la question de la ventilation des mines est assez bien comprise pour émouvoir le public et intéresser le Parlement, qui ne cessera plus de s'en occuper, les Unions en soulèvent une autre, non moins importante pour le bien-être de l'ouvrier, celle des *Truck-shops*. Depuis quarante ans, toutes les enquêtes officielles ont prouvé que les *Truck-shops*, ou cantines et boutiques tenues par les propriétaires, étaient la source d'abus sans nombre et d'une véritable exploitation de l'ouvrier. Je reviendrai ailleurs sur ce sujet, à propos de la législation que les Unions ont obtenue pour réprimer ces abus. Dans la même année 1834, elles se liguent en Angleterre et en Écosse pour continuer la campagne en faveur de la ventilation des mines. L'année 1858 soulève une nouvelle question qui, aujourd'hui encore, donne lieu à bien des disputes : c'est la confiscation des berlines qui sortent mal chargées de la mine. Les mineurs du South Yorkshire s'associent à Leeds pour obtenir que cette opération soit officiellement contrôlée. En 1862, ce sont ceux du Lancashire qui se liguent à leur tour à S. Helens, et enfin, la même année, une réunion des délégués de toutes les Unions existantes fonde à Leeds l'Association nationale des mineurs. En 1863, des Unions, qui entreront bientôt dans son sein, se forment dans le Durham. Cette intervention des Unions dans le gouvernement des mines provoque la résistance des patrons, qui cherchent même à éluder les lois protectrices obtenues par les ouvriers, et nous trouvons à la tête de l'une des associations de patrons ce même M. Briggs, qui devait bientôt inaugurer une ère de paix et de concorde, grâce aux réformes hardies auxquelles il a attaché son nom. Ces associations vont jusqu'à publier des listes noires. La lutte s'envenime; mais, si les excès sont assez nombreux, on ne peut pas toujours les mettre à la charge des Unions : ce sont, au contraire, les non-unionistes qui, le plus souvent, en sont responsables. Les Unions interviennent même parfois pour apaiser la lutte, comme dans la grève du Wigan C°, en 1868, où les immenses établissements de cette société furent saccagés par des troupes de grévistes. En 1855, les Unions réclament du Parlement un système d'instruction obligatoire pour les mines; mais, malgré leurs efforts et l'appui de sir G. Lewis, elles échouent. Elles poursuivent en même temps et finissent par obtenir des réformes importantes dans le « Master and Servant Act », qui règle les rapports des patrons et des ouvriers. Aujourd'hui, comme je le dirai plus loin, la législation est venue donner satisfaction à presque toutes les légitimes réclamations des ouvriers. Les disputes et les grèves n'ont pas complétement disparu et troublent encore l'industrie; les questions de salaires, au moment de l'élévation récente du prix des charbons, leur ont donné un nouvel aliment; certaines Unions semblent n'y avoir vu que l'occasion d'allumer une guerre insensée entre les patrons et les ouvriers; il faut même reconnaître qu'en général ces derniers ont mis en avant des prétentions exorbitantes. Mais on peut dire aussi qu'au milieu de toutes ces difficultés, la grande Association des mineurs, qui se fait respecter à la fois par les patrons et par les ouvriers, et qui comprend les intérêts de ces derniers d'une façon éclairée, a employé son influence pour modérer les luttes, abréger les grèves et faciliter les transactions.

**Construction des navires en fer.** Les shipwrights, les charpentiers et les menuisiers forment des Unions séparées. L'Union prévoyante des shipwrights de Londres, qui date de 1824, n'a presque pas eu de grèves à soutenir. Celle des shipwrights de Greenock fut presque dissoute dans la grève de 1839. Mais elle se reconstitua, et, en 1857, elle put traiter d'égal à égal avec les patrons. Son rôle changea alors : au lieu de leur être hostile, elle devint l'intermédiaire officieux entre eux et leurs ouvriers. Mais elle perdit cette heureuse situation dans la crise industrielle de 1866, et, en voulant soutenir mal à propos une grève partielle, elle succomba devant l'union formée par les patrons. A côté de cette Union s'est formée, en 1834, celle des forgerons maritimes.

**Fabrication des machines.** L'usage de l'apprentissage par contrat, et d'une durée de cinq ans, subsiste dans cette industrie. La grande société des mécaniciens unis, qui fut fondée, dissoute et reconstituée en 1851, instruite depuis par l'expérience, modère les ouvriers, et, loin d'encourager les grèves, en a diminué le nombre. Elle s'est appliquée à assurer aux monteurs de machines, qui travaillent par équipes, un partage équitable des bénéfices entre tous; mais elle est hostile au travail à la tâche et veut maintenir l'apprentissage.

Les **Tailleurs** avaient conservé, sous le nom de maisons d'appel, un reste des anciennes corporations C'étaient dix-sept ou dix-huit petites sociétés de cent à huit cents membres, auxquelles les patrons s'adressaient pour avoir des ouvriers, et qui établissaient entre ceux-ci une rotation, leur assurant à chacun son tour de travail, sans tenir compte de l'habileté personnelle. Des Unions furent formées en 1832; mais la grève qu'elles provoquèrent en 1834 leur fut fatale et fit disparaître du même coup les maisons d'appel. En 1858, des Unions, de formation récente, se réunirent pour fonder la Société des journaliers tailleurs, et, quelque temps après, en 1865, une fédération analogue se forma sous le nom d'Association protectrice des tailleurs de Londres. Cette dernière société, de beaucoup la plus puissante, favorise le travail à la tâche. Elle s'est trouvée parfois en bons rapports avec les patrons, mais leur a fait aussi une guerre passionnée, quoique exempte de toute violence. C'est la seule société qui paraisse, du moins avant 1869, s'être occupée de l'étranger et avoir eu des rapports avec l'Internationale.

Les **Verriers**, qui ne sont que 2,000 dans toute l'Angleterre, forment par cela même un corps très-exclusif. Ils ont conservé la coutume d'un long apprentissage, et, vu leur petit nombre, s'opposent avec raison à l'accroissement de celui de leurs apprentis. Ils sont presque tous membres de l'Union des verriers du Royaume-Uni, qui est devenue l'intermédiaire entre eux et leurs patrons; elle a obtenu une certaine élévation des salaires et la fixation d'un chiffre limité d'apprentis.

Les **Typographes** avaient, dès 1810, des délégués qui arrêtaient, de concert avec les patrons, les tarifs de salaires. En 1816, un comité d'ouvriers fut formé pour surveiller l'exécution de ces tarifs et devint une Union en 1824. Une nouvelle Union se forma en 1834. Celle des compositeurs de journaux date de 1820. Ces diverses sociétés, réunies en 1844, prennent le nom d'Association nationale des typographes. Dissoute en 1847, cette société se reforme en 1853. Le tarif étant partout adopté, elle se borne à en contrôler l'exécution et l'interprétation. Elle s'entend avec les patrons pour confier cette interprétation à un tribunal arbitral, composé de trois personnes de chaque côté; mais, à la première épreuve, ce tribunal se trouve impuissant. Les ouvriers, condamnés par lui, portent la question devant la justice, qui leur donne gain de cause. Les patrons, de leur côté, trouvent moyen d'éluder cette décision, et l'arbitrage est abandonné. Les pressiers forment une Union séparée, qui s'est opposée plusieurs fois à l'accroissement du nombre des apprentis. Ces derniers sont employés par contrat.

Les **Fileurs de coton** formaient, dès le commencement du siècle, des sociétés qui devinrent des Unions en 1824. Mais ce n'est qu'en 1853 qu'elles s'organisèrent en une confédération qui, sous le nom d'Équitable association des fileurs, réunit les sociétés des comtés du centre. Toutes les Unions virent leurs caisses épuisées, et furent temporairement dissoutes, par la crise cotonnière de 1862; mais elles se reconstituèrent bientôt. L'Équitable association, reformée en 1868, surveille aujourd'hui l'exécution du tarif et cherche à le faire adopter dans toutes les filatures. Elle tient un registre de toutes les variations du marché, et peut ainsi contrôler le taux des salaires, qui sont réglés par le tarif. Elle veille à l'observation des lois protectrices des ouvriers, particulièrement des femmes et des enfants, et s'efforce de faire réduire à huit heures la journée de travail; mais elle n'agit qu'avec mesure, et prévient plus de grèves qu'elle n'en soutient.

Il serait trop long de discuter ici tout ce que l'on a dit pour et contre les Unions; mais on peut d'abord écarter les accusations fondées sur les crimes de Sheffield, ou les violences des briquetiers, car il y a partout des criminels et des assassins, sans qu'on puisse rendre toutes les classes, toutes les professions responsables des fautes de quelques-uns de leurs membres. Les Unions ont souvent adopté des préjugés et des traditions erronées; elles ne les ont pas créés. Elles ont réglé les grèves et en ont tiré un puissant parti; mais elles ne les ont pas inventées. Au contraire, elles ont généralement amené l'ouvrier à mieux comprendre sa situation, la limite de ses forces et l'emploi qu'il en peut faire. Elles ne sont qu'une institution transitoire, inutile, et, par suite, souvent dangereuse, là où l'harmonie règne dans le travail; mais elles finissent par exercer une influence modératrice là où dominent les sociétés secrètes et où les grèves sont à l'état chronique. Les Anglais ont compris qu'ils n'avaient ni le droit ni les moyens d'étouffer les associations ouvrières, et qu'au lieu de les comprimer, il fallait, au contraire, les obliger à se produire au grand jour. Grâce à ce régime, les hommes les plus violents ont bientôt perdu l'influence que leur donnait un pouvoir occulte et irresponsable. Le système de la responsabilité et de la publicité a été la meilleure garantie contre tous les excès. L'argent a afflué dans les caisses de l'Union : dès lors, tous ses membres sont devenus plus scrupuleux dans le choix des hommes auxquels ils en confiaient la garde. Ils ont appris à se servir du mécanisme électoral de ces associations pour se donner peu à peu des chefs honnêtes et capables. Enfin, plus l'Union a été riche, plus elle est devenue conservatrice. Aussi le Parlement, bien inspiré, a-t-il récemment encouragé ces sociétés à ne pas limiter l'emploi de leurs fonds au soutien des grèves, donnant ainsi à tous leurs membres un intérêt direct à la diminution de ces crises. Nous verrons plus loin qu'en échange de la publicité de tous leurs actes, il leur a accordé une existence légale, et même certains priviléges. Il a compris, en effet, que des associations, régulièrement constituées pour soutenir les grèves, seraient pour l'Angleterre la meilleure garantie contre les sociétés secrètes et les conspirations politiques. Ces associations peuvent jouer d'ailleurs un rôle plus utile, et on les a vues se faire les intermédiaires entre les patrons et les ouvriers. Dans les arbitrages, où il faut aux patrons un répondant qui leur garantisse la parole des ouvriers, ils ont trouvé ce répondant dans l'Union. Enfin, on peut prévoir le moment où les Unions les plus riches seront tentées de commanditer elles-mêmes l'industrie, et emploieront ainsi à une œuvre féconde les fonds recueillis d'abord pour soutenir des luttes ruineuses.

### C. — LES GRÈVES.

Il me reste à donner ici un tableau des principales grèves et des *lock-out*, ou contre-grèves des patrons, qui ont troublé l'industrie anglaise. Quoique ces luttes soient intimement liées à l'histoire des Unions, on verra qu'un très-grand nombre s'est produit tout à fait en dehors de l'influence de ces associations.

Avant 1824, les grèves sont moins bien organisées, moins nombreuses peut-être, mais plus violentes qu'elles ne l'ont été depuis. En 1810, grève des cotonniers du Lancashire. En 1812, les Luddites brisent les métiers dans le Nottingham. En 1815, grève des shipwrights de Liverpool. En 1818, grève des tisserands du centre. En 1819, un meeting au sujet de cette grève donne lieu, à Manchester, à une émeute réprimée d'une manière sanglante. En 1820, grève des tisseurs de laine; en 1822, des charpentiers, etc.

**Industrie du bâtiment.** Une grève importante éclate dans le Lancashire en 1833. Les patrons répondent par un *lock-out;* les ouvriers dépensent 450,000 fr., et, après six mois de chômage, sont obligés de céder.

Le 23 juillet 1859, les ouvriers du bâtiment, de Londres, se mettent en grève contre un patron pour obtenir la réduction de la journée de dix à huit heures. Les patrons s'associent et congédient 7,856 ouvriers. La lutte se termine sans résultat décisif; mais, en 1861, les deux puissances, qui sont restées en présence, font un compromis : le travail sera payé à l'heure. Depuis lors, le prix de l'heure a déjà été trois fois élevé sans grève.

En 1864, une grève sérieuse éclate à Manchester, à propos d'une querelle insignifiante entre quelques ouvriers et un contre-maître.

Le 1er juillet dernier, les maçons, les charpentiers et d'autres ouvriers de Londres se sont mis en grève dans quelques ateliers pour obtenir la réduction des heures de travail de dix à neuf, et l'élévation du prix de l'heure de 83 c. à 93 c., ce qui leur aurait assuré un salaire égal pour une journée plus courte. Les patrons ont répondu en fermant tous leurs ateliers, mais n'ont obtenu que peu d'appui dans la province. Les ouvriers ont eu le tort de réunir deux questions, qu'on avait séparées pour en rendre la solution plus facile : la durée de la journée et le prix de l'heure. Ils ont repoussé les conseils désintéressés de ceux qui les engageaient à demeurer inflexibles sur la première, qui, une fois tranchée en leur faveur, le serait sans retour, et à accepter un arbitrage sur la seconde, qui demeure soumise aux fluctuations du commerce. Il s'en est suivi une crise fort longue et pénible pour eux. Les Unions des différentes professions étaient liguées entre elles; elles avaient de fréquentes réunions pour concerter leur action et répartir les fonds provenant de souscriptions recueillies dans la province. Mais elles ne purent rester d'accord ; les maçons se fatiguèrent les premiers et traitèrent séparément avec le comité des patrons. Ils obtinrent : 1° une réduction de temps un peu moindre que celle qu'ils demandaient et correspondant à peu près à neuf heures en hiver et à neuf heures et demie en été; et 2° une élévation de 3 c. dans le prix de l'heure. Cette transaction souleva l'indignation de leurs camarades, à tel point que bon nombre de maçons n'osèrent pas rentrer dans les ateliers frappés d'interdit par les dissidents. Cependant, la querelle finit par s'apaiser. Les deux comités des patrons et des ouvriers, qui, jusque-là, n'avaient pu même entrer en rapports entre eux, mirent de côté leurs défiances et leurs prétentions, et conclurent enfin un arrangement analogue à celui qui avait été accepté par les maçons. Le récit de ces négociations, dans lesquelles tous les points en litige ont été successivement éliminés ou tranchés, pourrait faire tout un volume d'histoire diplomatique. Cette longue grève a été remarquable par l'absence de tout désordre et l'administration économique des fonds destinés à la soutenir : elle a été conduite comme une véritable affaire. Mais elle est surtout importante par l'influence que l'opinion publique a exercée sur les deux pouvoirs en présence : ceux-ci, loin d'agir, comme autrefois, d'une façon presque occulte, ont tenu à mettre chaque jour le public dans la confidence de leurs affaires; ils l'ont pris pour arbitre dans leur litige, et la nécessité de plaider, pour ainsi dire, leur cause devant ce tribunal, dont ils ne pouvaient mépriser les jugements, les a astreints à une grande modération.

**Industrie du fer.** En 1862, alarmés par le développement des Unions, les maîtres de forges de Leeds et des environs ferment leurs ateliers pour obliger les ouvriers à cesser de faire partie de ces sociétés. Ils réussissent au bout de six mois, grâce à l'arrivée de travailleurs belges. Mais les Unions se reforment bientôt. Celles de *Gateshead* et de *Brierley Hill* comptent plus d'adhérents qu'auparavant. Le 14 janvier 1865, les maîtres de forges de toute l'Angleterre font sur les salaires des puddleurs une réduction de 1 fr. 25 c. par tonne, et de 2 fr. 50 c. sur ceux des lamineurs et des marteleurs. D'après le système de l'échelle mobile, cette réduction aurait dû être faite quelques mois plus tôt : aussi est-elle acceptée par les deux grandes Unions; mais les puddleurs du North-Stafford la repoussent. Pour empêcher les Unions de les soutenir, tous les maîtres de forges de l'Angleterre ferment à la fois leurs établissements. Au bout de quinze jours, toute la population ouvrière, qui avait perdu près de huit millions de salaires, souffrait cruellement, et l'industrie elle-même avait reçu un coup terrible. Aussi, sur une promesse donnée par les Unions, les patrons s'empressent-ils de rouvrir leurs forges le 5 avril. Les Unions étaient officiellement reconnues. Depuis lors, on cite des grèves partielles, comme celle qui se termine par l'exclusion de tous les unionistes des Mersey Iron Works, mais aucune lutte générale. En 1871, les ouvriers du nord de l'Angleterre, après une lutte de quelques semaines contre l'association des patrons, présidée par sir W. Armstrong, ont obtenu l'importante réduction de la journée à neuf heures de travail. Dans le district de Middlesborough, où le système de l'échelle mobile a été introduit le 1er avril 1872, le conseil d'arbitres chargé de l'appliquer a rencontré certaines difficultés. Les arbitres ayant annoncé une augmentation de 7 1/2 pour 100 dans les salaires, les ouvriers, sans cependant se mettre en grève, ont réclamé 15 pour 100. De leur côté, les puddleurs de lord Dudley, dans le Stafford, ont demandé la réduction du nombre des chauffes de six à cinq par journée : il paraît impossible de leur accorder, sans un remaniement complet, ce changement qui laisserait les fours allumés en vain pendant deux heures. Le haut prix du fer pendant six mois a été l'occasion de nombreuses disputes locales ; de haut prix étant dû particulièrement à l'élévation correspondante de celui de la houille, les maîtres de forges soutenaient qu'il ne leur assurait aucun nouveau bénéfice, et que, pour faire droit aux prétentions ces ouvriers, appuyées pour la plupart sur les tarifs de l'échelle mobile, il faudrait imposer au public une nouvelle élévation de prix. De nombreuses conférences ont eu lieu à ce sujet; on a plaidé avec passion de part et d'autre; on n'a pu se mettre d'accord que sur l'éventualité de cette nouvelle élévation, et cependant on s'est séparé sans déclaration de guerre. Patrons et ouvriers sentent que, dans un pareil moment, lorsque le public paye leurs produits à n'importe quel prix, leur premier intérêt est de ne pas se quereller à fond, pour pouvoir soutenir ces prix avantageux. La réaction qui vient de se produire dans ces prix a mis un terme à ces dissentiments locaux. Les patrons qui, pour maintenir artificiellement les prix, avaient diminué leur production et éteint un certain nombre de fours, se sont vus obligés de les rallumer pour profiter de cours qu'ils ne retrouveront peut-être pas de longtemps, et se sont montrés fort coulants vis-à-vis de leurs ouvriers.

**Industrie de la houille.** En 1831, sans qu'aucune Union existât parmi eux, les ouvriers d'un grand nombre de houillères se coalisent, sous la direction d'un des leurs, Tony Hepburn, pour obtenir que la journée soit réduite à douze heures : ils sont 30,000 et finissent par l'emporter. Ce succès légitime leur donne trop de confiance, et ils échouent dans une nouvelle tentative de réduction des heures de travail.

En 1844, les ouvriers du Durham, ne voulant pas se fier aux câbles en fer, se mettent en grève : ils échouent.

En 1849, les ouvriers de la mine de Marley Hill, voulant obtenir un accroissement de salaires, inventent une nouvelle forme de grève. Pour ne pas laisser la place à d'autres ouvriers, ils continuent à travailler, mais en se limitant à une production insignifiante qui inflige une perte nette à la Compagnie. Celle-ci les congédie, et ils sont obligés de céder.

En 1853, une nouvelle grève au sujet des salaires échoue à Leeds. Dans cette même année, on en compte douze dans le Durham; une grève en Écosse dure treize mois.

Enfin, en 1858, les ouvriers du Yorkshire, qui ont eu querelle avec les patrons sur nombre de questions, en sont arrivés à ce point qu'ils les considèrent comme des ennemis irréconciliables et ne songent qu'à les ruiner. M. Briggs est l'objet principal de leur haine. La grève qui éclate chez lui s'étend à tout le district; les patrons prononcent un *lock-out* général. Mais une transaction vient suspendre la lutte. Elle recommence à propos du pesage des berlines : dix-huit mines sont fermées et dix mille ouvriers restent sans ouvrage. On transige encore, mais seulement pour reprendre haleine. En 1862, une grande agitation règne dans tous les districts houillers ; les griefs des ouvriers sont nombreux, les uns légitimes, les autres futiles. C'est encore chez M. Briggs que la lutte reprend, cette fois à propos du triage du charbon. Des étrangers sont appelés pour remplacer les grévistes. Ceux-ci, expulsés de leurs cottages, en viennent aux voies de fait, et, le 25 septembre 1863, une grave émeute ensanglante les mines de Whitwood. Le rôle joué par M. Briggs dans ces luttes donne une grande importance à celui que nous lui verrons prendre dès l'année suivante.

La querelle continue en 1864 dans le Durham. Les patrons appellent de nouveaux ouvriers, qui sont chassés par les grévistes, et ceux-ci reprennent l'ouvrage aux anciennes conditions. En même temps, des grèves, auxquelles les Unions sont étrangères, éclatent dans le South Yorkshire, à Oaks et à Thorncliffe : un *lock-out* les ayant suivies, l'Union intervient; un certain nombre de patrons la soutiennent efficacement, et elle obtient un accroissement de salaires. La même année, elle est obligée de céder dans une grève entreprise à Staveley.

En 1867, une nouvelle grève dans le South Yorkshire est marquée par certaines violences et échoue. Enfin, en 1868, tous les ouvriers de la houillère du Wigan C°, unionistes et non-unionistes, se mettent en grève pour résister à un abaissement de salaires. Loin d'encourager ces grèves, l'Union intervient pour les empêcher. Les ouvriers, sourds à ses remontrances, s'emparent de la mine et menacent de la détruire; pour les faire rentrer dans l'ordre, la troupe de ligne est obligée d'intervenir.

Dans ces derniers temps, l'élévation prodigieuse du prix de la houille a donné aux ouvriers le droit de se montrer exigeants, et ils ont usé et abusé de ce droit. Ils en ont usé dans les houillères où ils ont simplement demandé un accroissement de salaires proportionné aux bénéfices considérables faits par les patrons, ou dans celles où ils ont profité, comme chez lord Dudley, de cette occasion pour obtenir la réduction de leur journée à huit heures de travail effectif. Ils en ont abusé là où ils ont demandé un accroissement de salaires exagéré, ou voulu imposer aux patrons une réglementation inacceptable. Ainsi, dans le South Yorkshire, où ils avaient déjà obtenu une élévation considérable dans le prix de la main-d'œuvre, ils n'ont pas tenu compte de la situation véritable des patrons.

Ceux-ci, liés par des contrats antérieurs, sont obligés de fournir à leurs clients, à un prix relativement modéré, le charbon que ces derniers revendent ensuite aux prix actuels. Ils ne réalisent donc pas les bénéfices que leur assurerait sans cela le cours du marché de la houille. Néanmoins, dans plusieurs mines, les ouvriers ont voulu empêcher les patrons de compenser, par l'introduction de nouveaux ouvriers, la diminution de production causée par la réduction de la journée à huit heures de travail. Ils ont prétendu restreindre le nombre de personnes employées dans chaque puits et restreindre aussi la quantité extraite par chaque mineur. Les patrons, qui souvent ne perdaient pas à cette restriction, puisqu'ils avaient encore des contrats onéreux sur les bras, se sont empressés de la présenter comme la seule et la véritable cause de la hausse des prix et d'en rejeter ainsi toute la responsabilité sur leurs imprudents ouvriers. Cependant ces querelles ont, en général, été courtes et restreintes, comme dans l'industrie du fer, et pour les mêmes motifs. Patrons et ouvriers avaient trop à gagner pour ne pas sentir la nécessité de s'entendre promptement en toute occasion.

L'Association unie des mineurs a tenu au mois d'octobre dernier, à Walsall, une conférence où se sont réunis des délégués de toutes les Unions locales qui la composent. Des rapports faits par ceux-ci, il résulte qu'aucune grève sérieuse n'existait à cette époque, mais que, dans certaines mines, les ouvriers se préparaient à demander un accroissement de salaires, tandis qu'ailleurs ils avaient déjà obtenu des avantages très-considérables. En général, ils s'efforçaient de faire limiter la journée à huit heures de travail; mais ce règlement n'affecte la production totale de la mine que par suite de la grande rareté des mineurs et parce que les usages aussi bien que l'opposition des ouvriers ne permettent pas de recourir au système des relais, qui n'est adopté que dans deux ou trois mines. Cette rareté même de la main-d'œuvre expérimentée prouve, d'une part, que le travail n'est pas ralenti, puisqu'il n'y a de chômeurs dans aucun district, et, d'autre part, que les relais, fort utiles lorsque les ouvriers sont abondants, seraient impossibles à appliquer dans les circonstances actuelles. Les représentants des Unions n'ont fait aucune allusion au système de la restriction adopté cet été par quelques-unes de ces associations, qui croyaient ainsi pouvoir faire la loi à la fois aux patrons et au public, et prétendaient faire monter encore du même coup les cours du marché et le taux de leurs salaires. Il n'en est pas moins certain que cette funeste politique a été appliquée dans plusieurs localités. La première crise fera sentir à ceux qui l'ont adoptée combien elle est fausse et dangereuse pour ses auteurs.

Il est impossible de ne pas parler à ce propos de la part attribuée aux Unions dans le renchérissement extraordinaire du prix du charbon en 1872. Pour expliquer un changement aussi brusque, on a dit que les grèves avaient été si nombreuses en Angleterre, que la production totale en avait été singulièrement diminuée : ce serait cette diminution qui aurait amené le renchérissement. On pourra juger cette thèse lorsque les statistiques de l'année auront été publiées; mais je crois qu'elles en démontreront la fausseté. On ne doit pas attribuer le prix du charbon à une diminution de production due à des grèves nombreuses, d'abord parce qu'il paraît que la production n'a pas diminué, et ensuite parce que les grèves ont été bien moins nombreuses que dans d'autres années. Mais toutefois les Unions n'en sont pas moins, dans une certaine mesure, responsables du renchérissement, quoique ce soit d'une autre manière. En effet, si, comme on l'affirme, la production de l'Angleterre n'a pas diminué cette année, le prix de la main-d'œuvre a singulièrement augmenté; la réduction des heures de travail, le plus souvent compensée par l'introduction de nouveaux ouvriers, a élevé le prix d'extraction; les intermédiaires, *middlemen* ou marchandeurs pour l'exploitation des mines, débitants en détail pour la vente du charbon, ont abusé de la situation pour élever encore le prix de revient et celui du marché; enfin, la perspective d'une nouvelle augmentation des salaires a poussé bien des gens à prévenir la hausse par des achats immédiats et considérables. A tout cela s'est joint l'accroissement constant de la consommation, et ces causes ont suffi pour déterminer, au moment où l'on s'approvisionnait pour l'hiver, une de ces crises que les Anglais appellent à si juste titre des paniques.

**Construction des navires en fer.** Dès 1825, les shipwrights de la Tamise, quoique ne formant pas une Union, se coalisent pour obtenir que les contrats soient calculés sur une journée de 7 fr. 50 c., et ils réussissent en 1851. Les menuisiers de navires, au milieu de cruelles privations, entreprennent une longue grève pour obtenir, malgré la crise industrielle, de plus hauts salaires : ils sont vaincus. En 1839, l'Union des shipwrights de la Clyde se met en grève pour obtenir l'exclusion des non-unionistes : elle ne peut faire prévaloir cette injuste prétention. En 1866, elle recommence la grève en demandant une augmentation de salaires; les patrons prononcent un *lock-out :* dix-huit mille ouvriers demeurent sans ouvrage, et, après de grandes souffrances, sont obligés de céder. Les forgerons de navires se mettent en grève en 1862, à l'arsenal de Chatham, pour ne pas travailler avec les shipwrights : ils échouent. Ceux de Greenock sont entraînés malgré eux dans la grève des chantiers de la Clyde en 1866; néanmoins, ils sont frappés par le *lock-out* dirigé contre les shipwrights.

**Fabrication des machines.** Les mécaniciens de Manchester sont en grève en 1837; mais la seule grande lutte qu'ils aient eu à soutenir éclate en 1851, lorsque la récente formation de l'Association unie leur donne une confiance exagérée dans leurs forces. Les machines automates viennent dispenser les fabricants de l'emploi des artisans et rendre l'apprentissage inutile. Les ouvriers, s'étant toujours opposés au travail à la tâche, ne profitent pas de ces inventions, qui ont pour effet immédiat de réduire leur nombre et le taux de leurs salaires. Ils s'en alarment et réclament de MM. Platt d'Oldham l'exclusion des journaliers, dont ils craignent désormais la concurrence. De plus, par un étrange préjugé, ils insistent pour maintenir le salaire à la journée, en exigeant des compensations pour les pertes que leur fait subir le travail des machines. Les fabricants de Manchester et des environs ferment aussitôt leurs ateliers à tous les membres de l'Union : trois mille mécaniciens sont ainsi frappés, entraînant dans leur ruine neuf mille journaliers. Ils cèdent, après avoir dépensé près d'un million.

On ne peut, après cette grève, citer que des luttes partielles : une en 1866, commencée en dehors de l'Union, et dans laquelle celle-ci intervient avec succès ; une en 1867, dans les Atlas Works de Manchester, à propos du travail des enfants, dans laquelle les patrons publient une liste noire et où les ouvriers l'emportent ; enfin, quelques autres moins importantes.

Je rappellerai en passant la grève des **Conducteurs de locomotives** sur le chemin de fer d'Epsom, le jour du Derby de 1865, ces ouvriers ne voulant pas que la Compagnie distribuât parmi eux des primes inégales.

Les **Tailleurs** sont en grève en 1834 pour obtenir que la journée de douze heures, payée 7 fr. 50 c., soit réduite à dix heures et payée 8 fr. 75 c. : ils échouent. En 1866, ils commencent une nouvelle grève chez quelques patrons, pour que le taux du salaire à la tâche soit élevé : après d'inutiles conférences, les patrons prononcent un *lock-out*, mais accordent bientôt 15 pour 100 d'augmentation. En 1867, nouvelles prétentions, nouvelle grève, nouvelles conférences, nouveau *lock-out* de dix-huit maisons. Trois mille ouvriers sans ouvrage posent des sentinelles pour empêcher les patrons d'embaucher de nouveaux ouvriers. Ce procédé, dit de *picketing*, est considéré comme illégal, et le président de l'Union est condamné pour ce fait. Il cherche en vain à faire condamner à leur tour les patrons pour intimidation; et, se considérant comme désarmés, les ouvriers cèdent.

Les **Verriers** ne nous offrent qu'une grève, celle de 1868, qui, après un *lock-out* de trois mois, consacra la limite du nombre des apprentis.

On ne peut citer aucune grève importante parmi les **Typographes**.

Les **Fileurs de coton** ont eu à soutenir des grèves fort nombreuses, pour obtenir les garanties sanitaires et la réduction dans la journée de travail que j'ai indiquées plus haut. C'est en protestant par des grèves contre le travail de nuit, contre l'abus du travail des enfants, contre la mauvaise ventilation des manufacturés, contre les amendes et les cantines, qu'ils ont obtenu l'intervention du Parlement en leur faveur. En 1829, une grève à Manchester coûte, a-t-on prétendu, 6 millions aux ouvriers : en 1829 et 1830, une grève, qui paraît avoir été non moins dispendieuse, met, à Preston, trente mille ouvriers sur le pavé. Nouvelles grèves dans cette dernière ville en 1836 et 1853, celle-ci accompagnée d'un *lock-out*. En 1867, les ouvriers de Stockport se mettent en grève pour obtenir de plus hauts salaires. Mais la terrible crise du coton sépare cette grève des précédentes, et les ouvriers n'ont oublié ni leurs souffrances pendant ces tristes mois de chômage, ni tout ce que les patrons ont fait pour les soulager. Aussi la grève, conduite avec mesure, réussit-elle sans beaucoup de peine, les demandes des ouvriers étant justes et modérées.

Dans le cours de 1872, des grèves ont éclaté dans des professions où l'on n'en avait pas encore vu. Les **Ouvriers des docks** de Londres se sont mis en grève pour obtenir 62 c. au lieu de 41 c. par heure; une certaine augmentation leur a été accordée.

Les **Boulangers** de Dublin ont fait une grève qui a échoué, après avoir causé une grande gêne dans la capitale de l'Irlande. Ceux de Londres, voulant à leur tour obtenir une augmentation de salaire et, plus encore, une modification dans les heures de travail, se sont fortement organisés, ont entamé des négociations avec les patrons, et, les menaçant de la grève, sans y recourir, ont obtenu de plusieurs d'entre eux des concessions, qui seront probablement accordées par tous.

L'un des principaux griefs adressés aux Unions est d'avoir amené une élévation excessive, et par conséquent funeste à l'industrie, du taux des salaires. Cette élévation, compensée souvent par une augmentation du prix de la vie, a ses avantages, comme ses inconvénients. Ses avantages, lorsqu'elle est amenée par des circonstances naturelles, sont, comme on l'a vu plus haut, d'assurer un travail meilleur et plus considérable. Les inconvénients sont, lorsqu'elle dépasse la juste mesure, d'amener un déplacement de l'industrie au profit des contrées où la main-d'œuvre est à meilleur marché. La première pensée de l'Internationale, lorsqu'elle n'était pas encore une société politique, ou plutôt une association de conspirateurs, avait été de parer à cet inconvénient en produisant une élévation égale de salaires dans tous les pays. Il est facile de prouver combien un pareil but était chimérique. Mais, si même il avait pu être atteint dans toutes les contrées européennes, il aurait eu un résultat auquel ceux qui tendaient à ce but n'avaient certainement pas songé. Il aurait ouvert une ère nouvelle pour ces innombrables populations de l'Orient, qui sont étrangères à notre civilisation, comme aux utopies qu'elle développe, et qui cependant entrent en communications de plus en plus fréquentes avec nous et commencent à peser dans la balance de nos affaires. Aussi, en Angleterre, se préoccupe-t-on déjà de la concurrence, stimulée par le renchérissement universel de la main-d'œuvre, des races industrieuses, sobres et économes, qui peuplent le Japon, qui, de la Chine, débordent sur les colonies australiennes et sur la côte américaine du Pacifique. Les Chinois, sous la direction de quelques contre-maîtres anglais, et avec l'appui des capitaux anglais, se sont déjà mis à construire de grands navires à vapeur. Si le capital ne trouve plus moyen d'employer la main-d'œuvre à un prix rémunérateur en Europe, il émigre naturellement dans les contrées où elle s'offre à lui à bon marché; rien ne l'empêchera de s'y établir, non-seulement pour la construction des navires, mais pour l'industrie de la soie, du coton, et l'exploitation de toutes les richesses naturelles que possède l'extrême Orient.

Mais on peut mettre en doute l'influence des Unions sur le taux des salaires : en réalité, cette influence est presque imperceptible. Sans entrer dans une discussion approfondie, on peut le prouver par deux exemples. D'une part, il est évident que le haut prix des salaires en Amérique contribue puissamment à maintenir leur taux actuel en Angleterre. Or les Unions n'ont en rien contribué à l'établir en Amérique : il est antérieur à leur formation, et il existe surtout dans l'industrie agricole des États de l'Ouest, où ne se trouve aucune Union. D'autre part, les salaires du continent se sont élevés, sans l'intervention des Unions, et par le seul fait des lois économiques, dans une proportion bien plus forte qu'en Angleterre. Ainsi, tandis qu'ils s'élevaient de 38 pour 100 au Creusot, ils n'augmentaient pour ainsi dire pas dans l'industrie analogue en Angleterre, malgré les efforts d'une Union qui disposait d'une réserve de plus de 4 millions de francs.

### *D.* — DES GRÈVES ET DES UNIONS AGRICOLES.

Les ouvriers agricoles étaient restés jusqu'à présent étrangers aux variations des salaires qui ont fait naître tant de luttes dans l'industrie. Leur situation explique cette différence, mais permet en même temps d'entrevoir la gravité de la crise que des faits récents semblent annoncer. Cette situation ne peut se comparer à ce qui existe en France : je n'en parlerai donc que très-brièvement, et j'ai réuni ici tout ce que j'avais à dire su la classe agricole, à propos, non-seulement de se grèves, mais aussi de ses salaires.

Il est impossible de décrire et de résumer en que ques mots la situation de la population agricole d'u grand pays comme l'Angleterre, où il y a tant de di férences d'un lieu à l'autre, sans s'exposer à commettr des inexactitudes, toujours faciles à relever à l'aid d'exemples particuliers. Cependant, on peut dire, e général, que les grandes fermes et la concentratio constante de la propriété ne permettent presque jamai à l'ouvrier de la campagne de devenir possesseur o fermier d'un coin de terre. Cette assertion a été vive ment discutée en Angleterre, et certains faits ont ét allégués pour la contredire; mais ce sont des excep tions et non des preuves. L'on peut citer, sans doute tel propriétaire qui a commencé la vie comme simpl laboureur : parfois aussi, le dernier ouvrier d'un grande usine en est devenu le possesseur et a pri place dans les premiers rangs de la société. Mais o ne voit pas dans l'agriculture, comme dans l'industrie un nombre considérable d'ouvriers devenir petits pa trons, et cela pour la bonne raison qu'il y a fort peu d petits propriétaires et de petits fermiers, sauf e Irlande : je ne parlerai pas des classes agricoles de c dernier pays, parce que les passions qui peuvent le agiter sont tout à fait étrangères à mon sujet.

Les quelques ouvriers qui tentent de placer leur économies dans l'exploitation agricole, et qui trouven l'occasion de le faire, ne réussissent guère : ils son écrasés par la concurrence de voisins qui ont sur eux l'avantage de posséder un capital considérable. Ils ne peuvent entreprendre que la culture maraîchère sur des lots de terre de deux à trois hectares au plus : ces maraîchers ne se recrutent que dans une certaine catégorie, particulièrement bien payée, des ouvriers agricoles, celle des draineurs, brûleurs de glaise et arracheurs de navets, véritables artisans qui travaillent à la tâche, en s'engageant par contrat, tantôt avec un fermier et tantôt avec l'autre, et qui sont, par conséquent, tout à fait distincts de l'ouvrier de ferme.

Autrefois, le paysan bâtissait, sans redevances, une hutte sur les vastes communaux qui couvraient le quart du pays. Aujourd'hui, le propriétaire le loge dans un cottage; mais il n'y reste que sous le bon plaisir de celui-ci. Le fermier qui le prend à son service l'engage généralement pour toute l'année; mais son salaire n'est en moyenne que de 14 fr. 35 c. par semaine, ou un peu moins de 750 fr. par an; et, même en y ajoutant le travail d'aiguille de la femme, il est difficile pour un ménage d'éviter la misère avec d'aussi faibles ressources. La paroisse est obligée de secourir l'ouvrier indigent et de le recevoir au besoin dans l'asile, ou *workhouse;* mais cette charge devient si lourde pour elle, qu'elle cherche souvent à l'alléger en s'opposant à l'augmentation des cottages, et en rejetant l'habitation des ouvriers sur le territoire des petites villes, ce qui est pour eux une grande gêne.

Garantis contre le dénûment absolu, les ouvriers des campagnes ne sont, d'autre part, ni attachés au sol par leurs habitations, ni stimulés au travail par l'espoir de posséder une parcelle de la terre qu'ils cultivent. Ils ne peuvent employer les mêmes moyens que les ouvriers des villes pour obtenir des salaires plus élevés, qu'à la condition de renoncer complétement à leur situation actuelle. Les Unions et les grèves sont donc pour eux chose plus difficile à organiser et beaucoup plus grave dans ses conséquences. En effet, s'ils veulent être largement payés durant l'été, ils doivent se préparer à de longs chômages pendant l'hiver; s'ils veulent imposer des conditions aux fermiers en se mettant en grève, ils ne peuvent prétendre aux avantages d'un salaire fixe et assuré. Aussi est-il difficile de dire aujourd'hui si les tentatives récentes faites dans cette voie resteront stériles, ou si elles seront le début d'une profonde révolution dans toute l'économie des salaires agricoles.

Il suffira d'indiquer ici en quelques mots le taux moyen de ces salaires, en rappelant une fois de plus que chaque district offre des particularités trop nombreuses pour être énumérées et qui disparaissent forcément dans des moyennes générales. Les salaires agricoles ont augmenté, depuis vingt ans, de 35 pour 100 environ. En 1851, ils n'étaient, dans bien des comtés, que de 9 fr. 37 c. par semaine. Les travaux des chemins de fer, enlevant beaucoup de bras pour les terrassements, ont principalement contribué à cette élévation. Dans le Warwickshire et le Stafford, ils sont aujourd'hui de 20 fr. par semaine; dans les comtés de Hertford, Cambridge, Nottingham et le Shropshire, de 18 fr. 75 c.; dans le Norfolk, de 16 fr. 25 c.; mais, dans le Cornouailles, ils ne sont que de 11 fr. 25 c., et de 10 fr. seulement dans le Dorset, le Somerset et le Devon; de sorte que la moyenne de l'ouvrier engagé à l'année est, comme je le disais plus haut, de 14 à 15 fr. par semaine. Dans le Worcestershire, où sa position est meilleure, il est payé au taux de 3 fr. 12 c. par jour, avec addition de 12 fr. 50 c. par semaine pendant le temps de la moisson, ou environ un mois, ce qui, avec certains profits qu'il fait en travaillant parfois à la tâche, porte son revenu annuel à 1,025 fr. environ. Quoique bien mieux traité, par conséquent, que dans d'autres comtés, il ne met cependant jamais rien de côté, et l'épargne est chose inconnue pour lui. Il compte sur ses enfants pour le soutenir quand il sera vieux ou infirme, et, s'il fait des économies, c'est lorsque, arrivé à l'âge où sa famille subvient à ses besoins, il a conservé assez de vigueur pour gagner encore quelque chose par son travail. Mais si, au contraire, ses forces l'abandonnent avant cet âge, il termine généralement sa vie dans l'asile.

En Écosse, la condition du cultivateur présente, d'un comté à l'autre, les contrastes les plus frappants. Dans les Borders, il est d'ordinaire logé dans les cottages établis sur les fermes mêmes où il travaille, ce qui lui permet de faire de longues journées ; il se marie plus tard qu'en Angleterre et apporte alors quelques économies, qui assurent le bien-être du ménage. Aussi le revenu annuel d'une famille est-il souvent de 2,000 à 2,500 fr., et les dépôts à la caisse d'épargne sont-ils très-fréquents. Enfin, l'engagement à l'année, universellement adopté, est une assurance contre les chômages d'hiver. Dans d'autres parties de l'Écosse, au contraire, et surtout dans l'Ouest, la condition des cultivateurs est des plus misérables. Les cottages sont rares, mal construits et malsains. La plupart des fermiers ont abandonné le système des cuisines communes pour les familles de leurs ouvriers, et les ont remplacées par les *bothies*. Les *bothies* sont des dortoirs où non-seulement l'on mange, mais où l'on vit en commun; les uns sont pour les hommes, les autres pour les femmes. Ce système, qui détruit la famille, qui offre une prime au célibat, et facilite en même temps l'immoralité, a été sévèrement critiqué, il y a deux ans, par la commission parlementaire chargée de l'examiner. En moyenne, les salaires ont augmenté en Écosse à peu près dans la même proportion qu'en Angleterre, et peuvent être estimés à 15 ou 18 fr. 75 c. par semaine, pour les ouvriers loués à la journée. Ceux qui sont loués à l'année reçoivent moins en argent; mais ils sont logés gratuitement, et une certaine quantité de nourriture leur est aussi fournie par le fermier.

Voici quelques détails statistiques sur la population agricole, tirés du Mémoire de M. Levi :

Le Royaume-Uni contenait, en 1866, 44,254,663 acres en culture, nourrissant 8,678,294 bêtes à cornes et 26,318,308 moutons. La proportion entre la superficie du sol et le nombre des cultivateurs était d'un ouvrier pour 14 acres en Angleterre; en Écosse, pour 13; en Irlande, pour 20. Ce dernier chiffre s'explique par le grand nombre de pâturages que contient cette île.

Le tableau suivant indique le chiffre de la population qui vit du travail agricole. Les petits fermiers sont ceux qui ont une ferme de moins de quinze acres et la cultivent sans l'aide d'autrui; la proportion entre leur nombre en Irlande et en Angleterre montre clairement la différence que j'ai déjà indiquée dans le système des fermages des deux pays; en Irlande, le paysan est passionnément attaché au sol; ce sentiment est à peu près inconnu au cultivateur anglais.

| | HOMMES | | FEMMES | | PETITS FERMIERS |
|---|---|---|---|---|---|
| | de moins de 15 ans. | de 15 à 60 ans. | de moins de 15 ans. | de 15 à 60 ans. | |
| Angleterre. . . . | 128,000 | 1,060,000 | 65,000 | 311,000 | 90,000 |
| Écosse. . . . . . | 42,000 | 146,000 | 2,300 | 100,000 | 20,000 |
| Irlande . . . . . | 32,500 | 390,000 | 5,800 | 46,000 | 275,000 |
| Total. . . . | 202,500 | 1,596,000 | 73,100 | 457,000 | 385,000 |

En 1860, la moyenne des salaires en Angleterre était de 14 fr. 47 c. par semaine pour les hommes, de 5 fr. 20 c. pour les femmes et les enfants, et de 17 fr. 18 c. pour les ouvriers à la tâche. Le salaire de chaque famille était calculé, en moyenne, à 21 fr. 25 c., et ses dépenses strictement nécessaires à 20 fr. par semaine, de sorte qu'il y avait une bien petite différence entre les deux. En Écosse, la moyenne du salaire était de 16 fr. 45 c. pour les hommes, de 6 fr. 97 c. pour les femmes, de 5 fr. 39 c. pour les enfants. En Irlande, de

8 fr. 90 c. pour les hommes, de 4 fr. 90 c. pour les femmes, et de 3 fr. 70 c. pour les enfants. Entre 1860 et 1866, les salaires se sont élevés jusqu'aux chiffres suivants par semaine :

| | Hommes. | Femmes. | Enfants. | Petits fermiers. |
|---|---|---|---|---|
| Angleterre. . . | 18f 12 | 6f 25 | 4f 37 | 18f 75 |
| Écosse. . . . | 17 50 | 8 12 | 5 62 | 18 75 |
| Irlande. . . . | 12 50 | 6 25 | 4 37 | 17 50 |

La moyenne du prix payé par un adulte pour sa nourriture était, en 1866, de près de 3 fr. 74 c. par semaine, ou 17 fr. 02 c. par famille. Les logements des cultivateurs étaient encore bien insuffisants. Dans 5,375 maisons, examinées par les officiers médicaux, il y avait 24,770 habitants, ou 4,6 par maison et 2,8 par chambre. Mais, parmi ces maisons, il y en avait 2,195 n'ayant qu'une seule chambre et contenant chacune quatre habitants.

Il est inutile de prolonger ces détails, et il suffira de dire que, jusqu'à l'année 1872, on n'avait entendu parler dans les campagnes ni de grèves, ni d'Unions, lorsqu'au mois de mai dernier, un certain nombre d'ouvriers de ferme se mirent en grève dans le Warwickshire. Comme il arrive toujours, c'est dans l'un des comtés où ils sont le mieux payés qu'éclata cette grève, qui avait pour but d'obtenir des salaires plus élevés. On a pu faire une remarque analogue à propos de l'industrie : en effet, les ouvriers les plus mal payés sont trop pauvres pour faire les frais d'une grève et n'ont pas les ressources nécessaires pour supporter quelques semaines de chômage. Mais ces ouvriers agricoles, encore pleins d'inexpérience, commencèrent par se mettre en conflit avec la loi; plusieurs d'entre eux furent condamnés pour avoir refusé le travail avant l'expiration du temps fixé par leur engagement. Cependant, leur exemple fut contagieux et s'étendit du Warwickshire aux comtés voisins. Acceptant docilement la direction de quelques-uns d'entre eux, MM. Arch, G. Mitchell et autres, ils formèrent des sociétés, qui furent bientôt fondues en une seule, et s'adressèrent aux puissantes Unions de l'industrie pour obtenir des secours et une direction. Ce mouvement, s'organisant ainsi à la veille de la moisson, devait inquiéter sérieusement les fermiers et les propriétaires. Aussi la polémique qui s'engagea à ce sujet, et qui continue aujourd'hui, fut-elle si vive, qu'il est difficile d'en dégager encore un jugement impartial. D'une part, quelques-uns de ces propriétaires qui possèdent des districts entiers, des évêques, de grands fermiers, jetèrent des cris d'alarme et prêchèrent énergiquement la résistance. D'autre part, les griefs des ouvriers furent exagérés et exploités ; et la funeste Association internationale des travailleurs, qui tenait justement alors ses assises à Nottingham et s'agitait stérilement au milieu de l'indifférence universelle, voulut accaparer à son profit ce mouvement nouveau : elle chercha à recruter des adhérents parmi les ouvriers du Warwickshire, en intervenant avec grand bruit pour empêcher les Irlandais de venir travailler à leur place. Mais, de part et d'autre aussi, la voix de la modération sut se faire entendre. Les fermiers, habitués, par la pratique de la vie politique, à défendre eux-mêmes leurs intérêts, allèrent dans les meetings de grévistes discuter avec leurs anciens ouvriers. La plupart d'entre eux eurent la sagesse de ne pas s'attaquer directement à la nouvelle Union agricole et ne demandèrent pas à ceux qui venaient chercher du travail chez eux s'ils appartenaient ou non à l'Union. Au bout de deux mois, les grévistes revinrent ainsi en grand nombre; ceux qui avaient obtenu ailleurs de plus hauts salaires avaient reconnu qu'à ces salaires correspondait un genre de travail auquel ils n'étaient pas habitués, et souvent aussi leurs nouveaux maîtres ne les avaient pas trouvés aptes à ce travail. Leur exemple découragea les autres membres de la nouvelle Union, qui se contentèrent de s'organiser pour obtenir une paye plus élevée, sans pour cela se mettre en grève ni refuser de travailler au taux actuel. La question est donc entrée aujourd'hui dans une phase où les conseils modérés ont chance de prévaloir de part et d'autre; et, pour terminer, je ne puis mieux faire que de citer quelques phrases d'une lettre d'un fermier distingué qui montrent jusqu'où va cette modération : « Il ne reste plus maintenant aux fermiers qu'à oublier, pendant l'hiver prochain, les désagréments que leurs ouvriers ont pu leur causer, à leur tenir compte du haut prix de tout ce qu'ils auront à acheter, et à chercher à procurer de l'ouvrage, moyennant un salaire équitable, à tous ceux qui ont travaillé pour eux durant l'été. »

Dans le Warwickshire et le Worcestershire, on

considère la crise comme terminée. Il est toutefois impossible que l'existence de l'Union, qui, sous le nom d'*Union nationale des ouvriers agricoles,* paraît être aujourd'hui fortement constituée, n'apporte pas un élément nouveau dans les rapports entre les fermiers et les cultivateurs. Quel sera son rôle? C'est ce qu'on ne saurait prévoir aujourd'hui. Dans un meeting qui a réuni récemment plusieurs centaines d'ouvriers agricoles à Peterborough, des discours ont été prononcés qui sembleraient présager de nouvelles luttes pour l'année prochaine; mais, d'autre part, l'on annonce pour le 10 décembre un grand meeting à Londres, où les intérêts des ouvriers agricoles seront discutés devant un auditoire composé surtout d'ouvriers de la capitale; et les noms des personnes qui ont promis leur concours à cette réunion suffisent pour garantir le caractère modéré qu'on veut lui donner. En effet, à côté de M. Arch, président de l'Union nationale des ouvriers agricoles, et de M. G. Potter, on rencontre ceux de l'archevêque catholique de Westminster, de membres du Parlement aussi distingués que MM. Mundella, T. Hughes et Morley, et enfin du lord maire de Londres, qui doit présider le meeting [1].

1. *15 décembre 1872.* — Le meeting a eu lieu : à l'exception du lord maire, qui craint en toute occasion de compromettre sa neutralité, toutes les personnes nommées plus haut ont été fidèles au rendez-vous. « La réunion, m'écrit l'un des assistants, a été interrompue d'une manière injustifiable par les républicains de Londres, dirigés par M. Bradlaugh. Il n'en est pas résulté un grand mal ; car ici l'on connaît ces messieurs, et leur intervention a jeté les unionistes agricoles dans le côté opposé. »

## EFFORTS DES OUVRIERS POUR LEUR AMÉLIORATION MORALE ET INSTITUTIONS QUI CONTRIBUENT A LEUR AMÉLIORATION MATÉRIELLE SANS CHANGER LES RAPPORTS ENTRE LE CAPITAL ET LE TRAVAIL

### A. — EFFORTS DES OUVRIERS POUR COMBATTRE L'IVROGNERIE ET DÉVELOPPER LEUR INSTRUCTION.

On pourrait écrire bien des volumes sur les progrès moraux de la classe ouvrière, sur ceux qui ont été accomplis et sur ceux qui restent à accomplir. Je me bornerai à une statistique abrégée sur l'ivrognerie, d'une part, et, d'autre part, sur les institutions fondées pour le développement de l'instruction parmi les ouvriers, en laissant de côté les écoles primaires, qui trouveront leur place naturelle au chapitre de la législation.

On a vu plus haut que les classes ouvrières consommaient annuellement pour 1,450,000,000 fr. de boissons spiritueuses. Ce chiffre me dispense de toutes réflexions sur l'abus de ces boissons et sa funeste influence sur la santé, l'intelligence, la moralité et le bien-être matériel de l'ouvrier. La statistique de l'ivrognerie est difficile à faire, car elle ne peut saisir les nuances et les gradations de ce vice ; et d'ailleurs, elle ne s'appuie que sur les rapports, naturellement fort incomplets, de la police. Néanmoins, les chiffres suivants, tirés du mémoire de M. Levi et des *Miscellaneous Statistics*, offriront peut-être quelque intérêt.

En ce qui concerne les militaires, la statistique est aisée ; elle donne les chiffres suivants, dont je ne prétends pas expliquer les variations :

| | Angleterre. | Écosse. | Irlande. | |
|---|---|---|---|---|
| | — | — | — | |
| Armée en 1850 | 0,78 | 0,97 | 2,57 | pour cent de l'effectif, convaincus d'ivrognerie. |
| — 1860 | 0,74 | 0,34 | 0,84 | |
| — 1865 | 2,86 | 1, 9 | 0,66 | |

Dans la marine, la proportion est bien plus grande : 19 pour 100.

Les tableaux suivants donneront une idée du développement pris par la consommation des spiritueux dans les diverses parties de l'Angleterre.

### CONSOMMATION DES SPIRITUEUX
#### DANS LES DISTRICTS AGRICOLES, EN 1868.

| DISTRICTS AGRICOLES. | NOMBRE DES CABARETS. | NOMBRE DES INDIVIDUS saisis comme ivrognes par la police. |
|---|---|---|
| | pour 1,000 habitants. | pour 1,000 habitants. |
| Bedfordshire | 7,81 | 2,09 |
| Buckingham | 8,47 | 2,36 |
| Cambridge | 10,05 | 0,50 |
| Ely (Isle of) | 6,32 | 1,79 |
| Essex | 9,60 | 0,97 |
| Hertfordshire | 9,40 | 2,20 |
| Huntingdon | 5,92 | 1,51 |
| Leicester | 4,96 | 1,35 |
| Lincoln | 5,50 | 2,64 |
| Norfolk | 6,09 | 1,51 |
| Northampton | 8,00 | 0,48 |
| Oxfordshire | 8,09 | 1,52 |
| Rutlandshire | 7,46 | 1,28 |
| Shropshire | 5,36 | 5,89 |
| Suffolk, east | 4,14 | 0,95 |
| — west | 5,31 | 1,56 |
| Moyenne | 6,41 | 1,92 |

## CONSOMMATION DES SPIRITUEUX

### DANS LES VILLES, EN 1868.

| VILLES | POPULATION AU CENS DE 1861. | NOMBRE DES CABARETS PATENTÉS. PUBLIC HOUSES. | BEER HOUSES. | PROPORTION entre les habitants et le nombre de cabarets. | IVROGNES ARRÊTÉS. | IVROGNES CONDAMNÉS. | PROPORTION entre les ivrognes arrêtés et la population. |
|---|---|---|---|---|---|---|---|
| | | | | | | | p. 1,000. |
| Bradford. . . | 106,218 | 141 | 409 | 193 | 285 | 283 | 2,68 |
| Derby. . . . | 43,080 | 220 | 124 | 125 | 262 | 137 | 6,08 |
| Hull. . . . . | 98,994 | 303 | 215 | 191 | 963 | 886 | 9,72 |
| Leeds. . . . | 207,153 | 374 | 565 | 220 | 1,364 | 1,269 | 6,58 |
| Liverpool. . . | 443,874 | 1,926 | 736 | 166 | 14,451 | 10,071 | 32,55 |
| Manchester. . | 338,346 | 482 | 2,070 | 132 | 9,540 | 6,893 | 28,19 |
| Newcastle . . | 109,291 | 493 | 337 | 131 | 1,752 | 1,157 | 16,03 |
| Nottingham. . | 74,531 | 250 | 210 | 162 | 179 | 143 | 2,40 |
| Salford. . . . | 102,414 | 114 | 539 | 156 | 637 | 621 | 6,21 |
| Sheffield. . . | 185,157 | 556 | 843 | 132 | 1,022 | 932 | 5,51 |
| Stockport . . | 54,681 | 136 | 130 | 205 | 893 | 870 | 16,35 |
| Sunderland. . | 81,882 | 278 | 269 | 149 | 600 | 500 | 7,32 |
| Total. . . | 1,845,622 | 5,273 | 6,447 | 163 | 31,948 | 23,712 | 17,31 |

Le nombre des individus poursuivis par la police devant les tribunaux pour ivrognerie, c'est-à-dire seulement ceux qui ont été ramassés dans les rues en état d'ébriété, s'est élevé en 1866 pour l'Angleterre et le pays de Galles à 100,357, et pour l'Irlande à 82,194. L'ivrognerie est donc encore un fléau terrible pour les classes ouvrières, mais celles-ci ont entrepris de la combattre; les excès de boisson, qui étaient, il n'y a encore que quarante ans, considérés comme le luxe des ouvriers, et comme un plaisir honorable, sont condamnés et combattus par tout ce qu'il y a d'intelligent parmi eux. Les sociétés de tempérance, soutenues en général par le clergé des diverses religions, sont devenues de véritables puissances. Les plus anciennes datent de 1836, et, en 1861, elles étaient déjà plus de quatre mille, comptant, dit-on, plus d'un million de membres adultes. Ceux-ci, astreints par leur serment à ne toucher à aucune liqueur fermentée, comptaient dans leurs rangs un grand nombre d'ouvriers sains et vigoureux, à qui ce régime n'ôtait rien de leur force.

A cette même date de 1861, il y avait treize grandes sociétés, employant quarante prédicateurs salariés, ayant un revenu annuel de 550,000 fr., et trois journaux hebdomadaires tirés à 25,000 exemplaires, plus six revues mensuelles tirées à 20,000. Les sociétés de tempérance, après avoir imposé l'abstinence absolue à leurs membres, réclament aujourd'hui le *Permissive prohibitory Bill*, c'est-à-dire une loi permettant à la majorité des deux tiers des personnes taxées dans chaque commune d'y interdire la vente publique des liqueurs et d'y fermer par conséquent tous les cabarets. L'Alliance du Royaume-Uni, société composée presque exclusivement d'ouvriers, a même inscrit sur son programme l'interdiction générale de la vente des liqueurs. Si ces efforts n'ont pas encore réussi à vaincre le mal, ils en ont certainement arrêté les progrès et l'ont presque entièrement extirpé dans un certain nombre de professions, tandis qu'au moins dans les autres le vice n'est plus en honneur.

Il nous suffira d'indiquer ici, au moyen de quelques chiffres, l'influence exercée sur le développement intellectuel des classes ouvrières par les établissements publics et les associations particulières, fondés pour répandre parmi elles, au-dessus de l'instruction primaire, la connaissance élémentaire des arts et des sciences.

Les premières écoles de dessin datent de 1837; mais elles n'ont commencé à prospérer qu'en 1851, après l'exposition universelle, sous la généreuse et intelligente inspiration du prince Albert. Voici le tableau de leurs progrès annuels :

| ANNÉES. | NOMBRE DES ÉLÈVES dans les écoles de dessin. | suivant les cours de dessin dans les autres écoles. | TOTAUX. |
|---|---|---|---|
| 1852. . . | 4,868 | » | 4,868 |
| 1853. . . | 6,502 | » | 6,502 |
| 1854. . . | 7,030 | » | 7,030 |
| 1855. . . | 10,510 | 18,988 | 29,498 |
| 1856. . . | 12,337 | 22,746 | 35,083 |
| 1857. . . | 12,509 | 30,802 | 43,311 |
| 1858. . . | 14,008 | 65,465 | 79,473 |
| 1859. . . | 17,482 | 67,490 | 84,972 |
| 1860. . . | 15,214 | 74,267 | 89,481 |
| 1861. . . | 15,483 | 76,303 | 91,786 |
| 1862. . . | 15,907 | 71,423 | 87,330 |
| 1863. . . | 16,480 | 79,305 | 95,785 |
| 1864. . . | 16,555 | 94,083 | 110,638 |
| 1865. . . | 16,684 | 86,967 | 103,651 |
| 1866. . . | 18,176 | 86,492 | 104,668 |

L'instruction élémentaire des sciences est venue un peu plus tard. Sans atteindre les mêmes proportions que celle des arts, elle a fini par se développer, grâce aux efforts et sous la haute direction du département des sciences et des arts attaché au musée de South Kensington.

Voici le tableau de ses progrès :

| Années. | Nombre des écoles. | Nombre des élèves. |
|---|---|---|
| — | — | — |
| 1859. . . . | 4 | » |
| 1860. . . . | 9 | 500 |
| 1861. . . . | 38 | 1,330 |
| 1862. . . . | 69 | 2,544 |
| 1863. . . . | 75 | 3,111 |
| 1864. . . . | 91 | 4,666 |
| 1865. . . . | 120 | 5,479 |
| 1866. . . . | 153 | 6,835 |
| 1867. . . . | 220 | 10,231 |

Lorsque l'École des mines fut fondée, sous le ministère éclairé du duc de Newcastle, il fut stipulé que chaque professeur ferait à l'amphithéâtre de Jermyn Street une leçon annuelle destinée exclusivement aux ouvriers. L'assiduité de ceux-ci fut si grande, que les professeurs se décidèrent bientôt à remplacer la leçon unique par un cours entier. Les premiers savants de l'Angleterre se chargèrent de cette tâche, et ils s'accordent à proclamer que jamais ils n'ont eu d'auditoire plus attentif et plus zélé que les cinq ou six cents ouvriers qui s'assemblaient, après avoir longtemps fait queue, dans la salle de Jermyn Street.

Les bibliothèques publiques pour lecture et prêt, comme celle de Manchester, qui a 27,000 volumes de lectures et 20,000 de prêts, et celle de Liverpool, qui en a 52,000, ont été fondées surtout pour l'usage des classes ouvrières; mais je ne m'y arrêterai pas, parce qu'il est impossible de distinguer entre les différentes classes de lecteurs.

Les écoles du dimanche, outre l'instruction qu'elles ont donnée aux adultes, ont le grand avantage de former un nombre considérable de maîtres de bonne volonté parmi les ouvriers eux-mêmes.

Les *Mechanics Institutes* sont des associations dont les membres payent une certaine souscription pour fonder à leur usage des cours d'instruction secondaire. Ces associations, répandues surtout dans le Yorkshire et le Lancashire, étaient, en 1816, au nombre de plus de 1,200, et comptent aujourd'hui plus de 200,000 membres. Destinées particulièrement à l'instruction des classes ouvrières, elles ont été cependant peu à peu envahies par la classe moyenne, qui y a trouvé de précieuses ressources pour son instruction. Les ouvriers, n'ayant pas la direction de la plupart de ces associations, se plaignent que les cours qui s'y font ne soient pas toujours adaptés à leurs véritables besoins; cependant, il est remarquable que, dans les Mechanics Institutes qui donnent des prix, comme la Lancashire Union, ces prix, offerts à des concurrents appartenant autant à la classe moyenne qu'à la classe ouvrière, sont presque toujours remportés par des membres de cette dernière. Dans le Yorkshire et le Lancashire, les différents instituts se sont associés et forment de vastes Unions, qui leur permettent de se soutenir réciproquement pour se procurer des livres et faire faire des cours successivement dans les diverses localités. L'Union du Yorkshire.

comprend 122 instituts, dont 78 possédaient en 1861 130,214 volumes, et elle compte plus de 20,000 membres. L'Union du Lancashire et du Cheshire contient 131 instituts; parmi ceux-ci, 82 comptent ensemble 22,780 membres; 71 d'entre eux ont un revenu de 604,650 fr. et possèdent 35,853 volumes. L'Institut de Huddersfield, qui a donné des résultats particulièrement satisfaisants, est soutenu par des cotisations hebdomadaires, chaque membre, et ce sont presque tous des ouvriers, payant 36 c. par semaine.

Les colléges d'ouvriers, au nombre de cinq ou six, sont des institutions analogues, donnant une plus forte instruction : la moitié des élèves appartient à la classe ouvrière, l'autre moitié à la classe moyenne. Les principaux sont : le Collége du peuple, fondé à Sheffield en 1842 et gouverné par un conseil composé en grande partie d'élèves, adultes naturellement, comme tous les membres de ces institutions; le Collége de Londres, qui date de 1854; ceux de Halifax, Salford et Ipswich.

Les clubs et les cabinets de lecture, fondés, au moyen de souscriptions, par les ouvriers, ont aussi exercé sur eux, au point de vue de l'instruction, la plus heureuse influence. Afin d'en faciliter la fondation et de les soutenir, les principaux de ces clubs ont formé une association centrale, qui rattache entre elles la plupart de ces sociétés et fournit tous les renseignements désirables et l'appui nécessaire à ceux qui veulent en créer de nouvelles. Un grand nombre de ces clubs ont des cours du soir, généralement de chant; tous, des cabinets de lecture et des bibliothèques. La contribution est ordinairement de 10 fr. par an. Le nombre de ceux qui sont affiliés à l'association centrale est de 250.

### B. — CAISSES D'ÉPARGNE ET SOCIÉTÉS DE SECOURS MUTUELS.

Je ne m'arrêterai pas longtemps aux caisses d'épargne, parce que, d'une part, il est impossible d'apprécier la proportion exacte des différentes classes par rapport aux dépôts qui y sont faits, et que, d'autre part, le développement d'institutions analogues, offrant aux ouvriers un placement plus avantageux de leurs économies, a dû mettre obstacle à l'augmentation régulière des dépôts, sans que pour cela on puisse en conclure que l'ouvrier anglais est devenu plus prodigue que par le passé. Cependant, si l'on prend une moyenne générale, on peut constater que le nombre des déposants aux caisses d'épargne s'est accru, de 1848 à 1866, dans la proportion de 39 à 48 sur 1,000 habitants.

Voici le résumé des statistiques les plus récentes sur les caisses d'épargne : En 1867, les commissaires de la dette nationale avaient entre les mains, au compte des administrateurs (*Trustees*) des caisses d'épargne, 2,337,943,725 fr. Il y avait eu dans l'année 1,359,229 dépôts, donnant un total de 849,071,150 fr. De ces dépôts, il y en avait 520,015 de sommes inférieures à 125 fr., et représentant, par conséquent, la classe ouvrière : la valeur totale de ces petits dépôts était de 18,249,900 fr. On voit que la part de ceux qui portent leurs économies par petites sommes à la caisse d'épargne est relativement peu considérable.

Mais ce qui a surtout contribué à la réduire, c'est la loi de 1861, qui a permis aux bureaux de poste de remplir les fonctions de caisses d'épargne. Les chiffres suivants montrent à la fois l'importance des opérations faites ainsi et la préférence accordée aux bureaux de poste par les petites économies : en 1867, ceux-ci ont reçu 1,592,344 dépôts, représentant une valeur de 116,097,650 fr., et par conséquent une moyenne de 47 fr. 53 c. par dépôt. Cette moyenne avait été de 46 fr. 35 c. en 1865, et de 48 fr. 50 c. en 1866. La somme totale des dépôts ainsi accumulés était de 247,882,790 fr.

Les caisses d'épargne de l'armée et des marines militaire et marchande ne font que des opérations très-restreintes.

Les sociétés de secours mutuels datent de fort loin et sont trop connues pour qu'il soit nécessaire d'en parler en détail.

Les *Odd Fellows*, qui prétendent remonter à la captivité de Babylone et qui furent fondés à Manchester, il y a soixante ans, comptent 387,990 membres et possèdent une réserve de plus de 50 millions. Ils sont divisés en loges, par villes. Des députés de toutes les loges choisissent annuellement le comité directeur, qui nomme à son tour le grand maître, le vice-président, le trésorier et le secrétaire. Tous les ans, les députés se réunissent en assemblée générale. La cotisation est de

52 c. par semaine; on y joint le produit des amendes, qui sont nombreuses. Le but de la société est de donner des secours en cas de maladie, secours qui, selon le temps que le malade a appartenu à l'association, sont de 12 à 16 fr. par semaine pendant les six premiers mois; le reste de la première année, ils sont de 7 fr. et ensuite de 4 fr. On reconnaît là le type que les Unions ont pris pour modèle.

Les *Foresters,* plus anciens, prétendent descendre de la bande de Robin Hood, et, dans leurs réunions au Palais de cristal, leurs dignitaires portent un bizarre costume forestier. Ils sont 240,000 ; leur organisation est la même que la précédente ; seulement ils ont un asile de vieillards et donnent 7 fr. par semaine à ceux qui ne peuvent pas y être reçus.

Les grandes associations, comme les deux que je viens de citer, ont établi leurs budgets sur les plus stricts calculs et ont une position financière excellente. Elles offrent une précieuse école de bonne administration aux ouvriers chargés de leur gestion, et la manière dont ceux-ci s'en acquittent est un titre d'honneur pour toute leur classe. Il existe à côté d'elles une multitude de petites sociétés, plus ou moins bien conduites, et sur beaucoup desquelles il est difficile d'avoir des renseignements; car, des 22,834 qui, en 1865, ont été invitées par le bureau de l'enregistrement des sociétés de secours mutuels à remplir les formalités nécessaires pour se faire légaliser, 15,128 n'ont pas répondu à cet appel.

Cependant, on croit pouvoir estimer le nombre de

leurs membres à plus de 3 millions, presque tous ouvriers; le chiffre de leurs souscriptions annuelles, à 125 millions de francs; et leurs fonds de réserve, à 3 ou 400 millions de francs. Ce dernier chiffre semble assez incertain, mais il n'a probablement rien d'excessif, car, en 1867, la somme déposée entre les mains des commissaires de la dette nationale par les *Friendly Societies* s'élevait exactement à 143,468,825 fr.

## C. — SOCIÉTÉS DE CONSOMMATION.

En 1870, il y avait en Angleterre (sans compter l'Écosse ni l'Irlande) 969 *Cooperative Stores*, ou Sociétés de consommation, comptant 249,113 membres et un capital en actions de 50,856,525 fr.; ayant acheté pour 205,061,650 fr. de denrées, vendu pour 186,443,525 fr. et réalisé un bénéfice net de 13,885,875 fr.

Elles recrutent aujourd'hui leurs souscripteurs dans toutes les classes, et en particulier dans la bourgeoisie de Londres.

On connaît le principe de ces sociétés, qui achètent en gros pour revendre en détail à leurs membres, ceux-ci se substituant ainsi aux détaillants pour réaliser, d'une part, les profits faits d'ordinaire par ces derniers et, d'autre part, toute l'économie d'affiches et de montre par lesquelles le marchand attire l'acheteur. Mais en Angleterre, berceau de ces institutions, l'expérience a fait voir à quelles conditions elles pouvaient réussir. Les sociétés qui se bornent à vendre à leurs propres membres végètent et s'éteignent dans l'impuissance.

Celles qui s'ouvrent aux étrangers et leur vendent au-dessous des prix du marché ordinaire succombent généralement devant la coalition de tous les détaillants auxquels elles font concurrence.

Aussi a-t-on généralement adopté le système suivant. La boutique vend à tout venant au prix du marché; seulement, elle donne à chaque acheteur, avec la marchandise, des jetons représentant la différence entre le prix qu'il l'a payée et le prix de revient. Au bout de l'année, après qu'on a mis de côté les sommes nécessaires pour payer l'intérêt du capital et les frais généraux, les actionnaires reçoivent un dividende proportionnel aux jetons qu'ils présentent. Ils bénéficient donc en raison directe des achats qu'ils ont faits. Les jetons qui sont entre les mains des étrangers reçoivent alors aussi une certaine valeur. Dans quelques sociétés, on les rembourse en argent; dans d'autres, on les échange contre des actions de la société, en leur attribuant alors la même valeur que s'ils étaient présentés par des actionnaires. L'un et l'autre système attirent constamment, d'abord des acheteurs étrangers, qui, tout en réalisant des bénéfices, en font faire aussi à la société, et ensuite de nouveaux actionnaires qui augmentent son capital.

Les Équitables Pionniers de Rochdale, véritables fondateurs des sociétés de consommation, ont été l'objet de bien des études. En 1844, vingt-huit ouvriers, apportant chacun 25 fr. de capital, ouvraient la première boutique coopérative dans la ruelle du Crapaud. Quelques-uns de ces pionniers vivaient encore en 1865, lorsque je visitai Rochdale avec M. Jules Simon. En 1867, la société comptait 6,823 membres; elle avait un capital de 3,210,875 fr., faisait pour 7,122,750 fr. d'affaires, et réalisait un bénéfice de 1,040,475 fr. Conservant toujours sa boutique historique de la ruelle du Crapaud, elle a ouvert dans Rochdale dix grands magasins, où elle vend tout ce qui peut servir à l'alimentation, à l'habillement et au chauffage; son immense comptabilité est admirablement tenue. Au moyen d'une retenue de 2 1/2 pour 100 du capital, sur les bénéfices, elle a fondé des cabinets de lecture pour ses membres et une bibliothèque de 9,000 volumes. Enfin, elle a subventionné plusieurs entreprises industrielles et a fondé, pour son propre usage, un vaste moulin qui lui permet d'acheter en grain le blé qu'elle vend à ses clients sous forme de pain.

Je ferai seulement remarquer à ce propos que le terme *coopératif* appliqué à ces sociétés n'a pas le sens précis que je lui donne plus loin. En effet, tous les employés des Pionniers, commis, comptables ou meuniers, reçoivent de simples salaires fixes; aucun d'eux n'est associé à l'entreprise, et les bénéfices sont réservés exclusivement aux consommateurs.

L'excès du capital finit par devenir un embarras sérieux pour des sociétés renommées et prospères, comme celle des Pionniers, et elles se trouvent obligées d'écarter les petits capitaux qui sollicitent des actions, attirés par des bénéfices que leur nombre même finirait par réduire à un chiffre insignifiant.

Après les Pionniers, je ne citerai que la Société de Halifax, qui comptait en 1867 plus de 7,000 membres, et fait presque autant d'affaires que l'association de Rochdale, et le *Civil service cooperative Store.* Cette dernière société, formée particulièrement parmi les employés des ministères, a pris à Londres une grande extension dans ces deux dernières années.

Je mentionnerai, pour terminer, les sociétés qui jouent vis-à-vis des *Cooperative Stores* le même rôle que ceux-ci vis-à-vis des acheteurs. Elles leur servent d'intermédiaires auprès des producteurs et leur vendent en gros ce que les *Stores* revendent en détail. Elles sont fondées par les *Cooperatives Stores* eux-mêmes qui en sont les seuls actionnaires. Il y avait une douzaine de ces sociétés en 1870, dont la plus considérable, le *North of England Wholesale,* avait pour actionnaires 202 *Stores,* en approvisionnait 399 et avait fait en trois mois pour 5,331,600 fr. d'affaires. Ce rouage nouveau donne une plus grande puissance aux sociétés de consommation, quoiqu'il commence à peine à fonctionner. Si celles-ci n'intéressent pas directement l'ouvrier aux bénéfices de la production, elles lui facilitent l'épargne et le préparent ainsi à devenir capitaliste à son tour. C'est l'étude de ce changement dans la condition de l'ouvrier, de ce pas important dans la voie du progrès, qui sera le sujet de la section suivante.

Mais, avant de terminer celle où nous sommes, je

donnerai quelques chiffres qui, sans être complets, montrent le rapide développement des sociétés de consommation. Ils sont empruntés aux comptes rendus d'un congrès annuel, dit Congrès coopératif, qui réunit, pour discuter toutes les questions comprises sous ce terme si vague de coopération, des délégués de la plupart des sociétés ouvrières, des écrivains et des hommes politiques. Les travaux de ce congrès sont, on le comprend, fort utiles, quand ce ne serait que pour fournir de précieux éléments à ceux qui veulent étudier, chiffres en main, les progrès des institutions dues à l'initiative des ouvriers.

## TABLEAU DU DÉVELOPPEMENT DES SOCIÉTÉS DE CONSOMMATION.

| | 1864 | 1865 | 1866 | 1867 | 1868 | 1870 |
|---|---|---|---|---|---|---|
| Sociétés enregistrées, en Angleterre seulement, jusqu'à la fin de chaque année. . . . . | » | 867 | 915 | 1,052 | 1,242 | 1,375 |
| — dissoutes à la fin de chaque année. . . | » | 52 | 76 | 146 | 286 | 406 |
| — existantes à la fin de chaque année . . | » | 815 | 889 | 906 | 956 | 962 |
| — qui n'ont pas été tenues au compte rendu, ayant été enregistrées dans l'année. | » | 216 | 163 | 137 | 190 | 67 |
| — qui ont négligé de fournir un compte rendu à l'enregistrement. . . . . . | » | 182 | 240 | 192 | 96 | 153 |
| Sociétés qui ont fourni un compte rendu : | | | | | | |
| Nombre de ces sociétés. . . . . . . . . . . . | 394 | 417 | 436 | 577 | 670 | 749 |
| Nombre des membres à la fin de chaque année. | 129,429 | 148,586 | 174,993 | 171,897 | 208,738 | 249,113 |
| — — admis pendant l'année. . | 25,831 | 30,182 | 37,055 | 38,606 | 38,950 | 42,314 |
| — — rayés pendant l'année. . | 11,961 | 11,815 | 14,053 | 20,779 | 25,054 | 21,964 |
| Assurances sur les marchandises. . . . . . . . | » | » | » | » | 16,494,550 | 18,565,100 |
| — sur les bâtiments. . . . . . . . . . | » | » | » | » | | 9,934,125 |
| Capital en actions à la fin de chaque année. . | 17,104,550 | 20,484,175 | 26,157,750 | 36,879,975 | 50,694,400 | 50,856,525 |
| — — apporté pendant l'année . . . | 6,959,075 | 7,682,900 | 10,452,825 | 15,548,400 | 28,228,275 | 19,576,475 |
| — — retiré pendant l'année. . . . . | 3,919,950 | 4,760,300 | 6,419,025 | 12,150,725 | 13,028,300 | 14,570,875 |
| Capital emprunté à la fin de chaque année. . . | 2,223,050 | 2,681,575 | 2,950,575 | 3,418,350 | 4,604,075 | 4,928,200 |
| — apporté pendant l'année. . . . . . . . . | 863,850 | 915,775 | 879,250 | 1,238,175 | 1,323,325 | 1,885,200 |
| — retiré pendant l'année . . . . . . . . . | 581,175 | 482,750 | 725,750 | 844,100 | 1,002,325 | 1,167,350 |

| | 1864 | 1865 | 1866 | 1867 | 1868 | 1870 |
|---|---|---|---|---|---|---|
| Sociétés qui ont fourni un compte rendu : | | | | | | |
| Marchandises dont le prix a été payé pendant l'année | 64,588,175 | 76,577,200 | 97,319,150 | 133,431,550 | ? | 186,443,525 |
| — reçues pendant l'année | 70,915,150 | 84,846,175 | 111,566,900 | 150,028,825 | 202,826,800 | 205,061,650 |
| — en magasin (moyenne) pendant l'année | » | » | » | 14,588,475 | 15,256,175 | 22,803,175 |
| — dont le prix était dû à la fin de l'année | » | » | » | 4,167,200 | 3,484,750 | 4,091,425 |
| Dépenses totales par an, comprenant les intérêts et la dépréciation | 4,612,300 | 4,763,150 | 5,889,850 | 7,781,450 | ? | 8,380,675 |
| Intérêts des actions, prêts et autres fonds, par an | 765,025 | 842,150 | 1,138,600 | 1,577,275 | 1,872,625 | 2,308,325 |
| Dépréciation des bâtiments pendant l'année | » | » | » | 697,525 | 1,016,175 | 1,070,425 |
| Passif total à la fin de chaque année | » | » | » | 39,731,125 | 50,693,675 | 70,097,550 |
| Fonds de réserve | » | » | » | 815,725 | 1,992,750 | 1,325,475 |
| Actif total | 22,270,725 | 27,642,125 | 33,845,975 | 46,465,400 | 53,877,925 | 66,235,650 |
| Bâtiments et terrains, valeur | » | » | » | 13,136,575 | 18,604,125 | 24,036,900 |
| Capital placé dans les *Provident Societies* | » | » | » | » | 3,556,825 | 3,152,675 |
| — placé dans les sociétés en commandite | » | » | » | » | 4,138,900 | 5,117,400 |
| Bénéfices nets réalisés pendant l'année | 5,611,500 | 6,980,650 | 9,307,675 | 9,961,450 | 10,638,550 | 13,885,875 |
| — attribués aux membres en proportion des achats | » | » | » | » | 8,934,500 | 11,679,100 |
| — aux étrangers | » | » | » | » | 316,900 | 413,075 |
| — à des établissements d'instruction | » | » | » | » | 90,150 | 94,375 |

## ASSOCIATIONS DES SALARIÉS

### POUR DEVENIR CAPITALISTES.

Un remède unique à toutes les souffrances de la classe ouvrière serait la pierre philosophale. L'égalisation absolue du travail, comme sa suppression, sont la quadrature du cercle de l'économie politique. Mais, s'il n'y a pas un remède, il y a nombre de remèdes, plus ou moins efficaces; s'il n'y a pas de solution absolue, il y a nombre de solutions partielles.

L'un des remèdes les plus puissants, l'une de ces solutions partielles les plus fécondes, se trouve dans des associations d'un ordre supérieur à celles dont j'ai parlé jusqu'à présent : ce sont celles qui permettent à l'ouvrier, sans quitter le travail manuel, de prendre une certaine part dans les entreprises industrielles et de devenir lui-même capitaliste. Tous les moyens qui amènent ce résultat sont bons, s'ils sont honnêtes; on ne saurait en exagérer l'importance.

Qu'un ouvrier s'élève par son intelligence et sorte de sa classe pour devenir patron; qu'un groupe entier s'élève aussi, en laissant au-dessous de lui, un autre groupe, moins favorisé encore qu'il ne l'était lui-même, ce ne sera, au point de vue général de la société, qu'un résultat insignifiant. Mais, lorsque dans une entreprise industrielle tous les travailleurs sont, d'une manière ou d'une autre, directement intéressés à son succès, il s'accomplit alors une révolution qui, dans l'ordre économique, fait disparaître les grèves et double les forces productives, et qui, dans l'ordre politique, peut se comparer à la formation de la puissante classe des paysans propriétaires et journaliers à la fois.

Les diverses sociétés que je me propose d'examiner ici peuvent se classer en quatre catégories d'inégale importance :

*A.* — Les sociétés de construction ;

*B.* — Les sociétés coopératives, dites de production ;

*C.* — Les banques populaires et les institutions de crédit fondées sur l'emploi du capital des Unions ;

*D.* — Les sociétés qui combinent dans une même œuvre les ressources des ouvriers et la puissance du capital, et particulièrement les sociétés de participation industrielle, qui sont, dans ce genre, les plus heureusement conçues.

## *A.* — SOCIÉTÉS DE CONSTRUCTION.

Les *Building Societies* ont pour but de remédier à tous les inconvénients que présentent pour la santé et l'économie les logements que la plupart des ouvriers sont réduits à louer.

Les mutations étant chères et difficiles, l'ouvrier, abandonné à lui-même, ne pourrait jamais devenir propriétaire d'une maison, résultat cependant aussi désirable pour notre bien à tous que pour le sien. Les Building Societies lui en donnent le moyen. La plupart sont simplement des espèces de loteries qui, toutefois, diffèrent essentiellement de cette funeste institution en ce sens que les bénéfices appartiennent aux souscripteurs. Un certain nombre d'individus forme une société et constitue un fonds commun par des contributions hebdomadaires. Dès que les fonds sont suffisants, la société achète un assez vaste terrain, puis, réglant ses dépenses sur les sommes qu'elle recueille, elle construit successivement une, deux, trois maisons, enfin autant d'habitations qu'elle compte de membres; habitations saines et peu coûteuses, car, grâce à leur nombre, leur prix souvent ne dépasse pas 5,000 fr. Chaque maison, à peine achevée, est tirée au sort; celui qui l'a gagnée continue naturellement à payer sa redevance et donne à la société, comme garantie qu'il ne manquera pas à ses engagements, une hypothèque dont les intérêts, peu considérables d'ailleurs, sont versés par lui à la caisse et représentent une sorte de loyer jusqu'à sa libération définitive, compensant ainsi ce qu'il y aurait eu d'excessif dans l'avantage que lui a fait le sort. Lorsque la dernière maison est achevée, elle est donnée au dernier membre négligé jusque-là par le sort; les bénéfices qui ont pu être faits et constituer un reliquat sont partagés également entre tous; les hypothèques sont levées; et la société, en se dissolvant, laisse chacun de ses fondateurs propriétaire d'une maison.

A coté de ces associations, qu'on pourrait appeler

de crédit mutuel et qui réussissent fort bien, comme je le montrerai par quelques chiffres, il faut citer celles qui, formées par des ouvriers du bâtiment, sont à la fois de crédit et de coopération. Ce sont les sociétaires eux-mêmes qui travaillent les uns pour les autres, se contentant de salaires ordinaires, en attendant la part de bénéfices qui leur sera attribuée comme souscripteurs. Il existait deux de ces sociétés à Sheffield en 1865. Je ne parlerai que pour mémoire des maisons construites par des capitalistes, comme à Mulhouse, et louées à des ouvriers moyennant un prix qui représente à la fois le loyer et la valeur, divisée en annuités, de la propriété même. Au bout d'un certain temps, le locataire devient ainsi propriétaire du fonds. Les Équitables Pionniers ont vendu de cette manière un grand nombre de maisons bâties par eux à Rochdale.

Quoique la loi permettant aux Building Societies de posséder des biens-fonds et de les partager date de 1836, ces sociétés n'ont commencé à se développer qu'en 1847. Ce développement a été singulièrement rapide : en 1865, la ville de Birmingham comptait déjà 8 ou 9,000 maisons bâties par ces sociétés, qui comprenaient plus de 10,000 membres, presque tous ouvriers, et avaient 37,500,000 fr. de recettes annuelles. Dans cette même ville, en 1866, six de ces sociétés, qui se trouvaient en relations avec le *Freehold land Society,* dont le but est d'acheter et de morceler certains terrains en lês vendant avec des titres francs, comptaient ensemble 14,973 membres. Leurs comptes, arrêtés au 1er juin 1865, présentaient 12,625,000 fr. reçus depuis leur fondation, et 14,025,000 fr. avancés sur hypothèques, c'est-à-dire sous forme de valeur de maisons déjà construites; 7,562,500 fr. avaient été remboursés et 6,462,500 fr. restaient dus. On estimait que ces six sociétés ne représentaient que la moitié des opérations de ce genre faites à Birmingham. En 1864, les quatre principales sociétés du Yorkshire avaient depuis leur fondation reçu en souscriptions 30,014,957 fr. 50 c., en prêts 6,286,530 fr. 63 c., et avancé sur hypothèques 18,746,608 fr. 65 c. Les souscriptions de la seule année 1864 se sont élevées à 3,764,179 fr. 49 c.

A Sunderland, le développement de ces sociétés est représenté par les chiffres suivants :

| ANNÉES. | NOMBRE des sociétés. | NOMBRE des membres. | CHIFFRE du capital. |
|---|---|---|---|
| 1859. . . . . | 40 | 3,823 | 14,550,025f » |
| 1866. . . . . | 60 | 13,401 | 44,200,637 50 |

En 1861, M. Baines estimait le nombre des membres de toutes les Building Societies d'Angleterre à environ 100,000, leurs souscriptions annuelles à 43,750,000 fr., et le capital hypothéqué aux membres sur des maisons construites par elles à 150 millions. On assure qu'en 1867 elles comptaient un chiffre double de membres et avaient reçu par souscriptions 275 millions, dont 200 avaient été hypothéqués. Depuis lors, elles se sont encore accrues dans la même proportion.

Certaines sociétés reçoivent des prêts, comme on le voit par les chiffres ci-dessus; lorsque le nombre des prêteurs qui n'y entrent que pour placer leur argent augmente et que celui des membres qui veulent devenir acquéreurs diminue, elles finissent par s'écarter de leur but et deviennent de pures spéculations financières. Au lieu de contribuer au bien-être de l'ouvrier, elles ne favorisent souvent alors que le développement des cabarets.

### B. — SOCIÉTÉS COOPÉRATIVES DE PRODUCTION.

Les sociétés coopératives de production n'ont jamais eu autant de succès en Angleterre qu'en France. Sauf l'établissement de New Lanark, fondé au commencement de ce siècle par Robert Owen, et les fermes d'Assington, dont je parlerai tout à l'heure, on n'a fait qu'imiter avec circonspection, et même avec défiance, les tentatives plus ou moins heureuses, faites chez nous en 1848. Ces premiers essais n'ont pas été encourageants. Les Équitables Pionniers, toujours prêts à consacrer leurs ressources à toutes les œuvres utiles à l'artisan, fondèrent en 1834 une filature de coton, sous le nom de *Rochdale manufacturing cooperative Society*. La tentative était hardie; les fondateurs qui abordaient ainsi ce grand problème n'étaient que quelques ouvriers, qui commencèrent avec une seule chambre pour établissement. Ils étaient les seuls actionnaires de la société. Après un prélèvement de 5 pour 100 en faveur de leur modeste capital, le reste des bénéfices, s'il y en avait, devait être partagé, une fraction étant encore attribuée au capital, c'est-à-dire aux actionnaires, et l'autre partie distribuée proportionnellement au salaire de chacun des ouvriers, actionnaires ou non. Malgré son nom, la société n'était donc pas absolument coopérative; car, pour cela, il aurait fallu, d'une part, que tous ceux dont elle employait le travail fussent actionnaires, et, d'autre part, qu'une fois l'intérêt de leur capital perçu, les bénéfices fussent répartis entre ces ouvriers entièrement au prorata de leur travail. Mais c'était une belle et intéressante expérience, qui devait faire voir si les ouvriers étaient capables d'appliquer, sans aucun aide, le système du partage des bénéfices et de faire prospérer une pareille entreprise. Cette preuve de capacité fut faite; mais l'expérience prouva du même coup que les ouvriers cèdent volontiers à cet esprit d'exclusion qu'ils reprochent tant aux patrons. La première année donna de beaux bénéfices; ils attirèrent de nouveaux souscripteurs, qui apportèrent 125,000 fr., et permirent ainsi d'augmenter l'établissement. En 1861, grâce au zèle des ouvriers et des employés, la filature était en pleine prospérité. Elle construisit une vaste fabrique au prix de 1,250,000 fr., dont les ouvriers furent eux-mêmes les entrepreneurs et gérants et où s'établirent 300 artisans de choix.

Le succès était complet, mais ce succès même fut la tentation qui entraîna la société hors de la voie qu'elle s'était tracée. Devenus riches, les actionnaires renièrent leur origine, et, pour augmenter leur part de bénéfices, dépouillèrent le travail de la sienne, réduisant ainsi les ouvriers à de simples salaires. L'établissement prospère aujourd'hui; mais on ne peut plus le citer comme une société coopérative. Cependant, son premier succès permet de considérer comme favorable l'essai tenté.

Peu auparavant, en 1851, deux petites sociétés, l'une composée de six tailleurs et l'autre de neuf charpentiers, avaient été fondées à Manchester. Celles-là étaient absolument coopératives. Les ouvriers étaient associés à toutes les pertes comme à tous les profits de leur modeste entreprise. Elles ont donné quelques bénéfices, mais elles sont demeurées insignifiantes.

A Wolwerhampton, en 1864, une société coopérative s'est formée dans des conditions particulièrement intéressantes, car elle a été fondée par une Union au milieu d'une grève. La ville de Wolwerhampton a le monopole de certaines espèces de serrures, et cette industrie est entre les mains de sept à huit maisons employant 250 ouvriers. Le refus d'une élévation de salaires, après une promesse donnée, ayant amené une grève, sept unionistes, apportant ensemble 225 fr., formèrent un petit atelier; après avoir réussi à gagner l'équivalent de quelques semaines de salaires, ils virent leur nombre croître jusqu'à 100. Ils fondèrent une maison que le *lock-out* des patrons fit prospérer. Ceux-ci changèrent alors de tactique, reprirent le travail et vendirent à perte pour ruiner ce nouveau concurrent. La société accepta la lutte et ses membres se soumirent à toutes sortes de privations. Les patrons essayèrent en vain d'acheter tous les matériaux dont leurs rivaux avaient besoin; puis ils voulurent réduire les salaires de leurs propres ouvriers, mais ils ne réussirent qu'à les envoyer grossir les rangs de la société. Celle-ci travailla pour ses magasins et attendit, pendant deux ans, de meilleurs prix. Enfin, après avoir failli sombrer, elle a vu les maîtres se retirer du marché et, l'année dernière, les acheteurs accepter ses prix. Elle paraît aujourd'hui solidement établie.

Je me bornerai à énumérer quelques autres sociétés moins importantes.

La Société des fabricants et doreurs de cadres de Londres, composée de 23 membres, dont six ouvriers (capital 56,675 fr., chiffre d'affaires en 1865, 135,375 fr.), emploie 42 ouvriers. Elle n'est pas absolument coopérative, puisqu'elle a des membres qui ne sont pas ouvriers, et des ouvriers qui ne sont pas membres.

La Société coopérative des ébénistes de Londres a 83 actionnaires et un fonds de 6,575 fr.; elle emploie 9 ouvriers, tous actionnaires, et a fait en 1868 pour 30,125 fr. d'affaires.

La Société des ouvriers en chantiers de Deptford, récemment fondée, n'a que 9 membres, 275 fr. en actions et 500 fr. prêtés. Néanmoins, elle a fait dans la première année 13,625 fr. d'affaires.

Enfin, en 1868, une société coopérative pour fabriquer des cardeuses a été fondée à Rochdale par 30 ouvriers, qui ont reçu des avances des Équitables Pionniers. Après prélèvement de 7 1/2 pour 100 pour le capital, les bénéfices seront partagés également entre celui-ci et les travailleurs; on ne peut encore juger cette entreprise d'après ses œuvres.

Il faut encore faire mention, en finissant, d'un bureau central formé à Londres pour vendre les produits des différentes sociétés coopératives et leur assurer ce qui leur a le plus manqué jusqu'à présent, des débouchés faciles.

On voit que ces divers essais sont assez insignifiants : les esprits ne sont pas tournés de ce côté, et toutes ces sociétés industrielles ont commencé avec un capital trop faible pour obtenir des résultats sérieux.

Mais il y en a deux dont le succès est d'autant plus remarquable qu'il est déjà ancien et qu'elles apparaissent seules de leur espèce dans le domaine de l'agriculture. Leur exemple, quoique isolé, prouve que l'exploitation agricole n'est pas absolument fermée au système coopératif; il est donc utile d'en dire quelques mots, bien que la division de la propriété, qui a fait disparaître chez nous les derniers restes des associations du moyen âge, rende la coopération agricole encore plus difficile en France qu'en Angleterre. C'est là, du reste, un obstacle dont nous sommes loin de nous plaindre.

La première société agricole d'Assington a été fondée en 1838 par M. Gurdon, propriétaire, qui la forma en réunissant quinze cultivateurs; ceux-ci apportèrent chacun 75 fr.; il leur en prêta 10,000, et leur loua une ferme de 27 hectares. Les actionnaires durent seuls être employés. Quoique le fonds de roulement fût faible pour l'exploitation, celle-ci réussit. La société s'adjoignit bientôt six actionnaires nouveaux, prit à ferme 60 hectares, paya à M. Gurdon 5,000 fr. de fermage, lui remboursa son prêt, acheta le matériel, s'assura pour 12,500 fr., et vit ses actions valoir six ou sept fois leur prix d'émission. Ce succès détermina M. Gurdon à fonder une société analogue en 1854. Toutes deux ont prospéré depuis lors. Elles ne sont pas strictement coopératives, parce qu'elles comptent 50 actionnaires et n'emploient pas plus de 15 travailleurs; une partie des actionnaires fournissent donc le capital et prélèvent des bénéfices sans prendre part au travail, et les ouvriers, quoique actionnaires, sont payés au prix courant du pays, ne touchant dans les bénéfices que la part afférente à leurs actions, et non la part proportionnelle à leur travail. Ces sociétés n'en ont pas moins, à titre d'essai, une grande importance, pour l'Angleterre particulièrement. En effet, c'est l'élévation, par l'association, du journalier au rang de fermier, remède, efficace peut-être, à la concentration excessive des fermes et des propriétés dans un petit nombre de mains.

Ces exemples suffisent pour montrer combien la coopération absolue et théorique est d'une application difficile, puisque toutes les tentatives faites pour l'établir ont dû, pour réussir, s'écarter sur quelque point du principe même de ce système : les unes, en faisant appel à un capital étranger, par l'excès du nombre des actionnaires sur celui des travailleurs; les autres, en établissant deux classes de travailleurs, les actionnaires et les salariés; d'autres encore, en prenant pour base du partage des bénéfices le petit capital apporté par chaque associé, et non plus la quantité de travail fourni à l'entreprise commune.

Il y a dans l'industrie quelques sociétés analogues à celles d'Assington, qui ne sont pas rigoureusement coopératives, parce qu'elles ne répartissent pas les bénéfices entre tous ceux qu'elles emploient, mais qui sont cependant exclusivement entre les mains d'ouvriers, et qui, à ce titre, méritent notre attention. Elles commencent par où a fini la filature de Rochdale; mais leur succès prouve qu'en acquérant de l'expérience, les ouvriers arrivent à choisir de bons gérants parmi eux, à leur donner l'autorité nécessaire et à faire ainsi réussir des entreprises industrielles fort complexes. Je citerai le *Sun Mill Company*, à Oldham, filature de coton, qui a 1,250,000 fr. en actions entre les mains d'ouvriers, et un emprunt de 1,066,250 fr. Dirigé exclusivement par des ouvriers, cet établissement est célèbre par la beauté de ses produits.

Sans entrer dans la discussion des mérites divers de ces systèmes, il faut remarquer, comme je l'ai déjà fait plus haut, que les sociétés coopératives pures portent avec elles le vice qui doit les faire dévier d'autant plus rapidement qu'elles sont plus prospères, comme celle de Rochdale. En effet, dès qu'elles font des affaires, il leur faut un capital : un capital hypothécaire, simplement loué, ne peut suffire, car il faut une réserve pour les pertes imprévues. Le rôle de l'action apparaît aussitôt : elle réclame et obtient une part spéciale des bénéfices; le nombre des actionnaires et celui des ouvriers ne pouvant être exactement le même, il arrive qu'il y a d'abord des actionnaires non ouvriers, puis des ouvriers non actionnaires. Si la société est sage, elle s'en tient alors au système Briggs, plus pratique, parce qu'il fait, dès l'abord, la part du capital, au lieu de vouloir s'en passer. Le plus souvent, elle ne peut s'arrêter là, et, après avoir voulu accorder au travail des faveurs trop exclusives, elle finit par lui enlever même cette part aux bénéfices qui est le principe fondamental de la coopération ; le seul résultat de l'entreprise est alors d'avoir enrichi quelques individus. Les sociétés coopératives ne peuvent rester telles qu'à la condition de ne pas s'élever plus haut que les chapeliers et les tailleurs de Manchester.

Il est presque inutile de dire que l'État, après avoir donné une existence légale à ces sociétés, ne leur accorde aucune faveur, et qu'on ne croirait pas leur rendre service en demandant pour elles des avances sur les fonds publics.

### C. — EMPLOI DES CAPITAUX

#### DES UNIONS ET DES SOCIÉTÉS DE CONSOMMATION A DES INSTITUTIONS DE CRÉDIT.

En juin 1869, un congrès coopératif fut réuni à Londres : on y vit rassemblés des membres du Parlement, de grands industriels, des hommes qui s'étaient occupés spécialement des sociétés de coopération, des journalistes, des écrivains populaires, enfin tous les chefs des Unions ouvrières. C'était la première fois que tant d'autorités diverses se trouvaient en présence. On discuta beaucoup, mais généralement avec calme et modération. On s'expliqua : bien des préjugés et bien des préventions furent dissipés. Un grand nombre d'Unions étaient opposées aux sociétés coopératives; elles apprirent à en comprendre les avantages. On s'occupa surtout de l'emploi des capitaux réunis par les Unions, qui, déposés par elles dans les banques, leur rapportent un faible intérêt. On songea à en faire un nouvel instrument de crédit. Le succès des banques populaires d'Allemagne encourageait cet essai ; l'échec du *Crédit au Travail* en France indiquait le danger à éviter. Le système de M. Schultze-Delitsch ne pouvait être servilement imité ; il a réussi parce qu'il y a en Allemagne un très-grand nombre d'ouviers en chambre qui se fournissent eux-mêmes les instruments et les matières du travail. Les sociétés coopératives qui ont compté sur l'emprunt n'ont pas réussi. Les *Trades Unions* ne pourraient trouver de crédit sur les fonds qui sont à la merci d'une grève. M. Ludlow et M. Hughes, l'éminent auteur qui présidait le congrès, proposèrent un essai qui est aujourd'hui en voie d'exécution.

Il s'agit de fonder une banque, dite coopérative, par l'association des principales Unions et des sociétés de consommation, qui seront à la fois les actionnaires et les seuls clients de cette banque. Elles y déposeront leurs épargnes, et on fera, sur ce fonds commun, à celles qui en auront besoin, des prêts à un taux suffisamment élevé pour pouvoir, d'une part, assurer aux actionnaires qui auront fondé la banque un dividende assez considérable, et donner, d'autre part, 5 pour 100 sur tous les fonds déposés. Les auteurs mêmes de ce plan ingénieux n'osent trop en garantir le succès : l'expérience seule pourra le juger.

### D. — SOCIÉTÉS DE PARTICIPATION INDUSTRIELLE.

Le principe fécond appliqué par ces sociétés peut se résumer en quelques mots. C'est l'association du capital et du travail par le partage des bénéfices de l'industrie, après que tous deux ont prélevé la rémunération qui leur est due, à l'un sous forme d'intérêt, à l'autre sous forme de salaire. Le premier résultat est d'intéresser les travailleurs au succès de l'entreprise, de supprimer grèves et disputes, et d'augmenter les bénéfices en stimulant le zèle de chacun. Le second est de constituer aux travailleurs une épargne et de les associer peu à peu à l'entreprise et à sa gestion.

J'énumérerai d'abord les différents essais qui ont été faits dans cette voie, en réservant pour la fin les entreprises des frères Briggs, qui se distinguent par leur importance, leur constant succès et l'application la plus complète du système de participation.

Quoiqu'on puisse citer bien des exemples anciens d'une sorte de participation industrielle, tels que l'exploitation en métayage des mines du Cornouailles, du Flint, de Skipton et de plusieurs ardoisières du pays de Galles, enfin le partage des bénéfices parmi les équipages des baleiniers, c'est incontestablement à

M. Leclaire que revient l'honneur d'avoir pour la première fois appliqué vraiment ce système à l'industrie.

Il y a six ou sept ans, MM. Fox et Head, fabricants de barres et de plaques de fer aux *Newport Rolling Mills*, à Middlesborough, ont introduit la participation industrielle dans leurs forges, où ils emploient environ 400 ouvriers. Ils s'engagèrent, toutes les fois qu'après un prélèvement de 10 pour 100 pour le capital des actions il resterait encore un excédant de bénéfices, à partager ces bénéfices en deux parts égales, dont l'une serait attribuée aux actionnaires et l'autre à tous les employés et ouvriers au prorata de leurs salaires.

Ils exigèrent de leurs ouvriers la promesse de ne faire partie d'aucune Union, et s'engagèrent de leur côté à n'entrer dans aucune association de patrons. Ils réservèrent pour les actionnaires, si une année ceux-ci touchaient moins de 5 pour 100, le droit de parfaire ces 5 pour 100 par un prélèvement spécial sur les bénéfices futurs. Soit à cause du mauvais état du commerce des fers, soit par l'effet de cette dernière réserve, ils ne purent, pendant plusieurs années, donner aucun bénéfice à leurs ouvriers; mais leur persévérance finit par être récompensée. En 1869, ils ont pu distribuer à leurs ouvriers 2 1/2 pour 100 de leurs salaires, à titre de bénéfice, 4 pour 100 en 1870, et 3 1/4 pour 100 en 1871. Grâce à ces encouragements, leurs rapports avec leurs ouvriers sont devenus excellents. Le compte rendu de leurs opérations a été lu dans une réunion publique, où ceux-ci leur ont donné l'assurance de la plus cordiale approbation. Il a été constaté que les ouvriers tendent à se fixer de plus en plus dans l'établissement et que les habitudes d'imprévoyance et d'ivrognerie diminuent en raison directe de l'épargne de chacun.

En 1865, MM. Greening et C°, fabricants de fil de fer, à Salford, ont adopté le même système; mais ils ont réservé 15 pour 100 aux actionnaires avant tout partage. La première année, ils ont donné 5 pour 100 aux ouvriers sur leurs salaires; mais jusqu'en 1869 ils n'avaient pu faire d'autres partages. Cette industrie est trop incertaine et trop variable pour pouvoir se prêter à un essai de ce genre, qui exige une certaine régularité dans les débouchés et dans le nombre des ouvriers employés.

Le *Ouseburn Engine Works C°* est une société fondée en juin 1871, à Newcastle : son capital, de 2,500,000 fr., est divisé en actions de 250 fr., dont elle facilite l'acquisition à ses ouvriers. Après avoir prélevé 10 pour 100 pour le capital, elle partage les bénéfices également entre les actions et les salaires. C'est un rejeton des entreprises fondées par MM. Briggs. Elle compte parmi ses actionnaires une société coopérative.

La filature de coton de *Sabden Mills* a aussi introduit le partage des bénéfices dans ses statuts; mais elle ne l'avait pas encore appliqué en 1870.

Deux établissements puissants et prospères ont cherché à intéresser leurs employés à leurs bénéfices, sans adopter pour cela le véritable système de la participation industrielle.

Le premier est la grande agence de publicité de Smith et C°, du Strand, qui fait l'abonnement de presque tous les journaux, et a presque partout le monopole de la vente dans les chemins de fer. Les employés qui tiennent ses innombrables stalles ont tous un bénéfice de tant pour cent sur leurs ventes, en sus de leur salaire fixe : bénéfice souvent considérable.

Le second est la grande fabrique de tapis de MM. Crossley, à Halifax. Ceux-ci ont abordé le problème par un autre côté : ils ne donnent pas de bénéfices à raison du travail, mais ils ont cherché à intéresser directement leurs clients, leurs employés et leurs ouvriers à l'entreprise, en les y associant comme actionnaires. Ils ont ainsi adopté la seconde partie du système de MM. Briggs, qui combinent avec cette vulgarisation de l'action la distribution des bénéfices aux travailleurs en proportion des salaires. C'est en 1864 que les trois frères Crossley transformèrent leur manufacture en une société anonyme, au capital de 27 millions et demi. divisé en actions de 250 fr. : ils gardèrent 20 millions entre leurs mains et cherchèrent à placer les 7 millions et demi restants. Une partie de ces actions furent prises par les nombreux clients de la maison ; les autres furent réservées aux ouvriers. On leur en rendit l'acquisition facile en leur prêtant à 5 pour 100 l'argent nécessaire, et il fut stipulé que ce prêt serait remboursé au fur et à mesure à la compagnie, outre les versements que les ouvriers pourraient faire, par l'excédant des dividendes sur ces 5 pour 100. Comme ces dividendes ont toujours été au moins de 15 pour 100, les ouvriers qui ont souscrit se sont trouvés verser 10 à 12 pour 100 chaque année sans rien débourser, et ceux même qui n'ont fait aucune anticipation possèdent aujourd'hui des actions à peu près libérées. Cent cinquante employés ou ouvriers étaient en 1869 actionnaires pour un chiffre de 2 millions et demi, et l'on s'accorde à reconnaître que les résultats de ce système ont été excellents, tant pour la perfection des produits que pour l'augmentation de la production avec un nombre égal de travailleurs.

Les entreprises des frères Briggs méritent une mention spéciale, quoiqu'il me faille abréger les détails, qui ont été publiés ailleurs. MM. Briggs ont été non-seulement les plus hardis et les plus heureux, mais aussi les premiers, dans l'application en Angleterre de la participation industrielle.

En 1863, après des grèves violentes, mentionnées plus haut, M. H. Briggs transforma l'exploitation de la houillère de Whitwood en une société anonyme au capital de 2 millions et demi, divisé en 10,000 actions de 250 fr. Son frère et lui en conservèrent les deux tiers. Son but était d'amener ses ouvriers à devenir actionnaires et à acheter ces petites coupures. Le moyen qu'il leur offrait était le partage des bénéfices, destiné à leur constituer une épargne.

La base de son système est la publicité complète et absolue de tous ses comptes et des bénéfices annuels de l'entreprise. Cette entreprise est fondée sur la réunion de deux éléments qui ne peuvent rien l'un sans l'autre, l'argent des actionnaires et le travail des ouvriers. L'un et l'autre prélèvent d'abord sur les bénéfices leur juste rémunération : l'argent, sous la forme de 10 pour 100 d'intérêt, taux calculé pour combler les déficits des mauvaises années; le travail, sous la forme de salaires absolument assurés. L'excédant des profits, après ces prélèvements, est partagé également entre les actionnaires et les ouvriers. La part de ceux-ci est distribuée à raison de leurs salaires, qui, étant à la tâche, représentent exactement la quantité de travail qu'ils ont fournie. Seulement, pour les encourager à devenir actionnaires, il a été stipulé, sur la demande des principaux ouvriers, que, provisoirement, les actionnaires ouvriers auraient, selon leurs salaires, un profit plus fort d'un tiers que celui qui serait alloué aux autres.

Ce système fut mis en vigueur le 1er juillet 1865. La défiance des ouvriers était grande, car le nom de M. Briggs était détesté par eux. Mais, en 1867, tout était changé : le complet succès de l'entreprise avait converti les plus incrédules et apaisé les passions les plus violentes. L'Union n'existait plus, et ses principaux chefs étaient devenus les plus zélés coadjuteurs de M. Briggs. Tandis qu'auparavant la houillère, sans cesse troublée par des grèves, ne donnait aucun profit certain, en 1867, grâce à la régularité du travail et au zèle de chaque ouvrier, le profit net se trouva être de 510,425 fr. On mit 200,000 fr. de côté comme réserve, et le reste donna lieu à un premier partage. En 1868, on comptait 144 actionnaires sur 989 travailleurs. Ils avaient 178 actions, représentant 14,000 fr. versés, produit d'une épargne de trois ans seulement. Les actions s'étant élevées au-dessus du pair, M. Briggs en réserva un certain nombre qu'il donna aux ouvriers, à un taux réduit et contre un premier versement de 75 fr., leur laissant de grandes facilités pour les libérer. Un grand nombre de clients se sont aussi intéressés à l'entreprise, et en 1868 ceux-ci avaient entre les mains 1,068 actions. En 1868, le bénéfice net fut de 17 pour 100, assurant ainsi aux ouvriers un profit de 3 1/2 pour 100 du capital engagé. Depuis lors, il s'est encore graduellement élevé, de sorte que, dans ces six premières années, les ouvriers se trouvent avoir reçu, à titre de profit, 40 pour 100 de leurs salaires annuels. On voit que ce profit n'est ni un leurre, ni un accident; car il a été constamment réalisé, au milieu des plus grandes variations commerciales. Le résultat moral obtenu est encore plus important; car, en peu d'années, la paix et la confiance mutuelle sont venues remplacer la haine et la guerre.

La publicité de la comptabilité a prouvé aux ouvriers qu'ils ne pouvaient mettre leurs intérêts en de meilleures mains que celles de leurs patrons. Chacun d'eux, ne restât-il que huit jours dans la mine, a une colonne spéciale, où sont inscrits ses salaires hebdomadaires. Le total de cette colonne établit, au bout de l'an, le chiffre du profit auquel il a un droit aussi absolu que l'actionnaire au sien. Le rapport imprimé et présenté tous les ans à l'assemblée des actionnaires, qui se compose en grande partie d'ouvriers, entre dans tous les détails nécessaires pour prouver à ceux-ci l'exactitude du chiffre du profit qu'il déclare. Mais M. A. Briggs, qui a succédé à son frère aîné dans la direction, ne s'est pas contenté de ces garanties données aux ouvriers. Après les avoir intéressés aux bénéfices, comme salariés, et les avoir associés à l'entreprise, comme actionnaires, il veut les élever encore en leur donnant une part dans la gestion. A la réunion des actionnaires, tenue en août 1869, il a proposé de faire nommer uniquement par les ouvriers actionnaires un des leurs pour siéger au conseil d'administration, au même titre que les autres directeurs. Naturellement approuvée, cette proposition a été aussitôt mise en pratique, et, après une réunion publique, où les candidats ont discuté avec beaucoup de mesure les diverses questions qui intéressaient particulièrement leurs électeurs, un d'eux a été nommé et installé comme directeur. M. Briggs n'a qu'à se louer d'avoir donné à ses ouvriers ce nouveau gage d'entente, car il est le premier à profiter des progrès que l'expérience leur fait faire en intelligence et en modération. L'admission des ouvriers au conseil fait de la société de Whitwood le vrai modèle de la société coopérative, où le capital a sa juste part, et où les actionnaires et les travailleurs ne forment pas deux castes ennemies. Il n'y a de différence entre les anciens actionnaires et les ouvriers souscripteurs que dans le nombre d'actions qu'ils possèdent, différence inévitable et qui renaîtrait à l'instant, si l'égalité parfaite avait été un moment établie entre eux. M. Briggs et ses employés se considèrent aussi à la fois comme actionnaires et comme salariés, et, à ce dernier titre, ils touchent leur part proportionnelle dans le bénéfice attribué au travail.

Malgré son succès, M. Briggs ne peut se flatter d'avoir conjuré toutes les difficultés : il aurait fallu pour cela à son système une perfection surhumaine. Il est entouré de voisins qui le considèrent comme un dangereux novateur; et ses ouvriers, d'autre part, ne peuvent avoir fait leur éducation complète en si peu d'années. Ils se trompent parfois encore : ainsi, ils ont demandé, cet été, une augmentation de 30 pour 100 dans le taux normal des salaires, qui sert de base à tout le système de la répartition. Le prix des salaires aux environs justifie dans une certaine mesure un accroissement; mais les ouvriers auraient dû comprendre que, le taux adopté chez MM. Briggs étant beaucoup plus stable, et ne suivant pas toutes les fluctuations de l'industrie, ils ne pouvaient, après avoir profité de cette stabilité en temps de baisse, réclamer les avantages contraires en temps de hausse. Ils auraient dû voir aussi qu'ils perdraient en profits ce qu'ils gagneraient en salaires. Mais ils se croyaient humiliés d'être moins payés à la semaine que leurs voisins, et ils insistèrent. M. Briggs, qui leur avait déjà accordé depuis 1867 15 pour 100 d'élévation, consentit à un nouvel accroissement de 15 pour 100, mais il a dû assurer une compensation aux actionnaires, et désormais ceux-ci prélèveront 13 pour 100 du capital avant tout partage de bénéfices. Ces bénéfices se trouveront ainsi réduits, au moins pour l'année présente : cette réduction sera une atteinte, non au principe même qui est la base du système, mais à ses résultats pratiques.

D'ailleurs, MM. Briggs ne considèrent le partage

par moitié des bénéfices entre le travail et le capital que comme une proportion empirique. La juste part à faire à chacun de ces deux éléments doit se modifier selon leur importance relative dans chaque industrie. MM. Briggs ont proposé de prendre pour base de ce partage les rapports entre le chiffre total des salaires de l'année et celui du capital engagé en actions. Ils considèrent la somme des salaires comme un second capital; et si, par exemple, une compagnie industrielle, au capital de 3 millions, paye annuellement 2 millions de salaires, le partage du bénéfice, après prélèvement de l'intérêt, se fera en attribuant trois cinquièmes aux actionnaires et deux aux salariés. Si le rôle du travail est plus considérable, la proportion sera renversée. Dans ce système, 10 pour 100 seraient toujours attribués comme intérêt aux actions, le taux des salaires serait établi d'après une moyenne et demeurerait invariable pendant quelques années. Enfin, deux fonds de réserve seraient formés avec une partie des bénéfices; ils payeraient un intérêt aux actionnaires d'un côté, aux ouvriers de l'autre, et en outre seraient applicables, d'un commun accord, aux circonstances imprévues.

MM. Briggs ne se sont pas contentés d'un exposé théorique de ce plan : ils ont résolu de l'appliquer hardiment à une entreprise industrielle complexe et où, la main-d'œuvre jouant un grand rôle, la part qui lui sera faite dans les profits sera d'autant plus importante. M. Briggs aîné a fondé en 1870, avec l'aide de quelques personnes qui ont confiance en lui et foi dans son système, une nouvelle compagnie anonyme, appelée le *North of England Industrial Iron et Coal C°.* Cette société, dont le siége est à Middlesborough, non loin de MM. Fox et Head, a acheté la mine de South Belmont, deux hauts fourneaux et une houillère : elle doit y joindre des forges et, si cela est possible, des carrières de calcaire, de manière que toutes ses dépenses pour la fabrication du fer et de l'acier soient limitées aux frais d'exploitation et aux salaires de ses nombreux ouvriers, ce qui augmentera la part de ces derniers. Avant de se lancer dans cette entreprise, M. Briggs s'est mis directement en rapport avec les chefs des Unions formées parmi les ouvriers qu'il aura principalement à employer. M. Macdonald, président de l'Association des mineurs, lui a promis un concours loyal, qui peut avoir une influence décisive sur l'avenir de la nouvelle société. Celle-ci, qui compte parmi ses actionnaires, pour une somme importante, la Société de consommation de Halifax, n'est pas encore en pleine activité, les hauts fourneaux viennent seulement d'être allumés; mais, dès que ses comptes seront régulièrement établis, elle commencera le partage des bénéfices.

Le succès de ce nouvel essai est d'autant plus désirable que la lutte entre patrons et ouvriers prend de plus grandes proportions dans les industries du fer et de la houille. Si l'on n'a pas à signaler de grèves générales, si le travail n'est pas interrompu, en revanche chaque jour amène de nouvelles prétentions, de nouvelles difficultés, de nouvelles menaces. Les ouvriers s'organisent de plus en plus pour profiter de la crise actuelle et pousser leurs exigences jusqu'aux dernières limites. Depuis que j'ai commencé à écrire ce chapitre, quelques-uns d'entre eux ont eu une entrevue avec un ministre, M. Forster, où celui-ci a formellement reconnu que, loin d'être, pour le prix de la houille, la cause du renchérissement, les mineurs y perdaient peut-être plus qu'ils n'y gagnaient. Les patrons, de leur côté, résistent obstinément à de nouvelles concessions. La sage intervention des conseils d'arbitres peut seule apaiser cette lutte. Il est intéressant, après avoir montré comment la houillère coopérative de Whitwood a traversé victorieusement les difficultés financières causées il y a quelques années par le bas prix du charbon, de voir comment elle supporte les difficultés d'un autre genre qui naissent aujourd'hui de l'excès contraire dans la valeur de ce produit. Au mois de juillet dernier, les Unions de mineurs du district de Whitwood résolurent, pour obtenir une élévation de salaires, de recourir au système absurde et funeste de la restriction, que j'ai décrit plus haut. Pour réussir dans cette voie, les chefs du mouvement ne pouvaient laisser la houillère de MM. Briggs travailler librement, tandis qu'ils entravaient l'extraction dans les puits voisins. Ils résolurent d'entraîner avec eux les ouvriers de cette mine et de la frapper du même interdit que les autres ; car, aux yeux de ces agitateurs d'un ordre inférieur, bien différents des *leaders* des grandes Unions, les efforts faits pour réconcilier les patrons et les ouvriers ne sont qu'un moyen de tromper ces derniers.

Il fallait s'attendre à cette crise; de fortes institutions ne préviennent pas les difficultés, mais elles y résistent et les surmontent. M. A. Briggs a montré, dans cette occasion, qu'il était, non un utopiste, mais un homme d'action. Il a su à la fois rester fidèle à ses idées de progrès et tenir tête énergiquement à tous ceux qui se laissaient entraîner par de dangereuses excitations. Un certain nombre de ses ouvriers, qui, par raison, avaient abandonné l'Union depuis cinq ans, ayant cédé aux sollicitations des unionistes du voisinage, prétendirent imposer à leurs camarades une limite de production, et, afin de mieux marquer leur hostilité à tout ce que M. Briggs avait fait, ils décidèrent que, le lundi 19 août, jour fixé pour l'assemblée des actionnaires, pour le rapport des directeurs et l'élection d'un ouvrier comme administrateur, ils s'abstiendraient de travailler pour tenir des meetings unionistes. M. Briggs déclara aussitôt que tout ouvrier qui ne prendrait pas part au travail ce jour-là ou assisterait à ces meetings serait déchu de tous ses droits à la participation aux bénéfices. C'était une déclaration de guerre ouverte. Le 19 août, M. Briggs annonça à ses ouvriers, réunis successivement dans quatre assemblées, que ceux d'entre eux qui étaient actionnaires recevraient à titre de profit 9 pour 100 et les autres 6 pour 100 de leurs salaires. C'était, dans la lutte engagée contre l'Union, opposer des faits à de vagues promesses. Aussi obtint-il un succès complet. Les ouvriers réunis par lui votèrent des résolutions contraires à l'Union, et les meetings convoqués par celle-ci n'eurent pas lieu. Le travail continua comme auparavant; les germes de discorde semblent étouffés, et l'on peut espérer que ces difficultés n'auront eu pour résultat que de montrer combien est féconde la voie dans laquelle sont entrés MM. Briggs.

Pour terminer, il me reste à dire les objections qui leur ont été adressées et les réponses qu'on y peut faire.

1° Ce système, dit-on, ne peut fonctionner qu'en des temps prospères, et, s'il ne donne pas 10 pour 100 de bénéfices, les ouvriers, n'ayant aucun avantage, se croient lésés, et les actionnaires, de leur côté, continuent à supporter seuls toutes les pertes, après avoir gratuitement renoncé à une part de profits.

2° On allègue que, si les ouvriers deviennent actionnaires, ils sont exposés à perdre leur épargne et à se trouver plus malheureux qu'auparavant.

Voici ce qu'on peut répondre :

1° Si une année les bénéfices sont trop faibles pour permettre le partage de profits, la publicité des comptes et la présence d'un ouvrier dans le conseil d'administration seront pour ses compagnons une garantie suffisante que leur salaire leur assure cette année leur juste part de bénéfices. Et quant aux actionnaires, les 10 pour 100 d'intérêt et les bénéfices des bonnes années doivent suffire à les couvrir dans les mauvaises. L'exemption du salarié des pertes possibles de l'entreprise est le principe fondamental de tout le système. L'ouvrier subit les variations du commerce par la hausse ou la baisse du taux de son salaire, mais il ne peut être solidaire des pertes industrielles de l'entreprise, ni même de son manque à gagner, à moins d'être lui-même associé. C'est cette différence entre l'associé capitaliste et le salarié apportant son travail que le système de MM. Briggs respecte, parce qu'elle est dans la nature des choses, mais qu'en même temps il atténue autant que possible. La loi, au reste, a compris de même les rapports entre le patron et l'ouvrier, car un bill voté en 1865, juste au moment des premiers essais de M. Briggs, ne permet sous aucun prétexte de rendre l'ouvrier solidaire des pertes commerciales que peut subir le patron. D'ailleurs les avantages assurés à l'entreprise en y intéressant tous les salariés sont si grands, que la part de bénéfices qui reste aux actionnaires est plus forte que le bénéfice total qu'ils auraient touché, dans une situation commerciale semblable, s'ils n'avaient pas adopté ce système. C'est un point sur lequel MM. Briggs insistent particulièrement, car ils veulent prouver aux capitalistes, non pas que la participation industrielle est une œuvre philanthropique, mais que c'est une œuvre lucrative pour eux.

2° Il n'y a guère à craindre que les ouvriers soient ruinés par un désastre industriel. Si l'entreprise est mauvaise, ils n'auront pas de partage de profits et ne seront pas, par conséquent, tentés d'acheter des actions. Si elle commence par leur donner des profits, c'est qu'elle aura bien marché d'abord, et son premier soin devra être alors de faire une réserve pour les mauvais jours. Si d'ailleurs un incident imprévu la faisait péricliter, les ouvriers n'y perdraient que ce que sa prospérité antérieure leur aurait fait gagner, et il est évident que, s'ils ne doivent courir absolument aucun risque, il faut qu'ils renoncent à jamais à l'espoir d'améliorer leur situation d'une manière durable.

## TROISIÈME PARTIE

# INTERVENTION LÉGISLATIVE

# INTERVENTION LÉGISLATIVE

L'étude des mesures législatives prises par nos voisins pour favoriser le développement moral et matériel des classes ouvrières est particulièrement intéressante pour la commission qui représente la grande Assemblée à laquelle la France a donné pour mission de panser ses blessures et de veiller sur ses destinées.

Cette Assemblée a déjà prouvé sa sollicitude éclairée pour le bien-être de nos populations ouvrières en adoptant le principe de la loi si sage et si pratique proposée par M. Ambroise Joubert. Le rapport de M. Tallon sur cette loi, si complet et si lucide dans son exposé, m'encourage à entrer dans quelques détails que l'auteur de ce travail n'a pu aborder. Quoiqu'ils soient probablement déjà connus, il m'a semblé utile de les rassembler ici; car, après l'enquête à laquelle la commission va se livrer, et qui par elle-même ne peut manquer d'avoir les plus heureux résultats, puisqu'elle permettra à toutes les opinions, à toutes les aspirations, raisonnables ou non, de se produire au grand jour, il est permis de croire qu'elle présentera certaines modifications législatives à l'approbation de l'Assemblée, comme conclusions de ses consciencieuses études. Si, d'une part, il faut repousser les funestes théories de ceux qui prétendent demander à l'État un remède universel pour toutes les souffrances sociales et ne tendent qu'à établir, sous ce prétexte, le plus intolérable des despotismes, c'est, d'autre part, un devoir pour tous ceux qui combattent ces dangereux utopistes au nom de la liberté et de la civilisation de rechercher par quels moyens légaux l'amélioration morale et matérielle de ceux de leurs concitoyens qui sont voués, par leur naissance ou quelque autre hasard de la destinée, au travail manuel, peut être assurée.

Les lois qui concernent les ouvriers en Angleterre doivent être divisées en deux catégories, selon qu'elles les touchent indirectement ou directement.

## LÉGISLATION

### CONCERNANT INDIRECTEMENT LES OUVRIERS.

Je passerai rapidement sur la première catégorie, qui n'est point partie nécessaire de mon sujet et qui m'entraînerait trop loin, car elle comprend un nombre considérable de lois fort diverses, tenant à la politique, aux finances, à l'administration, et elle se rapporte à tout un ensemble législatif sur lequel il ne s'agit pas, je pense, de revenir chez nous.

Je me bornerai donc à énumérer les plus importantes de ces lois, pour montrer l'influence qu'elles ont pu exercer sur le bien-être moral et matériel des ouvriers ; et je me servirai particulièrement dans cet aperçu, comme dans le reste du chapitre, d'un remarquable ouvrage publié sur ce sujet, en 1867, par MM. Ludlow et Jones, en le complétant pour les cinq dernières années par l'étude des documents officiels.

Les mesures législatives qui ont contribué au bien-être des classes ouvrières indirectement, c'est-à-dire sans être faites exclusivement pour elles, peuvent se diviser en trois classes :

*A.* — Celles qui règlent et favorisent la fondation d'institutions et de sociétés utiles aux ouvriers, et qui sont désignées en anglais sous le nom de *Enabling Acts*.

*B.* — Celles qui, sous le nom de *General Benefit Acts*, ont, principalement en matière de finances et de règlements sanitaires, allégé les charges qui pesaient sur le plus grand nombre, et qui assurent certains avantages à la masse de la population.

*C.* — Celles qui concernent l'instruction primaire.

## *A.* — *ENABLING ACTS*.

On peut classer d'abord dans ces lois celles qui mettent à la portée de l'ouvrier certaines opérations financières. Je ne parlerai pas du prêt sur gage, qui est fait en Angleterre par l'industrie privée et est réglé par les lois de 1856, 1859 et 1860. Le système des caisses d'épargne, qui date de 1817, a été réellement organisé par la loi du 11 juin 1833, plusieurs fois remaniée depuis. Le 13 août 1859, les *Penny savings Banks*, ou caisses recevant sou par sou, sont autorisées à déposer tous leurs fonds dans d'autres caisses d'épargne. La seconde loi sur la matière, du 28 juillet 1863, augmente dans certains cas la responsabilité des *Trustees* ou administrateurs de ces caisses.

La loi du 21 août 1835 (*Loan Societies Act*) a donné une existence reconnue aux sociétés de prêts. Quoique ces prêts soient l'occasion de nombreux abus, les sociétés qui les font offrent plus de garanties que les usuriers, auxquels elles ont enlevé leur monopole : aussi les clauses temporaires de la loi de 1835 ont-elles été confirmées définitivement le 21 juillet 1863.

La poste est aujourd'hui le véritable banquier de l'ouvrier : d'abord, au moyen du bureau du *Money Order*, qui a été organisé le 10 août 1840, et qui, grâce à un tarif très-bas, a remplacé, pour les envois d'argent, les lettres chargées ; puis, par la constitution des bureaux en caisses d'épargne, en vertu de la loi du 17 mai 1861.

Les plus importants des *Enabling Acts* sont toutefois les lois en vertu desquelles les ouvriers ont pu former des sociétés utiles. Je ne range pas dans cette catégorie les lois relatives aux coalitions et aux *Trades Unions*, parce qu'elles doivent trouver place dans les mesures qui ont directement et uniquement en vue la classe ouvrière.

Les sociétés de secours mutuels (*Friendly Societies*) ont commencé à être reconnues en 1793; mais elles étaient encore soumises à de nombreuses restrictions. C'est seulement la loi du 5 juillet 1846 qui, abrogeant les clauses par lesquelles il était interdit aux sociétés de se diviser en branches et d'imposer à leurs membres un serment ou une déclaration quelconque, a donné une existence légale aux grandes sociétés dont j'ai parlé plus haut, telles que les *Odd Fellows* et les *Foresters.* Cette même loi a autorisé la formation des sociétés de consommation.

La loi du 15 août 1850 donne une existence légale aux associations formées en vue de l'émigration.

En 1865 (23 juillet), les sociétés de consommation, les sociétés d'industrie et de prévoyance (*Industrial and Provident Societies*), et les associations pour l'émigration ayant été l'objet de lois spéciales, les clauses qui les concernent sont effacées de la loi sur les sociétés de secours mutuels.

A côté de ces sociétés se sont formées d'autres associations dont j'ai parlé plus haut, et qui ont aussi leur législation :

La loi du 14 juillet 1836 donne aux *Trustees* des *Building Societies* les pouvoirs nécessaires pour acheter et partager la terre.

La loi du 30 juin 1852 sur les sociétés d'industrie et de prévoyance s'étendait aux associations formées entre ouvriers pour les objets les plus divers. En pratique, elle s'est appliquée aux sociétés de consommation et aux sociétés coopératives de production, et a définitivement constitué leur existence légale. La loi du 14 août 1855, qui a consacré le principe des sociétés anonymes, à responsabilité limitée, n'avait pas accordé le même privilége aux sociétés régies par la loi du 30 juin 1852. Cette inégalité fut réparée par la loi du 7 août 1862 ; seulement, par une exception difficile à comprendre, il fut interdit à ces sociétés de s'occuper de banque ou d'exploitations minières.

Afin d'empêcher ces diverses sociétés de sortir des mains de la classe ouvrière pour passer entre celles des riches ou de devenir même de simples instruments de spéculation, toutes les lois qui les régissent limitent à un chiffre très-faible la part que peut posséder chacun des associés. Ainsi, dans les sociétés de secours mutuels, cette part ne peut être que de 5,000 fr. en capital, ou de 750 fr. en annuités; dans les sociétés de construction, la part ne doit pas dépasser 3,750 fr., ni la souscription 25 fr. par mois; dans les sociétés d'industrie et de prévoyance, la part individuelle est limitée à 5,000 fr.

Les lois des 4 août 1853 et 14 juillet 1865 ont, d'autre part, opposé aux sociétés de secours mutuels le plus redoutable des concurrents, dans la personne de l'État lui-même. Elles permettent en effet d'acheter des rentes viagères ou de prendre des assurances sur la vie jusqu'au taux de 1,250 fr. pour les premières, et de 2,500 fr. pour les secondes, par l'intermédiaire des bureaux de poste, ces rentes étant servies et ces assurances payées par la Commission Royale de l'Amortissement.

Je terminerai cette énumération par une loi à laquelle j'ai fait allusion plus haut, à propos de la participation industrielle. C'est la loi du 5 juillet 1865, qui prescrit que le partage de tout ou partie des bénéfices d'une entreprise entre les ouvriers ou employés ne donne à ceux-ci ni les droits, ni les responsabilités d'associés. C'est grâce à cette loi, votée au moment même où M. Briggs commençait sa nouvelle entreprise, que le patron peut associer ses ouvriers aux bénéfices sans être pour cela obligé de leur livrer le gouvernement de ses affaires, et que ceux-ci, d'autre part, peuvent accepter ces avantages sans avoir la crainte de se voir un jour entraînés dans une faillite, qui les ruinerait, non-seulement dans le présent, mais aussi pour l'avenir.

## *B. — GENERAL BENEFIT ACTS.*

Ces lois peuvent se diviser en deux espèces : 1° les lois de finances qui ont allégé les charges pesant sur les classes ouvrières; 2° les mesures qui se rapportent à la santé publique.

1° Les lois de finances ont déjà été indiquées à propos du budget de l'ouvrier. J'en donnerai ici une énumération succincte, mais plus complète, et qui montrera comment peu à peu le fardeau de l'impôt a été, grâce au patriotisme prévoyant des classes gouvernantes, enlevé des épaules de l'ouvrier et réparti sur ces classes elles-mêmes, dans la mesure exacte des ressources de chacun.

22 juin 1842. Établissement de l'*Income Tax*, base de tous les dégrèvements futurs.

4 juillet 1844. Rappel du droit sur le vinaigre.

24 avril 1845. Rappel du droit sur le verre.

8 mai — Rappel du droit sur les ventes à l'encan.

8 mai 1847. Rappel du droit sur les céréales.

22 juillet — Introduction du *Penny postage*, la poste mise à la portée du peuple.

17 mai 1850. Rappel du droit sur les briques.

14 août — Rappel du droit sur l'exportation de la houille.

24 juillet 1851. La taxe des portes et fenêtres remplacée par le faible *House Tax*.

8 juillet 1853. Rappel du droit sur les savons.

— — Rappel du droit sur les annonces, et réduction du timbre des journaux.

10 août 1854. Réduction du timbre des factures à 10 centimes.

15 juin 1855. Affranchissement facultatif du timbre des journaux.

3 avril 1860. Réduction à 62 centimes du timbre des contrats.

12 juin 1861. Rappel des droits sur le papier.

3 juin 1862. Rappel des droits sur le houblon.

25 juillet 1864. Rappel des droits sur les successions inférieures à 2,500 fr.

26 mai 1865. Réduction des droits sur le thé.

26 mai 1865. Réduction des droits sur les assurances contre l'incendie.

2° Tableau des principales lois sanitaires :

23 juillet 1840. Loi sur la vaccination obligatoire.

8 août 1845. *General Enclosure Act*; loi qui ne permet pas d'enclore et de morceler, sans une permission spéciale du Parlement, les communaux situés à une distance donnée des grandes villes, ni les *greens* ou pelouses qui se trouvent au centre de presque tous les villages anglais. Cette mesure protectrice est d'une grande importance pour la santé publique, car elle empêche les agglomérations. Les *greens* peuvent être considérés comme la garantie principale de la salubrité des villages anglais; les enfants y trouvent un vaste espace généralement sec, où ils peuvent courir et jouer librement toute l'année. L'absence complète de ces *greens* dans nos villages, où il n'y a de propriété publique qu'une rue étroite, est l'une des choses qui frappent celui qui arrive d'Angleterre en France.

26 août 1846. Loi facilitant aux communes la construction des bains et lavoirs.

— — Loi assurant une compensation aux familles d'ouvriers tués par accident.

— — Loi prescrivant l'enlèvement des ordures et autres matières nuisibles à la santé.

— — Loi pour faciliter les emprunts ayant pour objet le drainage.

2 juin 1847. Nouvelle loi sur les bains et lavoirs.

4 septembre 1848. Nouvelle loi sur l'enlèvement des ordures.

1848. Loi générale sur la santé publique, instituant les conseils locaux sanitaires (*Local Boards of Health*), nommés par les habitants imposés de la commune; ces conseils sont chargés du drainage et de toutes les mesures de santé, et font exécuter tous les travaux nécessaires. La loi leur donne la qualité de personnes civiles, autorisées à faire des emprunts.

1er août 1849. Nouvelle loi sur les ordures.

24 juillet 1851. Loi sur les *Common Lodging houses*, ou maisons d'habitation commune pour les plus pauvres parmi les ouvriers. Elle donne aux conseils municipaux et communaux le droit de les inspecter, et, au besoin, d'emprunter pour construire de meilleurs logements.

1852. Loi favorisant l'établissement de nouveaux terrains de récréation dans les villes et les villages.

14 août 1855. Loi définitive sur les ordures, etc. (*Nuisance removal Act*).

— — Loi pour prévenir la diffusion des maladies contagieuses.

1855. Loi autorisant la formation de sociétés destinées à construire et à louer des *lodging houses* : elle ne permet pas aux locataires de les acheter par annuités, ce qui la rend peu utile.

3 juillet 1860. Loi permettant aux communes, sur le vote des deux tiers des habitants imposés, de se taxer pour faire des améliorations sanitaires et utiles à la communauté.

6 août 1860. Nouvelle loi pour prévenir la contagion.

— — Loi édictant des peines sévères contre l'altération des substances alimentaires.

— — Loi permettant aux propriétaires de domaines substitués d'emprunter pour construire des cottages sur leurs terres.

1864. Nouvelle loi sur le drainage des terres.

— Amendements à la loi sur les compensations accordées aux familles des ouvriers tués par accident.

1866. *Sanitary Act;* loi déterminant de la façon la plus minutieuse les précautions imposées aux *Local-Boards of Health.*

18 mai 1866. Loi autorisant le gouvernement à faire des prêts pour la construction des cottages.

1866. *Metropolitan Commons Act;* loi ayant pour but la conservation des communaux actuellement existant dans la zone de Londres.

### *C.* — LOIS RELATIVES A L'INSTRUCTION PRIMAIRE.

Le développement de l'instruction dans les classes ouvrières doit être considéré comme le plus grand progrès qu'elles puissent faire, car il ouvre la voie à tous les autres, et, sans l'instruction, le bien-être matériel n'est souvent pour leurs membres qu'un dangereux présent. Je pourrais donc, sans sortir de mon sujet, exposer en détail ce qui s'est fait en Angleterre pour répandre l'instruction primaire et ce qui reste encore à y faire. Mais cette étude me retiendrait trop longtemps. Il est d'ailleurs permis à un Français, qui n'a eu que trop d'occasions de voir à quel point l'instruction universelle contribue à la puissance de l'Allemagne et des États-Unis, d'espérer que l'Assemblée nationale ne se laissera pas devancer par l'Angleterre et dotera notre pays des institutions propres à lui assurer à cet égard le rang qu'il devrait occuper dans le monde civilisé.

Ce n'est pas ici la place de discuter la question de l'instruction gratuite et obligatoire. Mais le peu que j'aurai tout à l'heure l'occasion de dire prouvera, je crois, que, dans un pays qui n'a ni le suffrage universel, ni le service militaire obligatoire, où les réformes ne s'opèrent pas d'un seul coup et d'une manière générale, le système de l'instruction obligatoire est cependant en voie de s'introduire. Il pénètre peu à peu dans les mœurs, grâce aux prescriptions sévères des *Factories Acts,* dont je parlerai plus loin. La nouvelle loi, dont je vais donner un aperçu, en prépare l'application en multipliant les écoles; et, un beau jour, lorsque nous n'aurons peut-être pas encore adopté ce principe salutaire, l'Angleterre, sentant qu'elle est en état de l'appliquer, le proclamera et le pratiquera sincèrement et complétement.

J'ai déjà fait connaître les institutions qui ont pour but de répandre l'instruction élémentaire des arts et des sciences dans les classes ouvrières.

Quant aux lois qui rendent, dans certains cas, l'instruction obligatoire pour les enfants, j'aurai à en parler à propos de la législation protectrice de l'enfance, à laquelle elles sont subordonnées.

L'intervention de l'État dans l'éducation publique est une nouveauté en Angleterre, où le soin d'instruire les jeunes générations avait été, pendant des siècles, exclusivement confié aux ministres de la religion officielle. Elle est plus ancienne en Irlande, où les autorités anglaises ont cherché en vain dans cette intervention un moyen de soustraire les anciens habitants du sol à l'influence du clergé national. Mais la vieille querelle nationale, qui donne à tout ce qui se fait en Irlande un caractère particulier, et qui complique les questions les plus simples, rendrait inutile, pour le but que je me propose, l'examen du système de l'éducation en Irlande. Je me bornerai à dire ici que les écoles mixtes ou nationales, qui donnent une instruction générale toute laïque, en confiant à certains moments les élèves aux ministres des religions diverses auxquelles ils appartiennent, ont eu un grand succès et promettent d'heureux résultats.

En Angleterre, l'intervention de l'État se révèle pour la première fois le 11 août 1840 par le vote de 750,000 fr. pour l'éducation publique. Cette intervention est réglée par la loi du 19 juillet 1844, qui confirme et étend les pouvoirs du comité du conseil privé sur l'instruction publique, établit le principe que les sommes votées par le Parlement seront réparties à titre de subventions entre les écoles qui auront pour cela rempli certaines conditions, et institue enfin des inspecteurs chargés d'examiner les élèves, de visiter les écoles et de présider à cette répartition.

Jusqu'en 1870, le rôle du gouvernement s'est borné

à encourager ainsi les écoles fondées, soit par des particuliers, soit par les différentes communautés religieuses et principalement par l'Église anglicane, soit encore par les conseils municipaux, ou par des sociétés diverses. Avant de passer à la loi de 1870, la seule qui mérite ici notre attention, je donnerai quelques chiffres sur la statistique de l'instruction primaire en 1867.

*Grande-Bretagne* (Angleterre, Pays de Galles, Écosse).

| | |
|---|---|
| Les écoles qui ont reçu des subventions sont au nombre de . . . . . . . . . . . | 13,881 |
| Celles qui, sans en recevoir, ont été visitées par les inspecteurs . . . . . . . . . | 710 |
| Les élèves inscrits dans les écoles subventionnées ont été au nombre de . . . . | 1,352,372 |
| (Il y avait place pour 1,782,102, à 8 pieds carrés de superficie pour chacun.) | |
| Les élèves inscrits dans les écoles visitées. | 38,728 |
| (Il y avait place pour 55,576.) | |

Les recettes des écoles subventionnées ont été :

| | |
|---|---|
| Dotations . . . . . . . . . . . . | 1,418,700 fr. |
| Contributions volontaires . . . . | 10,073,700 |
| Contributions des élèves. . . . . | 11,792,800 |
| Subventions de l'État. . . . . . | 11,378,225 |
| Autres ressources. . . . . . . . . | 1,730,575 |
| Total des recettes. . . . . . . . . | 36,394,000 |

| | |
|---|---|
| Le total des dépenses de ces écoles a été de. . . . . . . . . . . . . . | 36,653,675 fr. |
| Dépenses pour la construction de nouvelles écoles : | |
| Dons de l'État . . . . . . . . . . | 570,125 |
| Autres dons . . . . . . . . . . . | 2,244,275 |
| Total . . . . . . . . . . . . . . | 2,814,400 |
| Total des dépenses votées par le Parlement : constructions, salaires des maîtres, dons aux écoles normales, subventions fixées par la loi, administration. | 17,130,050 |

*Irlande.*

| | |
|---|---|
| Écoles nationales, presque entièrement gratuites : | |
| Élèves inscrits. . . . . . . . . . | 913,196 |
| — présents chaque jour . . . | 321,683 |
| Écoles monastiques : | |
| Élèves inscrits. . . . . . . . . . | 73,344 |
| — présents . . . . . . . . . | 31,542 |
| Budget des écoles nationales : | |
| Sommes votées par le Parlement.. | 8,652,750 fr. |
| Total des recettes.. . . . . . . . | 10,954,175 |
| Total des dépenses. . . . . . . . | 9,262,600 |

La somme totale votée pour l'instruction primaire du Royaume-Uni a été, en 1867, de 25,782,800 fr.

Un seul chiffre montrera les progrès de l'instruction primaire sous l'influence de ce système : le nombre des élèves dans les écoles visitées, qui, en 1867, était de 1,391,100, ne s'était élevé dix ans auparavant, en 1857, qu'à 626,696.

Il ne me reste plus qu'à parler de la nouvelle organisation établie par la loi du 9 août 1870, dont on ne peut encore aujourd'hui apprécier les résultats. Elle constitue des districts d'écoles, composés d'une ou de plusieurs communes, l'agglomération de Londres en formant un spécial, qui sont tenus de posséder chacun le nombre suffisant à leur population d'écoles publiques élémentaires, où les élèves ne doivent pas payer plus de 94 c. par semaine. Un règlement détaillé indique les conditions auxquelles une école est classée comme école publique et reçoit une subvention : on y remarque les prescriptions les plus sévères en faveur de la liberté religieuse des élèves. Ces écoles sont classées après la visite des inspecteurs, qui examinent les élèves et les rangent dans six classes, selon leur degré d'instruction. L'autorité directrice supérieure du gouvernement est exercée par le département de l'éducation, dont relèvent les inspecteurs. Mais l'application de la loi est laissée aux autorités locales. Ces autorités sont : les surveillants des pauvres dans les communes rurales; les conseils municipaux dans les bourgs; et un bureau spécial, *School-board,* élu comme les *Vestries,* dans l'agglomération de Londres, mais unique pour toute la capitale. Le département de l'éducation détermine la quantité d'écoles nécessaires dans chaque district; il reçoit les appels contre les autorités locales ou les inspecteurs, et ordonne les enquêtes. Si les autorités locales, négligeant ses prescriptions, n'ont pas établi, dans un délai donné, les écoles qu'il a prescrites, il fait former, par élection, dans le district un *School-board* spécial. La loi permet à ces *Boards* de faire des règlements établissant l'instruction obligatoire et assurant la gratuité aux pauvres, et de se charger de l'administration des écoles volontaires qui ne pourraient subsister dans ces conditions. La loi prévoit divers cas où le département peut ordonner la formation d'un *School-board :* les autorités locales peuvent toujours la demander. Il est nommé par les électeurs communaux; à Londres, il est formé par scrutin de liste, avec la faculté pour l'électeur de concentrer toutes ses voix sur un seul candidat. Le mandat y est triennal; six mois d'absence emportent la démission. Le *School-board* est une personne civile qui nomme des employés salariés, achète, bâtit, dote et entretient les écoles. Il peut emprunter avec amortissement pour un terme de moins de cinquante ans. Il a le droit de nommer un comité de direction. Aucun catéchisme particulier à une religion ne saurait être enseigné dans les écoles fondées par les *School-boards.* L'exemption de payement pour l'école, accordée aux parents pauvres, doit être renouvelée au moins tous les six mois. Le *School-board* a le moyen de faire un grand pas dans la voie de l'instruction gratuite et obligatoire; il peut établir dans son district, si celui-ci compte beaucoup de pauvres, des écoles gratuites, et surtout il peut décréter, pour toute l'étendue de ce district, l'obligation d'assister à l'école pour tous les enfants de cinq à treize ans : une distance de 4,800 mètres du domicile à l'école est une excuse valable, qui dispense l'enfant de cette assistance. Le *Board* fixe les heures de travail dans les écoles soumises à sa tutelle. Lorsque l'inspecteur les visite, tous les enfants âgés de plus de dix ans, qui, à l'examen, ont passé un certain degré d'instruction, sont dispensés de l'obligation d'assister à l'école, en tout ou partie. Les règlements faits par les *School-boards* doivent être soumis à l'approbation du département de l'éducation : celui-ci peut déclarer les *Boards* rebelles à la loi, lorsqu'ils ne s'y conforment pas, les casser et les remplacer par une commission provisoire qu'il nomme lui-même. Il peut aussi, pour égaliser les charges, réunir plusieurs districts en un seul, et dissoudre ensuite ces unions, s'il le juge nécessaire. L'entretien des écoles qui sont à la charge du *School-board,* la subvention donnée à d'autres pour arriver au chiffre prescrit par le département, et le salaire des employés, forment le budget des dépenses du *Board :* ces dépenses sont supportées par un fonds spécial, appelé *School-fund,* administré par le *Board,* dans chaque district. Ce fonds est alimenté par le payement des élèves, les subventions de l'État, qui passent en partie par les mains du *Board,* et les emprunts dans la forme autorisée. Si ces ressources ne suffisent pas, le *Board* donne connaissance aux autorités locales de la somme nécessaire pour couvrir le restant des dépenses, et cette somme doit être prélevée sur la paroisse, au moyen d'une élévation des taxes locales. Les comptes de chaque *School-fund* sont vérifiés par le comptable de l'Assistance publique (*poorlaw auditor*), contrôlés par tous les imposés du district, puis envoyés au département central, qui les publie. Les peines pour toutes fraudes dans l'élection des *Boards* sont les mêmes que pour l'élection des autorités locales.

A partir du 31 mars 1871, les dons du Parlement sont limités aux écoles primaires. Ces dons ou subventions se divisent en deux parts : 1° les subventions accordées directement aux écoles particulières, conformément à l'ancienne loi. Pour les obtenir, les écoles doivent avoir un certificat des inspecteurs. Elles reçoivent une subvention proportionnelle à leur importance, mais qui ne saurait en aucun cas dépasser le chiffre de leurs autres recettes. Ces subventions ne peuvent jamais être accordées pour l'instruction religieuse. — 2° Les subventions données aux *School-funds*, d'abord pour les écoles fondées par les *Boards*, dans la même proportion que si c'étaient des écoles particulières; ensuite à titre d'allocation extraordinaire toutes les fois qu'une taxe de 3 *pence* pour livre ou de 1/80e du revenu imposé, établie dans le district pour l'entretien des écoles du *School-board*, produit moins de 500 francs en tout ou moins de 8 fr. 75 c. par enfant assistant à ces écoles.

Un rapport annuel doit être soumis au Parlement par le département de l'éducation.

Cette loi a, comme on le voit, pour objet d'*obliger*, non les enfants à fréquenter des écoles qui peuvent ne pas exister, mais chaque communauté à fournir à tous les enfants les moyens de suivre une école. C'est l'instruction obligatoire pour ceux qui la donnent, non encore pour ceux qui la reçoivent. Mais le principe de la gratuité limitée et de l'obligation, telle que nous l'entendons en France, est inscrit dans la loi, comme le sont, au début, toutes grandes réformes que font les Anglais, c'est-à-dire à titre facultatif pour les autorités locales. Il s'appliquera tout naturellement le jour où, par l'effet de la loi actuelle, le terrain sera prêt pour le mettre en pratique.

## LÉGISLATION

### CONCERNANT DIRECTEMENT LES OUVRIERS.

Je passe maintenant aux lois qui ont été faites spécialement pour les classes ouvrières et qui les touchent directement.

Elles peuvent se diviser en trois catégories :

*A.* — Les lois protectrices des faibles, par lesquelles l'État intervient en faveur des femmes et des enfants, leur interdit certains travaux, en limite d'autres, et garantit l'instruction primaire à l'enfant dont le travail profite à ses parents.

*B.* — Les lois qui protégent les ouvriers, sans distinction d'âge ni de sexe, contre les abus de pouvoir des patrons, en interdisant les *Truck-shops,* en réglant le pesage des berlines dans les mines, en imposant des précautions minutieuses pour tous les travaux souterrains, et en assurant aux ouvriers une large compensation en cas d'accidents.

*C.* — Les lois qui régissent les coalitions, les Unions et les arbitrages.

Les lois des deux premières catégories ont été inspirées par un sentiment de justice et d'humanité. Comme toujours, en pareil cas, elles ont d'abord été réclamées par quelques hommes de bien, dont la voix indignée vint troubler le silence au milieu duquel se perpétuaient les plus criants abus. Ils en appelèrent au Parlement : on nia les faits monstrueux qu'ils avaient révélés. Ils revinrent à la charge, appuyés cette fois par une portion considérable de l'opinion publique : ils apportaient la preuve incontestable des souffrances qu'ils avaient signalées, de l'état déplorable des mines, de la mortalité effrayante et du dépérissement de la race, causés par l'excès du travail dans les manufactures. On leur répondit que la réglementation de la journée des femmes et des enfants entraînerait en pratique celle des hommes, que cette limite, ainsi imposée à l'industrie, était, d'une part, une atteinte aux libertés du citoyen anglais, et, d'autre part, un danger pour cette industrie qui, soumise à de telles restrictions, ne pourrait résister à la concurrence étrangère. On verra combien ces craintes étaient chimériques. Quoique la majorité du Parlement les partageât, elle comprit qu'elle ne pouvait étouffer de telles questions, qui commençaient à agiter sérieusement les ouvriers. Elle accorda plusieurs enquêtes, et chaque fois ces enquêtes amenèrent, d'une façon plus ou moins complète, les résultats réclamés par les novateurs. Les faits qu'elles révélèrent, les abus dont elles montrèrent les funestes conséquences, dépassèrent d'ordinaire tout ce que ceux-ci avaient avancé à l'appui de leurs réclamations. L'on comprit alors que la prévoyance et la sagesse s'unissaient à l'humanité pour imposer un remède à ces abus. L'opinion publique se prononça; le Parlement donna force de loi à ce qu'elle voulait, et les adversaires des mesures décrétées furent obligés de reconnaître, dès le lendemain, que, loin de porter atteinte à l'industrie, elles lui donnaient un nouvel essor, en élevant l'ouvrier, tant au moral qu'au physique. La prospérité dont l'Angleterre a joui depuis qu'elles sont en vigueur le prouve suffisamment.

Certaines lois, auxquelles l'humanité n'est pas non plus étrangère, mais dictées surtout par la prévoyance et l'équité, règlent l'intervention de l'État dans les rapports entre les patrons et les ouvriers. Elles ont pour but, d'une part, de prévenir une partie des dissentiments qui troublaient et troublent encore l'industrie, en tranchant d'une manière formelle un grand nombre de questions litigieuses, et, d'autre part, d'assurer une protection à l'ouvrier contre des procédés dont les patrons faisaient l'abus le plus criant. Il n'était pas besoin de faire la preuve des faits auxquels elles devaient porter remède. D'un côté, des grèves nombreuses prouvaient que le pesage des berlines, les *Truck-shops*, les amendes, les retenues et les payes à longue échéance, étaient le sujet de querelles interminables entre les patrons et les ouvriers. De l'autre, les enquêtes parlementaires, conduites avec la plus scrupuleuse impartialité, avaient établi que les patrons faisaient habituellement un usage abusif de la liberté des contrats et des avantages que leur donnait leur position. Aussi les mesures proposées furent-elles combattues seulement comme vexatoires et stériles. Les patrons protestèrent contre l'intervention de l'État, qui, disaient-ils, pénétrait partout chez eux et prétendait s'opposer à des usages et à des règlements librement acceptés par leurs ouvriers.

Cependant, toutes les grandes industries reconnurent bientôt que ces usages et ces règlements avaient des résultats déplorables, qu'elles en souffraient elles-mêmes, par contre-coup, presque autant que les ouvriers, et que l'État leur rendait service en empêchant des concurrents peu scrupuleux d'y avoir recours. Le contrôle d'enquête de l'État, contre lequel on se récriait, existait déjà en Angleterre; il y est exercé avec grande mesure, et parfaitement accepté, grâce aux habitudes introduites par la perception de divers impôts et particulièrement de l'impôt sur le revenu. On peut citer, comme exemples de ce contrôle, les droits d'excise, le droit de visite pour prévenir la distillation clandestine, et la surveillance pour empêcher les fermiers de faire du sucre de betterave ou du tabac indigène.

C'est dans la petite industrie et dans la métallurgie que les *Truck-shops*, le système des longues échéances et des salaires fictifs, ont trouvé leurs plus ardents défenseurs, et les enquêtes de l'année dernière prouvent, comme on le verra par la suite, que ces abus sont encore loin d'avoir été déracinés. L'opinion publique, et le Parlement, qui en est l'interprète, considèrent qu'il est du devoir de la société d'intervenir entre deux classes toutes les fois que, sous l'apparence des libres contrats, il s'est introduit des abus contre lesquels ceux qui en sont victimes protestent constamment et inutilement, et dont les conséquences funestes pour la société tout entière ont été clairement démontrées.

### A. — LOIS PROTECTRICES DES FEMMES ET DES ENFANTS.

J'ai entendu dire un jour à M. Gladstone que le plus grand bienfaiteur de son pays serait celui qui inventerait une industrie donnant à chaque mère de famille le moyen de gagner quelque chose sans quitter le foyer domestique. C'est résumer en peu de mots l'une des principales préoccupations des législateurs anglais. Le travail des femmes dans l'atelier, qui les arrache à leur intérieur pour livrer entièrement les enfants à la crèche et à la salle d'asile, est condamné par eux en principe : d'autant plus que ce travail, insuffisamment rétribué, fait concurrence à celui des hommes, et est ainsi nuisible, en somme, à la famille de l'ouvrier. L'usage qui veut qu'une quantité de travail égal soit moins payée quand elle est faite par une femme que si elle était faite par un homme est l'un de ceux contre lesquels la raison et la saine justice protestent le plus énergiquement; son existence même prouve que le travail des femmes à l'atelier est un fait déplorable dans nos sociétés modernes.

Le législateur n'a pas le pouvoir de le supprimer

absolument et de priver ainsi les familles d'une ressource peut-être nécessaire. Mais il a le devoir, telle est du moins son opinion en Angleterre, d'intervenir pour protéger les faibles, c'est-à-dire les femmes et les enfants, contre les excès de travail qui portent atteinte à la vigueur physique et à l'intelligence de la population tout entière. Il y a là un intérêt national, dont la défense est confiée aux pouvoirs publics et qu'ils ne sauraient négliger.

I. De là les *Factories Acts*, qui limitent le travail des femmes et des enfants et assurent à ces derniers une certaine instruction en échange du travail prématuré que leurs parents sont obligés de leur imposer. Les principes qui ont dicté ces grandes lois, leur développement et les clauses qui les rendent efficaces ont été exposés à l'Assemblée nationale, par le rapport de M. Tallon, d'une manière trop complète et trop éloquente pour qu'il y ait lieu d'y revenir ici. L'Assemblée, par l'accueil qu'elle a fait au projet de loi de M. Ambroise Joubert, a jeté les bases d'une législation destinée à assurer aux classes ouvrières des bienfaits que la loi de 1841 leur avait fait entrevoir en vain.

Je me bornerai donc à une simple énumération, sans aucun commentaire, de la législation anglaise, et je montrerai, au moyen des rapports des inspecteurs anglais, comment cette législation a fonctionné, quels sont les résultats heureux qu'elle a déjà obtenus, les difficultés qu'elle a rencontrées, les défauts qui s'y sont révélés, et les améliorations que l'expérience semble devoir y faire encore introduire.

Avant de commencer, il est juste de faire remarquer que la plupart de ces lois ont été longtemps et obstinément réclamées par les Unions, qui ont joué dans cette circonstance le rôle de défenseurs éclairés des intérêts des classes ouvrières.

22 juin 1802. Premier *Factories Act*, présenté par le premier sir Robert Peel. Il limite le travail des femmes et des enfants, sous certaines conditions, dans certaines filatures.

1831. Loi qui défend le travail de nuit à toutes les personnes au-dessous de vingt et un ans.

29 août 1833. Premier *Factories Act* complet et efficace. Abaisse de vingt et un à dix-huit ans la limite d'âge pour le travail de nuit. Il étend l'intervention de la loi à toute espèce de filatures mues à la mécanique. Au-dessous de dix-huit ans, le travail est limité à douze heures avec une heure et demie de repos, en tout soixante-neuf heures par semaine. Entre neuf et treize ans, il est limité à neuf heures par jour, ou quarante-huit heures par semaine; il est absolument interdit au-dessous de neuf ans. La loi assure à ses protégés le repos du dimanche et des jours fériés; elle pose le principe salutaire que l'enfant auquel ses parents demandent un travail manuel avant l'âge de treize ans a droit, en échange, à une certaine instruction, et elle établit en sa faveur l'instruction obligatoire. Enfin elle assure sa propre efficacité par la création d'inspecteurs spéciaux des manufactures.

10 août 1842. Une loi, dont les autres clauses seront mentionnées ailleurs, interdit formellement tout travail

souterrain, dans les mines et carrières, aux femmes et aux enfants âgés de moins de dix ans. Une mesure aussi radicale était nécessaire pour mettre un terme à des abus de travail qui avaient pris, au commencement de ce siècle, des proportions effrayantes. Les femmes étaient obligées de monter des échelles de plusieurs centaines de mètres avec 100 kilogrammes sur les épaules; les enfants, enfermés dans les puits pendant douze ou quinze heures, mouraient presque tous avant d'avoir atteint l'âge d'homme. Quoique diminués, ces abus subsistaient encore en 1842, comme le révélèrent les enquêtes d'où sortit cette loi.

6 juin 1844. Second *Factories Act.* L'expérience ayant prouvé que l'inspection des manufactures était insuffisante, ce service fut remanié. On adjoignit aux inspecteurs un certain nombre de sous-inspecteurs; on créa un bureau central qui dut recevoir avis de la fondation de toute nouvelle fabrique, et les inspecteurs durent à leur tour nommer des médecins chargés de donner les certificats exigés par la loi. Des précautions sanitaires sont imposées aux filatures de chanvre; les machines doivent être grillées partout où elles sont à la portée des femmes et des enfants; des compensations sérieuses sont assurées en cas d'accident. L'âge auquel les enfants peuvent travailler est abaissé de neuf à huit ans; mais, en retour, leur journée est réduite à six heures et demie ou sept heures, à moins qu'ils ne travaillent qu'un jour sur deux, auquel cas le jour de travail peut être de dix heures. La journée doit se terminer le samedi à quatre heures et demie, et les

heures de repas doivent être entre sept heures et demie du matin et sept heures et demie du soir.

30 juin 1845. Loi qui assimile les femmes et les enfants travaillant dans des imprimeries à ceux qui travaillent dans les *factories* et les place sous le contrôle des inspecteurs.

8 juin 1847. Loi, dite *the Ten Hours Bill,* qui prescrit qu'après le 1er mai 1848 les femmes et les garçons au-dessous de dix-huit ans ne pourront travailler que dix heures par jour et cinquante-huit heures par semaine dans les *factories*. Le nombre des personnes ainsi protégées qui sont employées dans les manufactures et fabriques désignées sous ce nom est si considérable, leur rôle y est si important, que le résultat de cette loi a été de réduire à la limite de dix heures la journée de tous ceux qui travaillent avec elles. Principalement dans l'industrie cotonnière, les prescriptions salutaires de la loi se sont trouvées étendues, par la force des choses, des femmes et des enfants, aux adultes hommes, et toutes les immenses manufactures du Lancashire ont adopté les dix heures comme règle générale sans que cette restriction ait entravé en quoi que ce soit leur développement et leur prospérité.

5 août 1850. Les heures pendant lesquelles le travail est interdit aux femmes et aux enfants sont changées et seront désormais de six heures du matin à six heures du soir. La journée du samedi se terminera à deux heures.

20 août 1853. Loi réparant une anomalie de la précédente qui, par suite de sa rédaction, se trouvait

applicable aux jeunes gens et non pas aux enfants.

6 août 1860. La protection de la loi est étendue aux femmes et aux enfants employés dans les teintureries.

6 août 1861. Même protection pour ceux qui travaillent dans les fabriques de dentelles.

11 avril 1862. Même protection pour ceux qui travaillent au blanchissage en plein air.

29 juin 1863. Même protection pour ceux qui travaillent dans les fabriques où l'on achève à la machine les toiles, les draps, etc., etc.

31 juillet 1863. *Bake-houses Act.* Il interdit aux personnes âgées de moins de dix-huit ans de travailler dans les boulangeries entre neuf heures du soir et cinq heures du matin; édicte aussi des précautions sanitaires.

30 juin 1864. Loi sur les ramoneurs; complète celles des 25 juillet 1834 et 7 août 1840. Elle ne permet pas aux jeunes gens de moins de vingt et un ans de monter dans les cheminées.

20 juillet 1864. Protection pour les femmes et les enfants employés à l'emballage des toiles, draps, etc.

25 juillet 1865. *Factories extension Act.* Cette loi fait entrer dans la classe des *factories*, où le travail des femmes et des enfants est limité et contrôlé, toute une catégorie nouvelle de fabriques, comprenant les poteries, les manufactures de capsules et de cartouches, de papiers peints, d'allumettes, etc., etc. Dans ces dernières, les femmes et les enfants ne peuvent prendre leur repas dans l'établissement.

1867. Nouveau *Factories extension Act*. Après s'être longtemps essayé par des mesures restreintes, le législateur anglais, procédant, comme c'est son habitude, du particulier au général, s'est décidé à étendre le principe dont l'application avait déjà donné partiellement d'heureux résultats. Au lieu de continuer à introduire une à une de nouvelles industries dans la classe des *factories*, où l'État intervient pour la protection des faibles, il prend une mesure plus générale. Après avoir assimilé à ces *factories* tous les établissements, quelle que soit leur importance, où l'on fond des métaux, où l'on fabrique à la mécanique des objets en métal, en caoutchouc, et où l'on produit du papier et du verre, où l'on travaille le tabac, où l'on imprime et où l'on relie, il décrète que tout établissement, quelle que soit son industrie, qui emploie plus de cinquante ouvriers dans une ou plusieurs maisons, sera soumis aux mêmes prescriptions.

21 août 1867. Une seconde loi de la même année, dite le *Workshops Regulation Act*, vient compléter cette mesure générale. Les *workshops* ou ateliers, sont d'après la définition donnée par ce bill, tous les établissements où des femmes ou des jeunes gens de moins de dix-huit ans, c'est-à-dire des ouvriers auxquels l'État accorde une protection spéciale, travaillent pour un patron. Les prescriptions imposées à ces ateliers sont un peu moins sévères que pour les *factories*, quoique dans l'ensemble elles soient analogues ; ainsi, tandis que les enfants de moins de treize ans qui travaillent dans les *factories* doivent, d'après la loi précédente, aller à l'école pendant deux heures chaque jour, ceux qui travaillent dans les

ateliers sont, d'après celle-ci, obligés seulement à une présence de dix heures par semaine, ce qui laisse une plus grande irrégularité dans leur instruction. Mais la différence principale est dans la manière dont l'exécution de la loi est contrôlée. Tandis que pour les *factories* ce contrôle est confié exclusivement aux inspecteurs du gouvernement, pour les ateliers il est, par cette loi, placé dans les mains des autorités locales, et au lieu de pouvoir pénétrer, comme dans les *factories*, à tout instant dans un atelier pour rechercher les illégalités qui peuvent s'y commettre, les inspecteurs sont obligés, avant d'entrer, de requérir un ordre d'un magistrat. L'exécution de la loi, ainsi remise à des autorités qui ont souvent intérêt à l'éluder, parmi lesquelles se trouvent parfois des personnes qui la violent elles-mêmes, est incertaine et irrégulière. C'est cependant dans les petits ateliers qu'une surveillance exacte est surtout nécessaire, car il s'y commet bien plus de fraudes et d'abus que dans les grands établissements, où tout se passe pour ainsi dire en public.

9 août 1870. Nouveau *Factories and Workshops Act.* Cette loi spéciale ne s'applique qu'aux établissements d'impression d'étoffes, de blanchissage à l'air, de teinture de cochenille, et aux ateliers de conservation de fruits, de légumes et de poissons, où il est parfois nécessaire de travailler jour et nuit pour ne pas perdre la marchandise. Dans ces derniers ateliers, les femmes (non les enfants) sont autorisées à travailler, non la nuit, mais quatorze heures par jour, pendant certains mois, pourvu que l'exception ne soit pas de plus de

quatre-vingt-seize jours par an. Dans les autres, qui sont assimilés aux *factories*, quel que soit le nombre de leurs ouvriers, les femmes et les jeunes ouvriers âgés de seize à dix-huit ans peuvent travailler quinze heures dans les cas exceptionnels, pourvu que ce ne soit pas la nuit entre neuf heures du soir et six heures du matin, et que ces journées exceptionnelles ne dépassent pas le chiffre de soixante-douze par an.

25 mai 1871. *Factories and Workshops (Jews) Act.* Cette loi autorise les ateliers qui emploient des femmes ou des garçons appartenant à la religion israélite de les faire travailler le dimanche, pourvu qu'on ne vende pas ce jour-là, que les inspecteurs y soient admis les dimanches comme les autres jours, que le repos du dimanche soit porté au samedi et le demi-congé du samedi à un autre jour.

21 août 1871. Loi spéciale qui confie aux inspecteurs le contrôle des *workshops*.

Il me reste maintenant à indiquer quels ont été les principaux caractères de cette législation, qui, comme on le voit, va s'améliorant tous les jours, grâce à une expérience qui date maintenant de trente-neuf ans. Je serai exclusivement guidé dans cette analyse par les rapports semestriels des inspecteurs; ces comptes rendus offrent pour l'étude de la situation des ouvriers les documents les plus intéressants; et, quand les inspecteurs que la loi de M. Joubert propose de créer en France ne nous rendraient pas d'autre service que de présenter au public des aperçus aussi justes, aussi scrupuleux et aussi impartiaux que ceux de leurs collègues anglais, l'Assemblée n'aura pas à regretter l'institution de ces nouveaux fonctionnaires.

L'Angleterre est partagée aujourd'hui entre deux inspecteurs, MM. Redgrave et Baker, qui ont l'un trente et un et l'autre vingt sous-inspecteurs sous leurs ordres. Ceux-ci ont des traitements qui varient de 7,500 à 12,000 fr., selon leur temps de service. Comme on l'a vu, le *Workshops Act* de 1867 avait établi que les autorités locales nommeraient et payeraient des inspecteurs particuliers, chargés de veiller à l'application de la loi dans les ateliers; le choix de ces officiers était soumis à tant d'influences individuelles et leur salaire était si insuffisant que leur contrôle demeurait généralement illusoire. Les rapports des inspecteurs du gouvernement demandaient que l'exécution de toutes les lois protectrices fût confiée aux mêmes personnes et retirée aux autorités locales qui se sont montrées incapables d'y veiller. Ce vœu a enfin été exaucé par le Parlement.

II. La tâche des inspecteurs du gouvernement peut se diviser, comme les lois dont ils sont les gardiens, en quatre parties :

1° Instruction primaire des enfants.

2° Limite du temps de travail des femmes et des enfants.

3° Mesures sanitaires.

4° Administration; poursuite des délinquants.

1° *Instruction primaire des enfants.* — La clause

en faveur de l'instruction des jeunes travailleurs, qui est due au premier sir Robert Peel, mais qui ne concernait alors que les apprentis, a ouvert la voie de l'instruction obligatoire. Développée et perfectionnée, comme je l'ai indiqué, par chaque nouvelle loi, elle est devenue l'objet principal de l'attention des inspecteurs, et elle occupe dans leurs rapports la place la plus considérable. L'expérience a montré que les enfants dits *half-timers*, c'est-à-dire ceux qui partagent leur journée entre l'école et le travail manuel, apprennent autant, s'ils sont réguliers dans leur assistance à l'école, que ceux qui ne sont pas employés dans les fabriques, et qu'ils y travaillent beaucoup mieux que ceux dont toute la journée se passe auprès des machines. La loi de 1844 partage la journée en deux parties : la demi-journée de travail de l'enfant doit être prise le matin ou le soir, et non au milieu du jour, afin de lui laisser l'autre partie de la journée libre pour l'école. Le meilleur système est sans contredit celui où l'enfant va le matin à l'école et le soir à la fabrique ; mais il ne peut être généralement appliqué, la demi-journée nécessitant des relais d'enfants qui changent au milieu du jour. Tout enfant travaillant dans un établissement quelconque doit avoir deux certificats, l'un du médecin, constatant son âge et sa santé, l'autre du maître d'école, constatant sa présence à l'école. Le certificat médical avait été inventé pour empêcher les fraudes sur l'âge des enfants, à une époque où les registres de l'état civil n'existaient pas en Angleterre. Aujourd'hui, on propose de le remplacer par l'extrait de naissance et de limiter le service médical à l'inspection des ateliers au point de vue de la santé des enfants. La nécessité de donner constamment de nouveaux certificats et la rétribution insuffisante accordée à ceux qui les donnent sont l'occasion de nombreuses difficultés et de constantes rélamations.

L'école est choisie par les parents de l'enfant, mais c'est le patron qui est tenu d'avoir le certificat; et, afin que l'instruction de l'enfant ne soit pas une charge pour ses parents, c'est le patron qui paye l'école, toutes les fois que le prix ne dépasse pas un douzième du salaire de l'enfant. Mais le patron et les parents sont également responsables de l'assistance régulière de l'enfant à l'école.

L'un des principaux obstacles à l'application générale du système du *half-time* a été l'insuffisance des écoles primaires, tant en quantité qu'en qualité. La loi n'est applicable qu'aux enfants qui peuvent trouver une école à moins de 3,200 mètres de leur domicile; le trop petit nombre des écoles laisse beaucoup d'enfants hors de cette catégorie. D'autre part, les écoles particulières non classées, et surtout les écoles laïques, n'offrent pas les garanties nécessaires pour assurer aux enfants une bonne instruction primaire. Dans son rapport du 31 octobre 1867, M. Redgrave, distinguant trois sortes d'écoles particulières : 1° celles qui sont ou subventionnées ou du moins visitées par les inspecteurs de l'instruction primaire; 2° celles qui sont tenues par un ministre religieux et ne sont pas inspectées; 3° celles qui sont tenues par des laïques et ne sont pas inspectées non plus, déclare que ces dernières sont tout à fait insuffisantes et d'une qualité inférieure. Ces écoles, appelées généralement *Adventure Schools*, diminuent d'ailleurs tous les jours. Dans le district de Blackburn, après les *National Schools* ou écoles communales, ce sont les écoles catholiques qui donnent la plus grande proportion d'écoles inspectées : plus des cinq sixièmes de leurs enfants sont inspectés; pour les écoles des dissidents, la proportion est inverse : plus des deux tiers de leurs enfants n'ont pas subi l'inspection. Les inspecteurs du gouvernement ont le devoir de contrôler et le droit d'annuler les certificats donnés par le maître d'école. Dans le seul district de Stockport, en moins de six mois de l'année 1866, M. Baker a été obligé d'annuler ainsi quarante certificats, soit parce que l'orthographe en était si défectueuse que le maître était évidemment aussi ignorant que ses élèves, soit parce que les enfants n'avaient pas assisté à l'école le temps réglementaire; le premier de ces motifs donne la mesure de la capacité d'un grand nombre de ces maîtres d'école.

Tous les rapports des inspecteurs constatent le développement du *Half-time System* et les effets heureux qu'il a eus sur l'instruction, l'intelligence et la bonne conduite de la jeune génération qu'il atteignait. Cependant, il ne s'est pas également développé partout, ses progrès ont dépendu de la situation particulière de chaque industrie. Dans les établissements classés comme *factories*, la loi est aujourd'hui appliquée sans difficultés; il n'en est pas de même des prescriptions nouvelles relatives aux *workshops*. Cependant, l'on peut dire que ces dernières mesures ont rencontré moins d'obstacles que le *Factories Act* dans les premières années de son existence.

L'opposition au système du *half-time* vient tantôt des ouvriers eux-mêmes, tantôt des patrons.

En bien des cas, les ouvriers n'ont vu dans ces mesures protectrices qu'une réduction des bénéfices que leur assurait le travail de leurs enfants, et ils ont cherché à les soustraire à cette protection. Ainsi bien des enfants passent constamment d'un atelier à l'autre pour éluder la nécessité du certificat. Dans les forges, les ouvriers n'ont pas encore compris les avantages de l'éducation pour leurs enfants, et maintes fois les inspecteurs se plaignent de leur résistance à la loi.

L'opposition des patrons se révèle de deux manières. Dans les *workshops*, ils négligent ouvertement la loi. Dans les *factories*, c'est-à-dire surtout dans la grande industrie, ils ont purement et simplement remplacé les jeunes ouvriers, qui étaient soumis au *half-time*, par des ouvriers plus âgés. C'est ce qui est arrivé à Londres et particulièrement à Spitalfields et dans l'est de la cité, où la misère universelle et le faible taux des salaires appellent d'autres réformes que celle-là. Il en a été de même dans presque toute l'industrie du fer; en 1867, la loi qui la soumettait au *Factories Act* étant arrivée au moment où les affaires étaient mauvaises, les patrons, plutôt que d'augmenter leurs charges en gardant les enfants soumis au *half-time*, les ont tous congédiés, non sans exciter de vives réclamations dans les familles, qui se plaignirent amèrement de cette triste conséquence de la protection de l'État.

Les résultats obtenus par les lois sur le *half-time* n'en ont pas moins été considérables. Le district des poteries du Staffordshire, où il avait d'abord rencontré une grande résistance, l'a franchement accepté; les rapports des inspecteurs donnent un aperçu de ses progrès annuels dans chaque industrie, et l'on peut constater dans ces documents que le nombre de celles qui en ont reconnu les bienfaits augmente rapidement; les ouvriers commencent enfin à payer volontiers pour les *half-timers* ceux des frais d'école qui sont à leur charge. En 1866, M. Baker comptait 70,000 de ces enfants dans son inspection, et M. Redgrave autant dans la sienne en 1869. Le système du *half-time* est aujourd'hui universellement adopté dans le Lancashire, où il produit les meilleurs effets. Il n'a pu s'établir de même à Glasgow, dans les industries textiles analogues à celles du Lancashire. Le motif de cette différence est évident. Dans le Lancashire, les perfectionnements des machines ont été plus rapides que l'accroissement de la population; ils ont augmenté constamment la demande du travail des enfants, et les manufactures, ne pouvant se priver de cette classe d'ouvriers, les ont pris en se soumettant aux règlements du *Factories Act*. A Glasgow, au contraire, la population augmentant plus rapidement que ne le comportait le développement de l'industrie mécanique, les manufactures ont pu choisir de préférence les enfants âgés de plus de treize ans, et les autres ont été écartés. Les chiffres suivants indiquent d'ailleurs, d'une manière exacte, les progrès du système du *half-time* dans les filatures du Royaume-Uni.

| | 1838. | 1850. | 1856. | 1868. |
|---|---|---|---|---|
| | — | — | — | — |
| Nombre total des ouvriers. | 423,400 | 596,082 | 682,947 | 857,890 |
| — des *half-timers*. | 29,283 | 35,122 | 46,071 | 81,464 |

Dans les établissements où la loi est appliquée depuis trente-trois ans, le nombre des ouvriers sachant lire et écrire a augmenté de 40 pour 100.

Les résultats directs de la loi pour les enfants employés dans les *workshops* ou ateliers ne sont pas encore aussi satisfaisants, parce que l'application de cette loi aux ateliers est plus nouvelle et plus difficile, et parce qu'elle est confiée à des autorités moins vigilantes. Mais l'effet indirect est déjà considérable : en imposant le *half-time* aux ateliers, on a empêché les parents de retirer leurs enfants des *factories* pour les placer dans les *workshops*, et l'on a obtenu ainsi un accroissement considérable de *half-timers* dans les grands établissements.

Cependant, malgré ses bienfaits, la loi sur l'instruction, annexée aux bills des *factories* et des *workshops*, est, il faut le reconnaître, insuffisante pour assurer l'instruction universelle de la classe ouvrière. Elle laisse un très-grand nombre d'enfants privés de tout enseignement, car beaucoup d'industries qui n'emploient pas d'ouvriers au-dessous de treize ans échappent complétement à ses prescriptions. Les enfants qui ne travaillent pas avant treize ans sont loin d'aller tous à l'école pour cela. La plupart des *half-timers* qui quittent la fabrique, où ils n'étaient admis qu'avec un certificat d'école, cessent même, dès cet instant, de paraître à l'école. Les inspecteurs reconnaissent unanimement que les difficultés qu'ils rencontrent à chaque pas et l'insuffisance des meilleures écoles particulières prouvent la nécessité de l'intervention de l'État dans l'éducation. Les écoles fondées dans les manufactures, et dont celle de New-Lanark, qui date de 1825, est la plus ancienne, ne peuvent combler cette lacune. Les inspecteurs réclament depuis plusieurs années la fondation par l'État d'un nombre d'écoles suffisant pour pouvoir établir d'une manière pratique l'instruction obligatoire; ils citent entre autres l'exemple de la grande ville de Sheffield, où, sur 230,000 âmes, il n'y a que 250 *half-timers :* sur ce point, la dernière loi de l'instruction primaire donne satisfaction à leurs vœux. Ils déclarent qu'on ne peut laisser aux parents la liberté de maintenir leurs enfants dans l'ignorance; car ceux même qui obtiennent les plus hauts salaires négligent de les envoyer à l'école, s'ils n'y sont contraints d'une manière quelconque. En attendant une mesure générale prescrivant l'instruction obligatoire, ils considèrent que le moyen le plus efficace pour combattre cette indifférence serait de prescrire que les obligations du *half-time* seront imposées à tous les jeunes ouvriers au-dessous de seize ou dix-huit ans qui ne sauront ni lire ni écrire. De la sorte, les parents, les enfants et les patrons eux-mêmes auront un intérêt direct à propager l'instruction, et une véritable prime, sous la forme de salaires doubles, sera assurée aux jeunes gens instruits.

2° *Limite du temps de travail pour les femmes et les enfants.* — Dans une autre partie de ce mémoire, j'ai montré que la diminution des heures de travail, lorsqu'elle avait pour effet de supprimer ce qu'on peut appeler des excès de fatigue, ne diminuait pas la production réelle. Ce fait, et n'oublions pas que ce qui est un travail normal pour l'ouvrier vigoureux est un excès pour les femmes et les enfants, ce fait est confirmé par l'autorité de tous les inspecteurs. Je ne les suivrai pas dans les comparaisons qu'ils font, à cet égard, avec la Russie, par exemple, où les ouvriers de filatures, mal rétribués, travaillent jusqu'à cent cinquante heures par semaine, sans produire cependant à aussi bas prix que les ouvriers anglais. Je me contente de faire remarquer qu'ils citent aussi de nombreux exemples qui prouvent que, dans les manufactures où le travail est à la tâche, le salaire des femmes et des enfants n'a pas diminué depuis que leur journée est limitée, et cela sans que le tarif ait augmenté : les femmes et les enfants ont donc produit dans ces journées réduites autant qu'auparavant.

La loi, pour les ouvriers qu'elle protége, fixe la durée du travail de six heures du matin à six heures du soir. Mais cette limite peut, en hiver, se déplacer et être de sept heures à sept heures, et même, pour certaines industries, de huit heures à huit heures. La distribution des temps de repos et les règlements intérieurs pour l'observation des heures de travail sont fixés par le patron, qui doit en communiquer aux inspecteurs le texte imprimé. Ceux-ci demandent que cette latitude ne soit plus aussi grande, et qu'un règlement uniforme soit adopté, non pas pour toutes les industries diverses, mais au moins pour tous les établissements de chaque industrie. Avec l'autorisation du pouvoir central, le demi-congé du samedi peut être aussi transporté à un autre jour, et même deux demi-congés peuvent être réunis en un seul, pour laisser une journée pleine de travail, un samedi sur deux. La loi de 1847 avait posé en principe que le travail de la semaine ne pourrait excéder cinquante-huit heures, et il avait été stipulé qu'en conséquence il y aurait cinq jours à dix heures, et que le samedi n'en aurait que huit; comme ces huit heures ne pouvaient être prises de suite, les deux heures de repos et de repas venant les couper, la journée du samedi, commencée à six heures, ne se terminait qu'à quatre heures. De nombreuses réclamations ayant été faites sur ce point, un compromis fut adopté quelque temps après, grâce à l'intervention de sir Georges Grey. Il fut convenu que le samedi il n'y aurait qu'une demi-journée de travail se terminant à une heure et demie, avant le repas, et qu'en revanche la journée des cinq autres jours serait portée à dix heures et demie, en diminuant le repos d'une demi-heure. Ce compromis a eu surtout pour objet de faire cesser le système des relais pour les ouvriers protégés, et, grâce à son adoption, qui assurait deux heures de plus de travail par semaine, en tout soixante heures, la plupart des manufactures, et en particulier les filatures, se sont décidées à accepter pour tous leurs ouvriers les limites posées par la loi pour le travail des femmes et des enfants. Cependant, ce système soulève encore de nombreuses objections, et l'on se plaint que la journée du samedi se termine ou trop tôt ou trop tard : il est probable qu'on en viendra à y réduire d'une heure (de sept heures et demie à six heures et demie) la durée du travail, et à la terminer légalement vers midi.

Certaines exceptions peuvent être accordées en faveur du travail de nuit dans les industries où ce travail est absolument nécessaire. Il faut citer particulièrement, comme étant dans ce cas, les fonderies et les forges, qui sont les établissements où l'application de la loi soulève le plus de difficultés pratiques. La limite d'âge à laquelle la loi restreint le travail des jeunes gens y a été abaissée en leur faveur de dix-huit à seize ans, et grâce à cette prescription, le nombre des ouvriers protégés y a singulièrement diminué. Les inspecteurs se plaignent même que, par suite de ce règlement, des garçons de seize et de dix-sept ans se trouvent trop souvent astreints à un travail au-dessus de leurs forces. Cependant, leur nombre est encore considérable, dans les forges surtout, et il a fallu faire céder à la nécessité les prescriptions absolues de la loi. Ces prescriptions avaient laissé une lacune qui, par une interprétation subtile du texte, avait permis d'employer au travail de nuit, dans les forges, les enfants au-dessous de treize ans, tandis qu'elle l'interdisait à ceux de treize à seize ans, exemple frappant de la difficulté qu'il y a à rédiger un texte de loi qui échappe à toutes les interprétations de ceux qui veulent l'éluder. Ce vice de rédaction a été corrigé par la loi de 1867. Le travail de nuit, funeste à la santé des enfants, déplorable à tous les points de vue pour les femmes, leur est aujourd'hui absolument interdit dans la métallurgie. Mais les inspecteurs peuvent autoriser l'emploi nocturne des enfants de treize à seize ans dans les fonderies et quelques autres industries, pourvu qu'en ce cas le travail de nuit alterne par jour, par semaine ou par quinzaine, et assure aux enfants un repos suffisant. Les inspecteurs sont juges des conditions qui règlent cette alternative.

Comme je l'ai déjà dit, l'application de la loi aux *workshops* a rencontré des difficultés qui n'existent plus dans les *factories*, et on peut dire que cette application est encore très-irrégulière. Dans bien des villes, la loi est restée à l'état de lettre morte, par suite de l'hostilité des autorités chargées de veiller à son exécution. Ainsi, à Birmingham, le conseil municipal a formellement refusé de l'appliquer. Elle trouve, en outre, de grands obstacles dans la nature même des industries auxquelles elle prétend imposer ses règlements. Ainsi, dans les fabriques d'armes, dans la coutellerie de Sheffield, etc., les enfants sont engagés, non par le patron, mais par des ouvriers qui louent un étau et travaillent à leur guise; c'est à chaque ouvrier, devenu petit patron pour la circonstance, qu'il faut s'adresser pour faire exécuter les règlements sur le travail des enfants. C'est surtout dans les ateliers de couturières que ces règlements sont difficiles à appliquer. Cette industrie ne vit, à de certaines époques, que d'un travail précipité et continu; pour satisfaire, sans tomber cependant sous le coup de la loi, une clientèle impatiente et intraitable lorsqu'il s'agit d'une toilette à achever, les couturières donnent à leurs ouvrières de l'ouvrage à emporter chez elles et échappent ainsi à tout contrôle. Les inspecteurs recommandent, pour éviter ce mal, d'adoucir les prescriptions de la loi et de tolérer, dans certains cas, une prolongation du travail des ouvrières dans la soirée; en effet, la loi, interprétée avec rigueur, ne permettrait pas à une femme de faire chez sa maîtresse un point d'aiguille, passé huit heures du soir : le *Workshops Act,* qui ne s'applique pas aux personnes employées dans le commerce, considère comme travaillant dans un atelier et, par conséquent, comme soumis à ces règlements, toute femme ou enfant travaillant pour un salaire chez une autre personne, quand même cette femme ou cet enfant seraient seuls. L'application aux imprimeries, où le travail arrive subitement aussi, et où il doit être achevé sur l'heure, a soulevé de non moins grandes difficultés. La modération des inspecteurs a seule pu rendre cette application acceptable, partout où elle était possible : elle le deviendra de plus en plus à mesure qu'on s'habituera aux conditions nouvelles de travail qu'elle a créées. Néanmoins, elle a souvent amené des résultats contraires à l'intention du législateur, comme surtout de fermer la porte d'un grand nombre d'ateliers aux femmes et aux enfants.

Je ne saurais énumérer ici toutes les industries où le *Workshops Act* est encore ouvertement violé : la liste en diminuera chaque année, surtout si le Parlement adopte toutes les modifications de la loi proposées par les inspecteurs. Je me bornerai à indiquer, pour terminer, ces modifications; mais auparavant il ne sera pas inutile de montrer par un exemple les heureux résultats que l'on est en droit d'attendre du *Workshops Act*, lorsqu'il aura eu le temps d'être exécuté d'une manière générale. La loi elle-même est trop récente pour pouvoir nous fournir cet exemple; mais nous le trouvons dans une mesure locale, appliquée, depuis 1860, au district de Leeks, dans le Staffordshire. Ce district vit principalement de l'industrie de la soie. Dans cette industrie, la loi sur les *factories* fait une exception, qui, soit dit en passant, ne se retrouve pas dans le *Workshops Act* : elle autorise la journée entière de travail pour les enfants de plus de onze ans employés à dévider la soie. Malgré cette exception, qui porte une grave atteinte au système du *half-time*, et dont la suppression est réclamée dans l'intérêt de l'instruction, le *Leeks Improvement Act* a rendu les plus grands services à la population ouvrière. Cette loi, devançant le *Workshops Act* de sept ans, a appliqué à tous les établissements où l'on fabrique la soie les prescriptions que cette loi a édictées plus tard, pour les heures de travail et les précautions sanitaires, et qui existaient déjà dans les *factories*. Les autorités locales ont soutenu énergiquement l'inspecteur qu'elles avaient chargé de cette application, et, au bout de sept ans, celui-ci pouvait leur présenter les chiffres suivants, comme résultat de leurs efforts communs :

Le district soumis à la loi spéciale comprend 10,540 habitants, dont 1,232 employés à l'industrie de la soie. Dans cette population, la vie moyenne a été :

Pour les hommes, de 1850 à 1860, de vingt-trois ans 5/10es; de 1860 à 1867, de vingt-neuf ans 1/10e.

Pour les femmes, de 1850 à 1860, de vingt-cinq ans 9/10es; de 1860 à 1867, de trente-six ans 3/10es.

On peut conclure de ces chiffres que l'influence salutaire de la loi a, pendant sept ans, sauvé 14,191 années de vie, soit 347 vies moyennes tout entières. On remarquera aussi que les progrès sont bien plus grands chez les femmes que chez les hommes : il faut attribuer cette différence à la clause indiquée plus haut, qui prive les garçons de onze ans du bénéfice du *half-time*. Ces chiffres suffisent pour montrer tout ce que les prescriptions de la loi, strictement appliquées, peuvent faire de bien à la population ouvrière. Deux ans après, l'on pouvait constater encore de nouveaux progrès dans ce même district : le *Workshops Act*, trouvant le terrain tout préparé et des agents prêts à l'appliquer, avait été mis en pratique en 1868, et, dès 1870, on pouvait constater que les 286 ateliers de soie avaient été visités en moyenne plus d'une fois par mois, et que, sur les 209 enfants employés dans ces ateliers, trois seulement n'avaient pas fréquenté l'école. Aucune poursuite et aucun accident ne sont signalés dans le rapport de l'inspecteur chargé de cet heureux district.

3° *Précautions sanitaires.* — Les mesures prescrites par la loi sont de deux sortes, celles qui ont pour but d'empêcher les accidents violents, et celles qui doivent prévenir les maladies.

Les précautions contre les accidents consistent dans l'obligation de griller les machines, et de ne pas employer les personnes protégées au maniement de celles qui offrent quelque danger. Le moindre accident qui prive de travail un ouvrier quelconque pour un petit nombre de jours doit être annoncé aux inspecteurs ; de là une statistique immense qui leur permet d'étudier à fond les causes ordinaires des accidents et de chercher à les prévenir. Tout accident arrivé par suite d'une contravention aux règlements entraîne pour le patron des peines assez fortes. Les rapports des inspecteurs donnent un tableau détaillé de ces accidents et de leurs causes. Je me bornerai à en tirer les chiffres totaux, qui montrent combien il importe de chercher à en diminuer le nombre.

Accidents causés par les machines :

En 1869, du 1er novembre 1868 au 31 octobre 1869, 6,574, dont 145 morts.

En 1870, du 1er novembre 1869 au 31 octobre 1870, 7,145, dont 167 morts.

Accidents arrivés dans les établissements, mais dus à d'autres causes qu'aux machines :

En 1869, 10,204.

En 1870, 11,434.

Les précautions sanitaires destinées à prévenir les maladies consistent dans la visite du médecin, le lavage à la chaux, et l'interdiction de réunir plus d'un certain nombre d'ouvriers dans un espace donné.

Le certificat de bonne santé donné par le médecin, et considéré comme aussi nécessaire que le certificat d'âge, est devenu inutile aujourd'hui. Il n'est efficace que lorsqu'il est donné fréquemment et dans l'établissement même; aussi un grand nombre de patrons se sont-ils arrangés avec des médecins pour leur payer par abonnement la visite hebdomadaire de leur établissement.

Le lavage à la chaux est prescrit comme moyen de purification par les lois des *factories* et des *workshops* : les inspecteurs sont chargés d'y veiller.

Le plus grand danger pour la santé des ouvriers en général, des enfants en particulier, vient de leur entassement dans des salles où le volume d'air est insuffisant. Les inspecteurs constatent fréquemment ce funeste entassement, surtout dans les petits ateliers, dans beaucoup d'écoles, et dans les salles où on leur donne une instruction professionnelle, comme les *Plaiting Schools* du Bedfordshire, où on les prépare à l'industrie de la paille tissée; mais, malheureusement, ces derniers établissements ne tombent pas sous le coup de la loi. La règle établie par le législateur pour les manufactures et les ateliers est que les salles de travail doivent contenir 350 pieds ou environ 11 mètres cubes d'air par personne.

4° *Administration; poursuite des délinquants.* — L'application des *Factories Acts* est, comme je l'ai dit, confiée aux inspecteurs du gouvernement, celle du *Workshops Act* était, jusqu'à l'année dernière, entre les mains des autorités locales, sous la simple surveillance des inspecteurs. Ces autorités locales agissant d'une manière tout à fait indépendante, on ne peut donner des renseignements à peu près complets que sur l'inspection de l'État, qui elle-même toutefois n'a pas encore publié de rapports sur l'application nouvelle du *Workshops Act*.

Toutes les violations des *Factories Acts* : emploi des enfants sans certificat d'école, travail des femmes et des enfants à des heures interdites, négligence des précautions sanitaires, résistance à la visite des inspecteurs, entraînent des amendes plus ou moins fortes. Les inspecteurs poursuivent les patrons coupables de ces violations devant les magistrats, siégeant en *Petty Sessions*, et formant, pour l'occasion, un tribunal investi de pouvoirs spéciaux, sous le nom de Cour de juridiction sommaire. S'ils croient que la cause ne sera pas entendue avec impartialité dans le district même, ils peuvent la porter dans un autre district.

Un tableau détaillé, qui fait connaître à toute l'Angleterre le nom de chacun des délinquants, termine les rapports semestriels des inspecteurs. On y trouve la preuve du discernement avec lequel ils font les poursuites, et de la sévérité des magistrats en pareille matière. Je donne ici un résumé du tableau de la dernière année publiée, du 1er mai 1870 au 30 avril 1871 : il montre, mieux que ne pourraient le faire de longues explications, la manière dont la loi est appliquée et les infractions que les inspecteurs ont à réprimer.

## TABLEAU DES POURSUITES EXERCÉES PAR LES INSPECTEURS.

| MOTIFS DES POURSUITES. | NOMBRE DES POURSUITES. | CONDAMNATIONS. | POURSUITES RETIRÉES après prélèvement des frais. | ACQUITTEMENTS. | AMENDES. (Totaux en francs.) |
|---|---|---|---|---|---|
| CONTRE LE PATRON qui a négligé de griller une machine et causé par là un accident. | 2 | 2 | | | 125f » |
| permis à des femmes ou enfants de travailler entre les pièces d'une machine . . . . | 6 | 3 | 3 | | 200 » |
| employé des enfants au-dessous de huit ans . . . . | 1 | 1 | | | 25 » |
| — — et des femmes sans les faire enregistrer . . . . | 27 | 18 | 8 | 1 | 775 » |
| — — sans certificat medical. . . . | 52 | 23 | 27 | 2 | 875 » |
| — — le même jour, avant et après midi. . . . | 31 | 13 | 17 | 1 | 475 » |
| — — sans certificat d'école. . . . | 23 | 11 | 11 | 1 | 362 50 |
| — — ou des femmes la nuit. . . . | 59 | 24 | 33 | 2 | 1,581 25 |
| — — — avant 6 heures du matin. . . . | 49 | 38 | 11 | | 1,425 » |
| — — — après 6 heures du soir. . . . | 251 | 132 | 122 | | 4,662 50 |
| — — — — 7 heures — . . . . | 27 | 11 | 16 | | 350 » |
| — — — — 8 heures — . . . . | 19 | 10 | 9 | | 850 » |
| — — — — 10 heures — . . . . | 4 | 4 | | | 200 » |
| — — — — 2 heures après midi, le samedi. . . . | 73 | 45 | 28 | | 1,225 » |
| — — — à l'heure des repas. . . . | 45 | 17 | 29 | | 425 » |
| — — — les dimanches et jours fériés . . . . | 5 | 4 | 1 | | 125 » |
| négligé de tenir un registre. . . . | 3 | 1 | 2 | | 50 » |
| — d'afficher les règlements. . . . | 2 | 1 | 1 | | 75 » |
| — de produire le registre. . . . | 1 | | 1 | | |
| fait une fausse inscription. . . . | 2 | | 1 | 1 | |
| s'est opposé à la visite du sous-inspecteur. . . . | 1 | | | 1 | |
| CONTRE LES PARENTS complices des illégalités relatives à leurs enfants. . . . | 12 | 9 | 2 | 1 | 150 » |
| — — qui ont négligé d'envoyer leurs enfants à l'école . . . . | 16 | 12 | 4 | | 113 75 |
| TOTAUX. . . . | 715 | 379 | 323 | 10 | 13,600 » |

Comme on le voit, le nombre des acquittements est excessivement faible. Les poursuites abandonnées, après le payement des frais par le défendeur, ne l'ont pas été parce qu'elles n'auraient pas abouti, mais parce que l'inspecteur a considéré ce payement comme un premier avertissement suffisant. Les frais payés, soit de cette manière, soit par la partie condamnée, se sont élevés, dans cette même année 1870-1871, au chiffre de 6,369 fr. 58 c.

J'ajouterai au tableau un autre chiffre, qui montre les progrès faits dans l'application de la loi : en 1839, le nombre des manufacturiers poursuivis a été de un sur vingt-quatre manufactures surveillées; en 1870, ces manufactures ont atteint, dans le district de M. Redgrave, le chiffre énorme de près de seize mille; or, les sept cent quinze poursuites, par l'effet de nombreuses récidives, n'ont été dirigées que contre soixante-six manufacturiers, et, par conséquent, le nombre des délinquants n'a été que d'un sur deux cent quarante, soit dix fois moins qu'en 1839.

Le produit des amendes sert à faire des dons aux écoles.

Les rapports des inspecteurs ne fournissent pas de renseignements complets et réguliers sur les frais de cette administration ; mais les chiffres suivants suffiront pour en donner une idée. Dans l'année terminée au 31 octobre 1868, les vingt sous-inspecteurs placés sous M. Baker ont visité 10,483 fabriques, ont parcouru en moyenne 165,259 kilomètres, et leurs frais d'inspection se sont élevés à 60,755 fr. 73 c.

Avant de passer à une autre partie de la législation, j'indiquerai ici les principales modifications que les inspecteurs ont demandé au Parlement d'introduire dans la loi, telle qu'elle existait en 1870. La petite loi du 21 août 1871 les laisse subsister presque toutes, car elle ne contient qu'une réforme importante, la plus importante, il est vrai, puisque sans elle toutes les autres étaient inutiles, celle qui confie aux inspecteurs du gouvernement l'application du *Workshops Act*. Certaines prescriptions, comme celle qui exige le rapport de tout accident quelle qu'en soit la cause, l'emploi des registres et le certificat d'âge, sont devenues inutiles. D'autre part, il serait sage de modifier la procédure devant les magistrats et de l'adapter à la loi, dite le *Summary Convictions Act*, qui institue les cours de juridiction sommaire ; de faire payer par l'État, et non par les patrons, le médecin chargé des certificats ; de faire quelques changements à l'heure fixée pour la fin de la journée du samedi ; de fondre dans les lois sur les *factories* et les *workshops* la loi spéciale qui régit le travail dans les boulangeries; et enfin de porter à 600 pieds cubes, renouvelables toutes les demi-heures, la quantité d'air attribuée à chaque ouvrier.

Mais la modification la plus importante, et le plus universellement réclamée, est celle qui abolirait la distinction artificielle entre le *factory* et le *workshop*. La loi de 1871, qui retire l'application du *Workshops Act* aux autorités locales et la confie aux inspecteurs du gouvernement, ne suffit pas, et l'on demande au Parlement, soit de classer comme *factories* tous les établissements employant, non plus cinquante, mais sept ouvriers, soit de soumettre à la même loi et aux mêmes règlements manufactures et ateliers, c'est-à-dire toute industrie, même la plus petite, en ne laissant en dehors que les établissements de commerce.

Dans son rapport du 31 octobre 1868, M. Baker a ainsi énuméré les modifications que son expérience lui a suggérées : 1° réunir les boulangeries aux *factories* en abolissant le *Bake-houses Act*; 2° réduire de cinquante à sept le nombre des ouvriers constituant un *factory*; 3° établir les mêmes heures de travail pour les *workshops* que pour les *factories*; 4° interdire plus sévèrement le travail du dimanche dans les *workshops*; 5° donner à l'inspecteur les mêmes droits d'entrée dans les *workshops* que dans les *factories*; 6° appliquer par la loi le produit des amendes à l'éducation, ce qui se fait déjà en pratique; 7° nommer d'office tous les inspecteurs des *workshops*, et les soumettre aux inspecteurs du gouvernement; 8° établir que la nuit, pendant laquelle le travail est interdit, sera uniformément en été de six heures du soir à six heures du matin, et en hiver de sept heures à sept heures. M. Redgrave a présenté des demandes de modifications analogues à celles-là. La loi de 1871 ne donne satisfaction qu'aux demandes 5 et 7.

### *B.* — LOIS QUI INTERVIENNENT
### ENTRE LES PATRONS ET LES OUVRIERS
### POUR PROTÉGER CES DERNIERS
### SANS DISTINCTION DE SEXE NI D'AGE.

Le législateur, après avoir limité le travail des faibles, n'a pas imposé les mêmes restrictions aux ouvriers adultes; c'eût été, à ses yeux, porter atteinte à leur liberté. Mais il est intervenu entre les patrons et les ouvriers, toutes les fois que les premiers ont abusé de leur position d'une manière évidente et constante pour imposer aux derniers des conditions auxquelles, de fait, ceux-ci ne pouvaient se soustraire. Il n'a pas permis que, sous le prétexte de libres contrats, l'ouvrier fût obligé de travailler dans des conditions malsaines ou dangereuses, ou de se prêter aux moyens frauduleux par lesquels les patrons cherchaient à reprendre d'une main ce qu'ils lui donnaient de l'autre sous forme de salaires.

De là, deux catégories de lois :

1° Celles qui ont pour but d'assurer la salubrité et la sécurité du travail.

2° Celles qui interdisent les cantines, les amendes et les retenues, qui règlent le pesage des berlines, le mode et les époques de payement.

1° *Lois ayant pour but d'assurer la salubrité et la sécurité du travail.* — Je ne répéterai pas ici l'énumération de celles qui, édictées principalement en faveur des femmes et des enfants, profitent indirectement à tous les ouvriers auxquels les femmes et les enfants se trouvent mêlés. Ce serait revenir sur les *Acts* relatifs aux *factories* et aux *workshops*, sur le *Bake-houses Act*, qui prescrit de nombreuses précautions pour la construction des fours, et sur le *Chimney Sweeps Act*, qui en fait autant pour les cheminées.

Je ne dirai qu'un mot des lois concernant une classe nombreuse et sur laquelle repose la puissance de l'Angleterre, celle des marins du commerce. Ces lois forment un ensemble considérable, connu sous le nom de *Merchant Shipping Acts*. Quelques-unes sont fort anciennes, et souvent elles opprimaient la population maritime, sous prétexte de la protéger. Mais on peut dire que la législation actuelle prend date de la grande loi de sir James Graham, promulguée le 5 septembre 1844. Elle a été abrogée et renouvelée, avec d'importantes additions, par le *Merchant Shipping Act* de 1854, qui ne contient pas moins de 548 articles, où sont codifiées toutes les prescriptions relatives à la santé et à la sécurité des marins. Cette sécurité est assurée principalement par les garanties de capacité exigées des maîtres et des capitaines au long cours, par le contrôle auquel ils sont soumis et par les précautions imposées aux navires, telles que chaloupes, cloisons étanches, soupapes de sûreté, etc. Les précautions sanitaires sont la bonne aération des vaisseaux, l'absence d'encombrement, la surveillance des provisions et de l'eau, une réserve de médicaments, de citrons, de chanvre, etc., enfin la présence d'un médecin à bord. La même loi assure conseils et protection aux marins dans les *Local Marine Boards,* des facilités particulières pour toucher et mettre de côté leur paye, et des bureaux spéciaux pour s'engager.

Cette loi, en vigueur aujourd'hui, a été simplement complétée par celles de 1855 et 1862; cette dernière stipulant que les mécaniciens devraient avoir un certificat pour pouvoir diriger la machine d'un bateau à vapeur.

C'est particulièrement dans l'industrie des mines que le législateur est intervenu entre le patron et l'ouvrier pour garantir à celui-ci salubrité et sécurité. L'étude de cette législation est d'autant plus intéressante, qu'elle est seule de son genre jusqu'à présent : la nature tout à fait spéciale du travail dans les mines, les dangers qui l'entouraient, et qui n'ont pas été encore tous écartés, justifient cette exception.

10 août 1842. Le *Mines Regulation Act* interdit absolument, comme je l'ai dit plus haut, le travail souterrain aux femmes et aux enfants au-dessous de dix ans. Il pose les principes qui serviront de base à la législation future. Il ne se borne pas, autorisant l'emploi des faibles, à protéger leurs forces et leur intelligence, comme font les *Factories Acts ;* il considère que le travail souterrain leur est funeste et les exclut de la mine. Ce n'est donc plus d'eux, mais des ouvriers adultes (quoiqu'on ne puisse guère donner ce nom aux gar-

çons de onze ans) que la loi s'occupera. Elle limite à huit ans les contrats d'apprentissage; elle interdit le payement des salaires dans les cabarets; enfin, elle institue des inspecteurs; mais ceux-ci, ne pouvant poursuivre directement les violateurs de la loi, et devant se borner à faire un rapport au ministre de l'intérieur, n'ont aucune autorité.

14 août 1850. Des inspecteurs spéciaux sont créés pour les mines de houille; car les réclamations qui ont, après une enquête de plusieurs années, amené la loi précédente, se sont renouvelées bientôt contre son insuffisance. La vie des mineurs est souvent exposée dans les houillères; aussi est-ce pour surveiller ce genre de mines que les inspecteurs spéciaux reçoivent une plus grande autorité dans leurs visites.

14 août 1855. La loi de 1850 est à son tour modifiée : les inspecteurs ont un peu plus d'autorité encore; les règlements de chaque mine doivent y être affichés, après avoir été sanctionnés par le ministre.

28 août 1860. *Regulation and Inspection of Mines Act.* On ne pouvait laisser plus longtemps les mines métalliques soumises aux prescriptions incomplètes de la loi de 1842. Aussi la première partie de cette nouvelle loi s'applique-t-elle à toutes les mines en général. L'âge au-dessous duquel le travail est interdit aux garçons est élevé de dix à douze ans. Une exception analogue à celle qui a inspiré le *Half-time System* est faite en faveur de ceux qui, au-dessus de dix ans, ont un certificat d'instruction ou qui vont, deux jours par semaine, passer trois heures à l'école.

Enfin, les machines d'élévation ne peuvent être confiées à des jeunes gens de moins de dix-huit ans. Les autres clauses relatives aux houillères trouveront place plus loin, dans une autre section.

7 août 1862. Loi défendant d'exploiter les mines de houille et de fer avec un seul puits. Deux puits sont indispensables pour établir la ventilation, et assurer le sauvetage des ouvriers, dans le cas où l'un de ces puits s'éboulerait. Les inspecteurs peuvent poursuivre les propriétaires de mine qui négligeraient cette précaution.

10 août 1872. Grâce aux réclamations énergiques des *Trades Unions*, à l'intervention de quelques hommes de bien et au zèle éclairé des commissions d'enquête instituées à diverses époques pour examiner ces réclamations, le Parlement a, peu à peu, mis un terme aux souffrances des ouvriers dans les mines et obtenu particulièrement l'assainissement des houillères. Les puits sont sains, mais ils sont toujours exposés aux accidents. Sur les 282,000 mineurs qui, en 1867, ont extrait 104 millions de tonnes de houille, 1,190 ont été tués, sans compter les blessés. Aussi deux lois, datées du même jour, sont-elles venues réorganiser l'inspection et remanier les règlements des mines de houille et de métaux. Je crois devoir analyser ces deux lois, dites le *Coal Mines Regulation Act*, et le *Metalliferous Mines Regulation Act*; cela suffira pour donner une idée de la législation actuelle sur ce sujet.

Le *Coal Mines Regulation Act* doit entrer en vigueur

le 1er janvier 1873 en Angleterre et en Écosse, et le 1er janvier 1874 en Irlande. Cette loi s'applique aux mines de houille, de fer, de schistes huileux et de terre réfractaire.

*Prescriptions relatives aux femmes et aux enfants.* — La loi défend absolument d'employer aux travaux souterrains les enfants au-dessous de dix ans et les femmes de tout âge. Le travail souterrain des enfants de dix à douze ans, qui peut être autorisé par le ministre lorsque la qualité du filon l'exige, est protégé d'une manière spéciale. Le temps en est limité, et il doit être combiné avec la présence à l'école d'une manière analogue au travail des *half-timers* dans les *factories*, quoique les prescriptions de cette loi soient moins sévères et par conséquent moins efficaces que celles du *Factories Act*. Ces enfants ne peuvent pas travailler plus de six jours par semaine; s'ils travaillent plus de trois jours, la journée ne peut pas être de plus de six heures; s'ils ne travaillent pas plus de trois jours, la journée est limitée à dix heures. Ils doivent assister à l'école au moins vingt heures par quinzaine. Ces heures doivent être réparties de telle sorte qu'il n'y en ait pas plus de trois par jour, ni de douze par semaine, non compris les écoles du dimanche et du soir après huit heures. Ils peuvent en être dispensés s'ils sont malades, si l'école est fermée, ou s'ils habitent à plus de 3,200 mètres de l'école. Le certificat du maître d'école est exigé pour tout enfant employé pendant plus de quatorze jours. Les faux certificats sont punis de trois mois de prison avec ou sans travaux pénitentiaires. Celui qui emploie l'enfant est tenu de payer l'école pour lui, en prélevant le prix par déduction sur ses salaires, pourvu que ce prix ne soit pas de plus de 20 centimes par jour et ne dépasse pas le douzième du salaire. Les maîtres d'école incapables ou indignes peuvent être privés par l'inspecteur des mines du droit de donner un certificat. Enfin, les parents sont également responsables de la présence de l'enfant à l'école.

Les garçons de douze à seize ans sont aussi protégés dans une certaine mesure. Ils ne peuvent travailler que dix heures par jour et cinquante-quatre heures par semaine. Il doit y avoir douze heures d'intervalle entre leurs journées de travail dans les cinq premiers jours de la semaine, et huit entre la journée du vendredi et celle du samedi. Enfin, le temps de descendre dans la mine et de remonter à la surface doit compter dans la journée.

Le travail à la surface est permis aux femmes et aux enfants au-dessus de dix ans. Le gérant ou propriétaire de la mine doit tenir un registre exact de toutes les personnes protégées par la loi qui se trouvent employées par lui.

Comme garantie de sécurité, il est stipulé, ainsi que dans les lois précédentes, que le maniement de toute machine élévatrice ne peut être confié qu'à des jeunes gens de plus de dix-huit ans. Les parents, d'une part, le gérant ou le propriétaire, de l'autre, sont responsables de toutes les infractions à ce règlement.

La loi intervient aussi pour assurer à l'ouvrier le payement intégral de son salaire. Mais, cette partie de la législation devant être traitée plus loin, j'omets ici, pour en reparler dans la section suivante, les clauses qui ont cet objet en vue.

*Règlements divers.* — La loi exige, dans chaque mine, au moins deux puits communiquant avec toutes les galeries. Sauf certaines exceptions, toute mine qui n'a qu'un seul puits peut être fermée, sur la demande du gouvernement, par décision d'une cour supérieure de justice. Tout contrat de travail dans une telle mine est nul. Outre les exceptions temporaires, les principales sont en faveur des mines nouvelles non encore achevées. Ces exceptions ne peuvent être accordées que par le ministre de l'intérieur et n'autorisent en aucun cas l'emploi de plus de vingt personnes.

Une garantie d'un ordre différent se trouve dans la capacité des gérants ou directeurs des mines. La nouvelle loi les assimile, avec beaucoup de logique, aux capitaines de navires marchands, et leur impose l'obligation d'avoir un certificat pour prendre la direction d'une entreprise où la vie de tant d'hommes peut dépendre de leur expérience. Le certificat est exigé de tous les directeurs de mines employant plus de vingt-cinq ouvriers et produisant plus de vingt-cinq tonnes de charbon ou de minerai par jour; son absence est punie d'une amende de 1,250 fr. pour les premiers quinze jours, auxquels s'ajoutent 250 fr. par chaque nouveau jour de retard. Les certificats sont signés par le ministre. Celui-ci nomme le bureau des examens, composé de trois propriétaires de mines, de trois employés, de trois ingénieurs et d'un inspecteur. Ce bureau nomme des examinateurs spéciaux et contrôle les certificats donnés par eux. Pour révoquer le certificat d'un directeur, une cour d'enquête, qui a tous les pouvoirs d'une cour d'équité, est formée, par le ministre, d'un ou plusieurs magistrats, devant lesquels la question est plaidée, au nom du gouvernement, en audience publique. Le certificat est révoqué par la cour, et cette révocation est inscrite au registre matricule des certificats. Il peut être rendu à son ancien possesseur par arrêté ministériel. Toute falsification de certificat est punie de deux années de prison ou de travail pénitentiaire.

La publicité de toutes les opérations, du nombre des ouvriers employés et surtout des moindres accidents, est considérée par le législateur comme une autre garantie de sécurité. Aussi a-t-il stipulé que chaque mine adresserait tous les ans à l'inspecteur un rapport, constatant la quantité de houille ou de minerai extraite, et le nombre d'ouvriers employés ; que l'inspecteur publierait un résumé de ces rapports; qu'avis lui serait donné de tout accident, de l'ouverture de chaque nouvelle galerie, de l'abandon des anciennes et de tout changement de directeur. Il est exigé enfin que toute mine abandonnée soit palissadée, et que le plan détaillé en soit remis à l'inspecteur.

*Règlements pour la sécurité et la salubrité.* — La loi entre à ce sujet dans les détails les plus minutieux. Voici ses principales prescriptions : la ventilation doit être toujours assurée; dans toute galerie où le gaz s'est révélé pendant l'année, une visite spéciale doit être faite au renouvellement de chaque équipe; ailleurs, cette visite doit être faite une fois par jour. Toutes les ouvertures inutiles doivent être palissadées. Aussitôt qu'un danger quelconque est soupçonné, tous les ouvriers doivent être retirés de la galerie. Un lampiste spécial a la charge des lampes de sûreté; lui seul peut descendre dans la mine des allumettes et une clef de lampe. L'emploi de la poudre est réglé de la façon la plus stricte : on ne peut l'emmagasiner dans la mine, ni l'y porter en boîtes de plus de quatre livres, ni la bourrer avec un instrument de fer; les ouvriers ne peuvent avoir une lance aiguë; les charges qui ne sont pas parties ne doivent pas être débourrées; la poudre doit toujours être en cartouches. Avant de tirer une charge, il faut faire une inspection spéciale en vue du gaz, et, s'il s'en trouve assez pour former une couronne bleue sur la lampe, les coups de mines ne doivent être tirés qu'en l'absence des ouvriers. Des règlements particuliers déterminent la grandeur des ouvertures nouvelles dans les mines où les inondations sont à craindre. Dans tous les passages de wagons, des abris ou recoins doivent être ménagés pour les hommes, de vingt en vingt mètres là où les wagons sont traînés par un câble, et de cinquante en cinquante là où ils sont traînés par des chevaux; il est défendu d'employer ces abris comme dépôts. Dans les terrains friables, les puits doivent être revêtus et les galeries plafonnées. Les ouvriers ont le droit de monter et de descendre par la machine dans toutes les mines où cette machine est installée pour cela. Il est prescrit que toute machine descendant à plus de cinquante pieds soit gouvernée par des signaux; que la cage soit couverte; que les chaînes ne soient pas à simples anneaux; que des précautions soient prises pour qu'elles ne glissent pas sur le tambour et qu'un frein suffisant puisse les arrêter; les pièces de la machine doivent être grillées, toutes les chaudières munies de soupapes de sûreté et de niveaux d'eau, un baromètre et un thermomètre placés à l'entrée de toutes les mines où existe le feu grisou. L'exécution de ces règlements est assurée par une triple inspection : celle des employés de l'administration de la mine, responsables de toute infraction; celle des inspecteurs de l'État, dont je parlerai tout à l'heure; celle des ouvriers eux-mêmes. En effet, ceux-ci peuvent l'exercer d'office, de même que le contrôle du pesage; ils peuvent nommer parmi eux deux inspecteurs, qu'ils payent et qui ont le droit de visiter une fois par mois toute la mine; rien ne peut leur être caché, et leur rapport est transcrit sur un registre conservé dans les bureaux de l'administration.

Chaque mine peut faire, en vue de la sécurité et de la salubrité, des règlements spéciaux qui ont la même valeur légale que les précédents lorsqu'ils ont été approuvés par l'inspecteur et affichés. Le ministre de l'intérieur peut y faire opposition, aussi doivent-ils lui être soumis dans un temps donné.

*Application de la loi.* — Le soin de veiller à l'exécution de la loi est confié aux inspecteurs des mines créés en 1850 sur la proposition de lord Wharncliffe. Ils sont nommés par le ministre et ne peuvent avoir d'intérêts dans les mines. Ils peuvent les visiter en tout temps, s'enquérir de leur état et recevoir les plaintes de chacun à ce sujet; ils poursuivent les infractions au nom du gouvernement. S'ils reconnaissent une cause de danger non prévue par la loi, ils doivent la signaler. Si le gérant de la mine n'y porte pas remède, ils peuvent l'appeler devant un arbitre : cette procédure arbitrale est minutieusement réglée. Ils ont à faire des rapports annuels.

Les violations de la loi commises par un individu quelconque sont punies d'une amende de 50 fr. au plus. Cette amende est décuplée si le coupable est un gérant de mine. De plus, quand la violation commise par celui-ci ou le propriétaire, ou l'un des administrateurs de la mine, a pu causer un danger de mort, l'amende peut être remplacée par trois mois au plus de prison, avec ou sans travail pénitentiaire. Les amendes cumulées ne peuvent dépasser 1,250 fr.

Les poursuites sont faites, sur un ordre écrit du ministre, par l'inspecteur, devant la cour de juridiction sommaire. Ce tribunal, dont j'ai déjà parlé à propos des *Factories Act*, est formé de deux juges de paix au moins réunis en *Petty Sessions*, ou, dans certains cas, d'un seul magistrat, tel que le *stipendiary*, le *shériff*, ou, à Dublin, le juge de la cour de police. Si le délit entraîne, en vertu d'une autre loi, une peine plus sévère, il peut être réservé par la cour. Les appels se font aux *Quarter Sessions*. Le produit des amendes peut être distribué par le ministre aux victimes des accidents ou à leurs familles, pourvu que ces victimes n'aient pas été elles-mêmes causes de l'accident.

Le *Metalliferous Mines Regulation Act,* du 10 août 1872, ne se distingue de la loi que nous venons d'analyser que par quelques omissions. Il ne contient, d'une part, aucune des prescriptions nécessaires dans les houillères pour prévenir les explosions de grisou; d'autre part, il n'accorde pas aux ouvriers des mines qu'il régit la même protection dans le payement des salaires que la loi précédente; de plus, il omet les clauses, dont je parlerai plus loin, relatives au pesage des berlines, au payement au poids et à l'institution des *check-weighers* et des délégués inspecteurs. Enfin, il interdit absolument le travail souterrain aux enfants de moins de douze ans, et, d'un autre côté, ne stipule rien pour le travail et l'éducation des enfants employés à la surface.

J'ai résumé toute cette législation pour montrer qu'elle a donné l'autorité de la loi aux règlements qui avaient été adoptés peu à peu dans toutes les mines bien administrées. Elle assure aux enfants une certaine éducation par des clauses qui ne sont peut-être pas assez sévères; elle accorde aux ouvriers un contrôle sérieux sur tout ce qui touche à leurs salaires, comme à leur sécurité; enfin, elle investit les inspecteurs de pouvoirs suffisants pour en surveiller efficacement l'application.

2° *Lois ayant pour but de protéger les salaires de*

*l'ouvrier contre toute réduction forcée, sous une forme plus ou moins déguisée, ou Truck Acts.* — La première origine de ces lois remonte au xv^e siècle, à l'époque où une législation absurde prétendait imposer le maximum à toutes choses, à la valeur des denrées de première nécessité, aux dépenses de chaque classe de la société, et au taux des salaires. Elles avaient pour objet d'interdire le *Truck System*, c'est-à-dire l'usage où étaient les patrons, soit de tenir une cantine à laquelle ils obligeaient leurs ouvriers d'acheter à des prix exorbitants, pour leur reprendre ainsi une partie de leurs salaires, soit de leur payer une partie de ces mêmes salaires en nature, au moyen de marchandises estimées également à un prix excessif.

Les lois imposant le maximum ont disparu depuis longtemps, et celles qui interdisent le *truck* (proprement le *troc*) ont été au contraire développées et améliorées. Le législateur y a joint peu à peu une série de prescriptions, formant des lois spéciales, ou incorporées dans d'autres lois, qui assurent la protection de l'État aux salaires des ouvriers, contre les fraudes et les erreurs dans le pesage des minerais, contre les payements en nature ou en billets, contre les amendes et les retenues arbitraires.

Je donnerai ici, en les réunissant par ordre chronologique, et indiquant l'objet de chacune, une liste de ces différentes lois ; et, pour montrer à la fois leur application et les abus qu'elles ont à combattre, je résumerai ensuite le rapport d'une commission qui a étudié cette question en 1871, et les divers projets qui, à la suite de ce rapport, ont été en 1872 soumis au Parlement.

1464. Sous le roi Édouard IV, la loi intervient pour interdire, dans l'industrie du drap, l'usage par lequel les patrons payaient aux ouvriers une partie de leurs salaires en « épingles, ceintures et autres marchandises inutiles », et les forçaient en outre d'accepter de faux poids dans le pesage des laines qu'ils leur donnaient à tisser.

1565. Sous Élisabeth, la loi défend de nouveau de payer en nature les tisseurs de drap et de coton de Shrewsbury.

1701. Sous la reine Anne, la loi « pour empêcher l'oppression des ouvriers employés aux filatures, forges, etc., etc. », stipule qu'ils ne peuvent être payés qu'en monnaie du royaume et prohibe les faux poids.

1711, 1714, 1725. Lois interdisant plus formellement encore les payements en nature dans l'industrie des laines et toutes les industries secondaires qui en dépendent.

1740. Cette interdiction est étendue à la fabrication des gants, culottes et chaussures.

1749. Même extension à celles des soies, lins, chanvres, cotons, fers et cuirs.

1756. Nouvelle loi pour interdire, dans l'industrie de la laine, le payement des salaires par voie de *truck* ou de billets.

1757. L'industrie des étoffes mélangées est assimilée à celles de la laine.

1779. Il en est de même de celle de la dentelle.

1817. De même pour les fabriques d'acier, de plaqué, pour la coutellerie, et pour les houillères.

1831. Le *Truck Act,* encore en vigueur maintenant, développe les lois précédentes, en rend les prescriptions plus difficiles à éluder, et les étend à un grand nombre de nouvelles industries. Cette loi est le résultat d'une longue enquête faite, sous la présidence de lord Ashley, aujourd'hui lord Shaftesbury, par une commission qui révèle des abus considérables.

28 août 1860. Quelques articles du *Mines Regulation Act* stipulent que les ouvriers ne peuvent être payés dans un cabaret; que leurs salaires, lorsqu'ils travaillent à la tâche, seront calculés au poids du minerai, et qu'ils pourront nommer un des leurs contrôleur des poids, ou *check-weigher.* Ces articles seront développés dans la loi de 1872.

1870. Les plaintes des ouvriers contre l'inefficacité du *Truck Act* décident le Parlement à instituer une commission chargée de faire une enquête nouvelle sur ce sujet.

20 avril 1871. Rapport de la commission dont l'analyse est le meilleur exposé que l'on puisse faire des divers abus désignés sous le nom de *truck.*

1872. Projets de nouveaux *Truck Acts,* qui seront analysés plus bas.

10 août 1872. Chapitres des salaires du *Coal Mines Regulation Act* (ch. XVI-XIX) et du *Metalliferous Mines Regulation Act* (ch. IX). Comme il est arrivé souvent que le propriétaire payait ses ouvriers dans un cabaret, dont le maître était son mandataire ou son associé, pour les

exciter à y dépenser l'argent qu'ils venaient de toucher, il est défendu désormais de faire la paye dans un débit de boissons ou dans un bureau annexé à l'un de ces établissements.

Les salaires à la tâche devront être calculés sur le prix du minerai dûment pesé et contrôlé.

Ce pesage ayant donné lieu, dans les houillères, à de vives réclamations et à des grèves fréquentes, la loi de 1860 avait autorisé, dans ces mines-là, les ouvriers à nommer un *check-weigher*, qui devait assister au pesage des berlines sortant de la mine, contrôler les réductions pour cause de mauvaises charges, et s'opposer aux confiscations de charges. La loi, mal rédigée, avait rencontré une vive résistance de la part des propriétaires, M. Normansell, nommé *check-weigher* par ses camarades, fut chassé dix-huit fois de suite par son patron : il plaida de juridiction en juridiction, et finit par se faire réintégrer dans son poste par la cour du banc de la Reine. La loi actuelle confirme et développe l'institution du *check-weigher*. Il est une autorité reconnue dans la mine, et ne relève que des ouvriers qui l'élisent et le payent : il a droit à toutes les facilités pour remplir ses fonctions; s'il ne peut s'entendre avec les agents qu'il contrôle, on en appelle à un arbitre. Si le gérant a des plaintes graves contre lui, il doit s'adresser à la cour de juridiction sommaire, qui seule peut destituer le *check-weigher*. Enfin, un règlement établit les poids qui peuvent seuls être employés pour déterminer les salaires.

Ces articles de la loi ne s'appliquent naturellement

qu'à la seule industrie de la houille. L'analyse que je vais donner du rapport de la commission de 1870 prouve que le mal auquel il faut porter remède est bien plus étendu.

Le système du *truck*, « dame Truck l'usurière, » comme l'appellent les ouvriers, consiste, soit en payements ou en avances en nature, soit en retenues considérables faites sur les salaires. Ces retenues sont faites à différents titres, dont voici les principaux : amendes arbitraires; *poundage*, c'est-à-dire salaires à longue échéance, dont on avance une partie aux ouvriers en en déduisant un intérêt monstrueux, tel que 5 pour 100 par mois, avances faites par le cabaretier ou la cantine du patron.

« Le législateur, dit la commission, s'est fondé sur ce fait évident que, par suite de différentes circonstances, et, entre autres la stagnation à laquelle les industries sont sujettes fréquemment, l'ouvrier ne peut souvent pas se défendre dans les contrats qu'il a faits avec les patrons, et a besoin de l'assistance et de la protection de la loi. »

L'importance et la ténacité du système du *truck* est prouvée par ce fait qu'en dépit de toutes les lois, il y a encore aujourd'hui 147,000 ouvriers, au moins, employés par des patrons qui tiennent un *Truck-shop*, et en outre plus de 7 ou 8,000 soumis, comme beaucoup des premiers, au régime du *poundage*.

On peut diviser en deux catégories les industries où règne le *truck* :

*a*. Les industries où il est fondé sur les longues échéances des salaires et les conditions auxquelles les avances sont faites dans l'intervalle.

*b*. Celles qui sont sujettes à des périodes de stagnation où il est établi sur l'impossibilité pour l'ouvrier de trouver du travail, s'il ne consent à se fournir à la boutique du patron.

*a*. Les industries de la première catégorie sont surtout celles du fer et de la houille. Elles se rencontrent principalement dans le sud du pays de Galles, dans l'Écosse, dans le South Staffordshire et à Birmingham. Dans le sud du pays de Galles, les *Company's-shops*, ou cantines tenues par les compagnies exploitant les houillères, les mines de fer et les forges, ont d'abord été un bienfait, lorsque ces industries étaient établies dans des vallées isolées et sans ressources; peu à peu, ce bienfait est devenu un abus qui s'est étendu à tout le pays. Ces cantines assurent, d'après le témoignage même d'un patron, 10 pour 100 de bénéfices aux compagnies, ce qui revient à dire qu'outre l'inconvénient moral de pousser l'ouvrier à toute sorte de dépenses et particulièrement à la boisson, elles lui enlèvent frauduleusement un dixième de ses salaires. Les longues échéances donnent aux compagnies le moyen de contraindre les ouvriers, obligés d'obtenir des avances, à fréquenter le *Truck-shop*. L'Ebb Vale C°, qui emploie 12,500 ouvriers, ne paye qu'une fois par mois; le Rhymney C°, que tous les deux ou trois mois. Dans l'intervalle, elles donnent des à-compte; lorsque ces à-compte ne suffisent pas pour la vie journalière de l'ouvrier, et c'est toujours le cas quand il a une famille nombreuse, il est obligé de demander une avance, mais il est entendu qu'il ne l'obtiendra qu'à condition d'en dépenser la plus grande partie au *Truck-shop*. S'il y manque, s'il veut se prévaloir de la loi, il ne reçoit plus d'avances. Les Unions, qui ont extirpé le *truck* partout où elles se sont établies en donnant à l'ouvrier les moyens d'y résister, n'existent pas dans ce district. Il y a deux sortes de *Truk-shops*, les uns tenus directement par la compagnie, les autres qui lui payent tant pour cent pour leur triste privilége. Ils exploitent l'ouvrier en lui vendant tout au-dessus du cours du marché; celui-ci, ne pouvant obtenir d'avances que sous forme de marchandises, achète des objets inutiles, qu'il revend ensuite moins cher pour payer sa boisson. Le tabac est devenu ainsi un vrai substitut de la monnaie, ou plutôt une fausse monnaie, qui a deux valeurs différentes pour l'ouvrier, selon qu'il la reçoit ou la donne : les paquets passent de main en main, sans être ouverts, et finissent par revenir à la compagnie, qui les reprend à vil prix. Il s'ensuit que tous les ouvriers sont endettés, que les femmes font queue, parfois toute la nuit, avant le jour où l'on donne crédit, et que les avances, faites peu de temps avant le règlement de la paye, sont rapidement dissipées, et la réduisent presque à rien. Le mal n'est pas moindre dans les comtés occidentaux de l'Écosse : environ 25,000 ouvriers, dans l'industrie du fer et de la houille, y sont exploités par le système du *truck*. Les longues échéances y prévalent et ont fait adopter la coutume du *poundage*, qui prélève de 2 1/2 à 5 pour 100 sur toutes les avances. Les ouvriers économes ou célibataires, qui peuvent échapper à ces exactions ou qui ne veulent pas se fournir au *Truck-shop*, sont notés et renvoyés à la première occasion. Dans la fabrique d'acier du Monklands C°, le chiffre des avances portées à la boutique de la compagnie a été de 1,550,000 fr.; elle a fait 7 1/2 pour 100 de bénéfice sur le chiffre de ses affaires et 55 pour 100 sur le capital engagé. Il est avéré que ces *shops* font des bénéfices doubles de ceux des boutiques et des cabarets ordinaires, et soutiennent seules parfois les finances de la compagnie. On prétend défendre les longues échéances, qui sont la base même du système, en affirmant qu'elles diminuent l'ivrognerie : la commission repousse et réfute cet argument. Le *truck* n'empêche ni la dissipation ni l'ivrognerie, c'est au contraire la classe des ouvriers qui y sont soumis qui est la plus affligée de ces vices.

*b*. La seconde catégorie contient des industries très-diverses et offre une grande variété dans l'application du système de *truck*, comme on peut le voir par l'énumération suivante :

*Butty-truck*. Le *Butty* est le marchandeur qui engage des équipes d'ouvriers dans certaines industries. Dans le Gloucestershire particulièrement, il s'associe avec un cabaretier, chez lequel il place ses économies, et il ne prend à son service que les ouvriers qui font une certaine dépense chez ce cabaretier.

Fabrication des clous à Dudley. 14,000 ouvriers dans cette industrie sont soumis au *truck* : on n'a encore pu réussir à faire respecter la loi, sans cesse éludée. Les *Truck-shops* vendent à des prix supérieurs d'un huitième aux prix courants, ils emploient de faux poids et donnent des marchandises de qualité inférieure. Les payements en nature ont introduit l'industrie des changeurs de fer, qui échangent le mauvais fer donné par les patrons aux ouvriers contre un métal qu'ils puissent mieux travailler, et font à ce commerce de grands bénéfices. La misère, les souffrances et l'immoralité des cloutiers ont été signalées par les inspecteurs des manufactures.

Bonneterie de Nottingham. J'ai déjà parlé du prix insensé de la location des métiers et du monopole des *middlemen* ou marchandeurs : c'est une forme de *truck*, puisque ce prix est déduit des salaires. En outre, les *middlemen* tiennent des *Truck-shops*.

Horlogerie de Prescot. Elle emploie 1,200 ouvriers. Un exemple montrera à quels abus conduit ce système de *truck* qui consiste à payer une partie des salaires en nature. Un ouvrier (nº 32,164 du questionnaire) doit recevoir 43 fr. 75 c.; le patron le paye ainsi qu'il suit : 1 fr. 25 c. en argent; 44 livres de farine, qu'il est obligé de cuire et de revendre à perte; 14 livres de sucre, dont il ne peut consommer que trois, il en revend onze à 10 c. de perte chacune; 3 livres 1/2 de beurre, qu'on lui compte 1 fr. 77 c. chacune et qu'il revend pour 1 fr. 25 c.; le reste en lard, fromage, pommes de terre, thé et café. De plus, les patrons obligent les ouvriers à leur acheter des montres : la commission en cite un qui leur en vend ainsi pour plus de 2,500 fr. par an, qu'ils revendent ensuite à perte; si les affaires vont mal, on ne leur donne de travail qu'à la condition d'employer une partie de leurs salaires à ces achats, sur lesquels ils perdent moitié. Ces montres finissent par passer de main en main, comme les paquets de tabac; et un seul prêteur sur gages, en 1870, a reçu, en six mois, huit cents montres de cinq cents ouvriers.

Dans les mines de plomb de Wanlockhead, appartenant au duc de Buccleuch, sous prétexte que les ouvriers, travaillant à la tâche, ne peuvent être payés que lorsque les comptes généraux ont établi le prix du minerai, on est arrivé à pousser le système des longues échéances jusqu'à l'extrême. Les ouvriers ne sont payés qu'après deux ans. Le *Truck-shop*, qui dépend de l'établissement, leur donne crédit pour un an. Avant que les deux ans soient écoulés, les ouvriers ne reçoivent que 7 fr. 50 c. en avril pour les semailles de leur jardin. et en juillet 50 fr. pour acheter de la tourbe, et 100 fr. pour acheter de la viande, qu'ils salent comme provision d'hiver.

Dans les entreprises de chemins de fer, le système des *Truck-shops* existe à Glasgow pour cinq à six mille terrassiers. Il se rencontre encore dans la fabrication des chaises à Laneham, où les cabarets sont tenus par les patrons eux-mêmes; dans celle des dentelles à Honiton; dans la ganterie du Hampshire; dans les chantiers de la Clyde, et à la filature de New-Lanark.

Les longues échéances donnent lieu dans l'agriculture à des abus analogues; mais c'est un sujet que la commission n'a fait qu'effleurer.

Enfin, la population entière des îles Shetland est soumise au système du *truck*, sous toutes ses formes. Les hommes employés à la pêche ne sont payés qu'à la fin de la campagne, lorsque le poisson a été salé et vendu; les avances qu'on leur fait, souvent à un taux exorbitant, et sur lesquelles ils doivent acheter bateaux et filets, dépassent parfois le chiffre total de leurs salaires. Les femmes, qui font des ouvrages de laine, reçoivent la matière première à titre d'avance à un prix non moins excessif. En somme, la population entière, qui s'élève à 31,000 âmes, est constamment débitrice d'un petit nombre d'entrepreneurs qui abusent de cette situation pour l'exploiter de toutes manières.

La commission résume ainsi qu'il suit le résultat de ses travaux et les modifications législatives qu'elle soumet au gouvernement et au Parlement. Son institution et la perspective de son enquête ont déjà suffi pour faire fermer bon nombre de *Truck-shops*. Cependant, la loi, telle qu'elle existait alors, en avril 1871, laisse fort à désirer. Les déductions qu'elle permet de prélever sur les salaires pour les prix d'écoles, pour les loyers, pour le combustible et pour les instruments, donnent encore lieu à beaucoup d'abus et à des bénéfices illégitimes pour les patrons.

La commission recommande avant tout les payes fréquentes, la paye hebdomadaire, si cela est possible, en laissant une certaine marge pour compléter le salaire lorsqu'il est à la tâche. Elle insiste pour que la sanction de la loi soit rendue efficace par des peines pécuniaires très-élevées, de manière à neutraliser les bénéfices de ceux qui la violent. Elle demande aussi que le soin de la poursuite, au lieu d'être laissé aux parties lésées, qui n'ont ni les ressources ni l'indépendance nécessaires pour l'entreprendre, soit confié, comme l'accomplissement d'un devoir public, aux inspecteurs des manufactures.

La commission enfin oppose aux *Truck-shops* les boutiques coopératives, patronnées par les propriétaires, mais entièrement indépendantes, qui ont donné les meilleurs résultats, aux fonderies de Baird dans le Lancashire, à Lanark, et dans la houillère de MM. Hood à Édimbourg qui vendent à tout venant, qui donnent 8 pour 100 aux actionnaires et partagent ensuite les bénéfices entre les ouvriers actionnaires. C'est en faveur de ces institutions un témoignage ajouté à tous ceux que j'ai cités plus haut.

Je me suis étendu sur ce sujet, d'abord pour faire une étude aussi complète que possible de la législation anglaise relative aux ouvriers, et ensuite pour montrer par des exemples précis que, si ces ouvriers jouissent, sous certains rapports, d'une situation plus avantageuse que les nôtres, ils sont souvent, d'autre part, exposés à un système d'exploitation qui, heureusement, est inconnu en France. Il suffit de comparer les exemples que je viens de citer aux cantines, si libéralement administrées, d'Anzin, de la Grand'Combe et d'autres grands établissements, pour apprécier toute la portée de cette différence.

Il ne me reste plus, pour terminer ce que j'ai à dire du *truck*, qu'à analyser les projets de loi, inspirés par le rapport de la commission, qui ont été proposés en 1872 au Parlement.

Le projet du gouvernement oblige les patrons à payer leurs ouvriers : 1° en monnaie, et non en billets à ordre ; 2° sans aucune retenue ; 3° sans leur imposer aucune condition sur le lieu où les salaires seront dépensés. Aucune boutique ou débit de boissons ne peuvent être ouverts sur le terrain de la mine, de la manufacture ou de l'atelier. Cette loi, inspirée par les conseils de la commission, a été considérée comme devant, par sa brièveté même et sa précision, porter enfin un remède efficace au mal dont on a vu l'étendue ; elle a été approuvée et soutenue par les autorités les plus compétentes. Mais la commission de la Chambre l'a sensiblement modifiée. Si les dispositions principales n'ont pas été changées, les altérations qu'a subies le texte la rendront, paraît-il, plus facile à éluder. Elle établit cependant que le patron ne peut mettre sa responsabilité à couvert derrière celle de son agent, et elle inflige à l'un et à l'autre des amendes qui, en cas de récidive, s'élèvent à 2,500 fr. Les amendes que les patrons avaient l'habitude d'imposer à leurs ouvriers pour certaines infractions, et qu'ils retenaient sur leurs salaires, sont déclarées absolument illégales. Il est inutile d'insister sur l'importance de cette dernière clause.

### C. — LOIS QUI SE RAPPORTENT AUX DIFFÉRENDS ENTRE LES PATRONS ET LES OUVRIERS.

Ces lois peuvent se diviser en trois groupes, celles qui régissent :

1° — Les coalitions.

2° — Les Unions.

3° — Les arbitrages.

1° *Lois relatives aux Coalitions.* — Il y a près d'un demi-siècle que les Anglais ont effacé de leurs codes la fiction appelée le délit de coalition. C'est en 1824 que Joseph Hume, se faisant l'interprète des justes réclamations des ouvriers, proposa au Parlement le *Comination Laws Repeal Act,* ou l'abrogation de la loi qui punissait les ouvriers pour le seul fait de s'être entendus pour se mettre en grève, ou pour obtenir d'une manière quelconque une élévation de salaires. La discussion, quoique ardente, fut sérieuse et élevée. De part et d'autre, on mit en avant tous les arguments qui depuis ont été reproduits chez nous sous tant de formes diverses. On allégua, d'une part, le danger de laisser les ouvriers s'entendre entre eux et la nécessité de protéger l'industrie en rendant les grèves impossibles; d'autre part, l'avantage qu'il y a à laisser les ouvriers exercer un droit incontestable, plutôt que de les obliger à recourir aux conspirations et aux sociétés secrètes, et le caractère futile et vexatoire de la loi qui prétendait ériger dans certains cas en délit le fait qui était reconnu parfaitement inoffensif dans d'autres cas. L'expérience a prononcé depuis longtemps et ratifié l'adoption par le Parlement des propositions de Hume; elle a démontré que les coalitions n'ont pas entravé le développement de l'industrie anglaise, que l'usage de ce droit nouveau a inspiré aux ouvriers un plus grand respect de la loi, et qu'enfin des coalitions et des grèves il est résulté pour la société au moins autant de bien que de mal. Depuis 1824, les Anglais ont appris à tracer la véritable limite qui doit séparer les actes permis des actes délictueux en matière de coalitions et de grèves : leur législation a eu pour but de ne jamais léser la liberté des uns en étendant celle des autres. C'est en s'inspirant de ce principe, en respectant l'indépendance des ouvriers qui se coalisent et quittent pacifiquement le travail, et en protégeant la liberté individuelle par la répression sévère et même violente de toute tentative d'intimidation, qu'ils ont permis à la classe ouvrière d'exercer les droits reconnus en 1824, sans dommage pour elle-même ni pour la société. La France n'est entrée que quarante ans plus tard dans la même voie; le régime sous lequel le délit de coalition a été aboli, les événements qui se sont succédé depuis n'ont pas été favorables à cette nouvelle expérience; mais ce serait néanmoins plaider une cause jugée que d'insister sur les résultats obtenus en Angleterre par l'abrogation d'une loi funeste, et je ne m'étendrai pas davantage sur ce sujet.

La même année 1824 voit disparaître une autre loi qui entravait la légitime influence des ouvriers sur le taux des salaires. C'est celle qui s'opposait dans certains cas à leur émigration et avilissait le prix de la main-d'œuvre, en l'empêchant ainsi de devenir plus rare.

Le 19 avril 1859, après trente-cinq ans d'expérience, le législateur, suffisamment éclairé, complète les définitions de la loi de 1824 qui avaient soulevé quelques difficultés. Il s'agit de déterminer le point exact où les invitations des grévistes, adressées à ceux de leurs camarades qui persistent à travailler, portent atteinte à la liberté de ces derniers, et doivent tomber sous le coup de la loi. La première loi défendait aux grévistes de *molester* ou d'*entraver* dans leur travail les ouvriers qui ne voulaient pas se joindre à eux. La nouvelle loi définit et restreint ainsi le sens de ces deux mots : « Les sollicitations pacifiques et raisonnables, ayant pour but de persuader à d'autres, sans aucune menace ni intimidation directe ou indirecte, de s'abstenir du travail ou de l'abandonner, » sont déclarées légales.

En 1867, à propos de la grève des tailleurs, se présente une nouvelle difficulté d'interprétation de la loi ; il s'agit de savoir, d'une part, si le *picketing*, et, d'autre part, les *Black-lists* des patrons, décrits plus haut, sont ou non autorisés. La question est posée par le double procès entre M. Druitt, président de l'Union des tailleurs, et les patrons, et tranchée les deux fois en faveur de ces derniers par la jurisprudence du banc de la Reine et des assises.

Enfin, la dernière loi sur ce sujet est le *Criminal Law Amendment Act* du 29 juin 1871, votée le même jour que la loi qui donne aux *Trades Unions* une existence légale, et dont je parlerai tout à l'heure. En reconnaissant officiellement ces puissantes organisations, le Parlement a senti la nécessité d'assurer une protection plus efficace aux individus isolés qui refusent de s'y associer. Des exemples nombreux ont prouvé, en effet, que leur indépendance leur avait attiré des menaces et des persécutions, et qu'il fallait les protéger contre la pression morale de leurs camarades. Les menaces, les violences, le *rattening*, le *picketing*, sont définis de la manière la plus précise, et plus ou moins sévèrement punis par cette loi, qui garantit d'une manière efficace la liberté individuelle et complète la loi sur les coalitions en corrigeant les abus auxquels celle-ci peut donner lieu.

2° *Lois relatives aux Unions.* — La législation antérieure au *Combination Law Amendment Act* était empreinte des idées exclusives du temps, et l'usage du droit d'association, plus ou moins toléré jusqu'à la fin du siècle dernier, avait été alors combattu par de sévères prescriptions.

1799. La loi déclare illicite toute société, quel qu'en soit l'objet, qui se compose de plusieurs branches correspondant entre elles. Ces prescriptions, dirigées contre les sociétés, inoffensives en apparence, dont le gouvernement craignait l'influence politique, rendent impossibles toutes les associations ouvrières, même charitables, en dehors de localités isolées, et leur enlèvent ainsi toute force.

1817. Le *Sedition meeting Act* interdit ou soumet à des restrictions sévères toute réunion de plus de cinquante personnes.

1824. Le *Combination Law Amendment Act*, en permettant les coalitions qui ont la grève pour objet, enlève tout caractère délictueux aux sociétés formées d'une manière permanente pour organiser les coalitions et soutenir les grèves. Mais elle ne s'occupe pas directement de ces sociétés et n'efface aucune des prescriptions spéciales qui peuvent les frapper. Les *Trades Unions*, qui apparaissent ce jour-là sous leur véritable nom, sont encore atteintes par la loi de 1799, toutes les fois qu'elles veulent s'étendre; par celle de 1817, toutes les fois que leurs membres veulent se réunir; et l'application de ces deux lois peut être requise devant les tribunaux par n'importe qui. Enfin, la loi ne reconnaissant pas une existence légale aux sociétés ayant pour objet de *restreindre le commerce*, les *Trades Unions* se trouveront comprises par la jurisprudence dans cette vague définition, et, sans être considérées comme coupables, seront placées par le fait hors de la protection de la loi.

3 juillet 1846. Ce n'est qu'après vingt-deux ans que cette situation commence à être modifiée, quoique d'une manière indirecte et bien timide. L'« Amendement aux lois relatives aux sociétés de secours mu-

tuels » contient une clause qui étend quelques-unes des garanties accordées aux sociétés de secours mutuels « aux institutions et sociétés formées de souscriptions pour subvenir aux besoins de leurs membres malheureux ». Profitant de cet article, les Unions se sont fait enregistrer dans la classe des sociétés de secours mutuels.

27 juillet 1846. Le Parlement décide que les lois si sévères de 1799 et de 1817 ne pourront être appliquées qu'à la requête des officiers de la Couronne. Grâce à la sagesse du gouvernement, cette décision équivaut à une abrogation pratique de ces deux lois.

23 juillet 1855. Nouvelle loi sur les sociétés de secours mutuels, qui confirme et développe l'article dont les *Trades Unions* ont profité pour obtenir une certaine protection légale; le certificat qui leur donnerait le caractère de personnes civiles ne leur est pas accordé, mais le dépôt de leurs statuts leur assure certains droits. Le ministre des finances les autorise même à faire des dépôts à la caisse d'épargne de la poste.

1867. Après avoir joui pendant douze ans de ces priviléges, les Unions se voient retirer, par la jurisprudence, le plus important, le plus indispensable pour elles, celui qui leur garantit la sécurité de leurs fonds. Dans un procès désigné sous le nom de *Hornby v. Close*, la cour du banc de la Reine acquitta un caissier infidèle, parce que, les fonds de l'Union qu'il avait détournés pouvant être employés à *restreindre le commerce*, la loi ne leur accordait aucune protection. La situation faite aux Unions par cette décision était intolérable; des millions accumulés, sou par sou, par l'élite de la population ouvrière, étaient exposés, sans aucune protection, à la merci de tout agent déshonnête. Elles réclamèrent l'intervention du Parlement. C'était au moment où les crimes de Sheffield les exposaient à de violentes attaques; pour s'en disculper, elles demandèrent elles-mêmes une enquête.

1868. Une commission royale est nommée, qui, après avoir circonscrit les responsabilités des crimes de Sheffield, étudie, dans une enquête approfondie, la situation des Unions. Les comptes rendus de ses séances forment dix volumes in-folio qui, publiés au fur et à mesure de l'enquête, jettent un jour complet sur les associations ouvrières. En attendant son rapport, M. R. Gurney obtient du Parlement une loi provisoire, qui protége les fonds des Unions et punit les caissiers infidèles.

1869. Après un an de travaux, la commission présente deux rapports, ses membres n'ayant pu s'entendre pour une rédaction commune. Celui de la majorité propose d'obliger les Unions à séparer les fonds destinés aux secours de ceux qui peuvent être employés à subventionner les grèves. La minorité repousse cette distinction. La même année, le Parlement vote une loi conforme aux conclusions de la majorité. Cette loi accorde une existence légale et la protection de la justice aux Unions qui ont rempli les formalités spéciales d'enregistrement et de publicité; mais elle leur impose la division de leurs fonds. Cet arrangement peu pratique ne devait pas durer longtemps.

29 juin 1871. En effet, le *Trades Unions Act* abroge le précédent; la situation légale des Unions est mieux définie. Elles ne peuvent poursuivre en justice le recouvrement des souscriptions promises, ou des amendes qu'elles infligent; mais leurs fonds, quelle qu'en soit la destination, sont efficacement protégés. Une fois enregistrées devant un officier spécial, elles deviennent des personnes civiles, pouvant posséder des valeurs mobilières et une acre de terre. Les formalités de l'enregistrement leur imposent le dépôt et la publication de leurs statuts et de toutes les modifications qu'ils peuvent subir. Leurs comptes doivent être annuellement présentés, vérifiés au bureau de l'enregistrement, et publiés; mais il n'est plus question de la séparation des fonds de grèves et des fonds de secours. L'enregistrement et le certificat ne sauraient être refusés que si le but de la société est illégal; et toutes les contestations auxquelles leur existence peut donner lieu sont portées devant la cour de juridiction sommaire. L'État n'intervient que pour contrôler par ses comptes rendus les opérations de l'Union. Cette loi est la véritable naturalisation des associations ouvrières.

3° *Lois relatives aux Arbitrages.* — Il ne me reste plus à parler que des arbitrages et de la législation qui est venue prêter son autorité à des institutions toutes spontanées qui ont rendu les plus grands services dans les luttes entre les patrons et les ouvriers. Voici l'origine et l'objet de cette législation, établie, en 1867, sur la proposition de lord S. Leonards et sous le nom de *Equitable Councils of conciliation Act.*

En 1860, après des grèves terribles dans l'industrie de la bonneterie à Nottingham, un ancien ouvrier, devenu patron grâce à sa haute intelligence, M. Mundella, propose d'essayer l'établissement d'un conseil d'arbitres. Quelques autres patrons se joignent à lui; les Unions acceptent avec empressement ses propositions et fournissent fort à propos l'organisation nécessaire pour représenter le corps des ouvriers. Ceux-ci doivent à ces associations de pouvoir élire des délégués qui parlent au nom d'une société constituée, dont les fonds sont une garantie qu'elle traite sérieusement. « Si les Unions n'avaient pas existé, disait M. Mundella, il aurait fallu les créer pour l'occasion. » Le conseil qu'il préside est bientôt accepté par 20,000 ouvriers, et par 42 patrons sur 45. Il modifie les tarifs à l'amiable, assure la régularité du travail, et veille à l'exécution des lois protectrices des ouvriers. De leur côté, les Unions garantissent aux maîtres l'application du tarif, à laquelle il serait difficile d'astreindre des ouvriers isolés. Le conseil se compose d'un président élu par ses membres, et d'autant d'ouvriers que de patrons, délégués les uns et les autres par ceux qu'ils représentent. L'industrie de la dentelle a adopté le même système. Bientôt ces conseils ont été imités ailleurs, et particulièrement par M. R. Kettle à Wolverhampton en 1864. Pendant une grève des charpentiers, celui-ci, qui remplissait les fonctions de juge salarié dans le comté, forma un conseil composé de trois patrons et de trois ouvriers, qui, ayant heureusement terminé le différend, se constitua d'une manière permanente, sous la présidence de M. Kettle, et rédigea un tarif de salaires. Ses membres devinrent de véritables fondés de pouvoirs de l'Union, d'une part, et des patrons, de l'autre, et purent ainsi, au lieu de donner de simples avis, prononcer des arrêts définitifs. Ses pouvoirs durent être renouvelés chaque année; et les tarifs qu'il publia furent fixés, d'une manière irrévocable, pour l'année courante, ce qui écarta toutes disputes à ce sujet; patrons et ouvriers demeuraient libres de donner du travail et d'en prendre ou de le refuser, mais ils ne pouvaient adopter pour le rémunérer que les prix déterminés dans le tarif. Ce système réussit si bien, que M. Kettle fut appelé à l'introduire à Coventry, à Walsall, à Worcester, dans les poteries du Staffordshire, et ailleurs encore plus récemment.

La loi de lord S. Leonards vint donner à ces conseils l'autorité de véritables tribunaux et rendre leurs décisions exécutoires toutes les fois que leur arbitrage a été accepté par le fait de la délégation qui les constitue. Sous l'heureuse influence de cette loi, les conseils d'arbitres ont été introduits dans de nombreuses industries. La métallurgie du nord de l'Angleterre, en même temps qu'elle adoptait l'échelle mobile, en a constitué un au mois d'avril 1872, qui a déjà exercé la plus utile influence au milieu de toutes les difficultés que le haut prix des fers a fait naître entre les maîtres de forges et leurs ouvriers. Cette influence s'étendra de plus en plus, et l'on doit y voir le moyen le plus efficace, en ce moment, pour apaiser des luttes déplorables, pour amener les ouvriers, d'une part, les patrons, de l'autre, à abandonner des prétentions exagérées.

Déjà la loi de lord S. Leonards a été perfectionnée durant cette session par la nouvelle loi, dite *Arbitration Act*, de 1872, qui a étendu le pouvoir des arbitres et modifié les règles qui concernent les dépositions en justice dans les questions entre patrons et ouvriers. Autrefois, sous l'empire de l'ancienne loi, dite le *Master and Servant Act*, le témoignage de l'ouvrier ne pouvait être reçu contre celui du patron, dans les contestations relatives à l'exécution de leurs contrats. Cette distinction a été graduellement abolie. Mais les ouvriers réclament aujourd'hui l'abrogation des clauses pénales qui, en vertu du même *Act*, frappent de la prison ceux d'entre eux qui violent leur contrat en refusant le travail avant l'expiration du délai stipulé par ce contrat. Cette prétention est grave et difficile à admettre, car elle rendrait ces contrats à peu près illusoires, et le droit de violer un engagement librement conclu n'est pas une liberté, mais une licence. J'ai montré plus haut que les contrats à longue échéance étaient peut-être l'un des moyens les plus efficaces de mettre un terme aux disputes trop fréquentes sur le chiffre des salaires; ils sont une garantie pour le bon ouvrier contre les chômages, et pour les patrons contre les accidents qui viennent troubler leurs entreprises dans des heures critiques. L'abrogation des clauses pénales du *Master and Servant Act* aurait donc, sans doute, pour conséquence de jeter un trouble nouveau dans l'industrie en permettant aux grèves d'éclater d'une manière inattendue, sans avis préalable et sans contrôle.

L'arbitrage n'est pas une solution radicale, comme la participation industrielle, des questions qui s'agitent au fond de ces luttes; mais il les empêche de s'envenimer, il prépare le terrain pour les solutions diverses que l'expérience et la raison peuvent faire adopter, et la loi qui lui a donné l'autorité dont il avait besoin a été un grand service rendu à l'Angleterre.

# CONCLUSION

Je terminerai ici cet exposé, dont on excusera, j'espère, la longueur. Chacun peut juger, je le pense du moins, d'après les documents que j'ai rassemblés ici, de la situation des ouvriers anglais et de leurs salaires, de ce qu'ils ont fait pour améliorer cette situation, des avantages qu'ils ont obtenus, des erreurs qu'ils ont commises, de l'expérience qu'ils ont acquise, des tentatives fécondes faites par l'initiative individuelle pour unir étroitement les intérêts du capital et ceux du travail, et enfin de l'esprit dans lequel l'État est intervenu, soit pour protéger ceux d'entre eux qui ont besoin de l'être, soit pour régler leurs rapports avec leurs patrons.

Chaque peuple a ses mœurs et ses procédés, qu'aucun autre ne saurait copier servilement; mais il est des institutions, telles que les sociétés coopératives, auxquelles, dans tous les pays, la tutelle et les faveurs de l'État sont presque aussi nuisibles que la persécution; et, d'autre part, il est des questions, telles que la protection des faibles contre l'excès du travail, qui, dans toute société bien organisée, doivent appeler l'attention constante du pouvoir législatif.

C'est par les côtés que je viens d'étudier que l'Angleterre, forte de ses institutions, respectant le passé, scrutant le présent, et allant virilement au-devant des problèmes de l'avenir, apparaît dans toute sa sagesse à ceux-là mêmes qui la jugent sans illusions et sans engouement. Si, dans ces questions graves et délicates, elle donne l'exemple d'une politique vraiment réformatrice, c'est-à-dire ni révolutionnaire, ni routinière, c'est que, d'une part, elle cherche à augmenter, avec la liberté, la responsabilité de l'individu, en effaçant autant que possible de ses codes les mesures préventives, et que, d'autre part, le plus humble citoyen sait bien que le respect religieux de la loi par tous est la seule garantie de la liberté de chacun.

Paris, le 15 décembre 1872.

# TABLE DES MATIÈRES

---

F. AUREAU ET Cie. — Imprimerie de LAGNY

www.ingramcontent.com/pod-product-compliance
Ingram Content Group UK Ltd.
Pitfield, Milton Keynes, MK11 3LW, UK
UKHW021852190726
13855UKWH00001B/279